创新企业腾飞之翼：

新三板掘金之道

刘平安　著

中国经济出版社
CHINA ECONOMIC PUBLISHING HOUSE
·北 京·

图书在版编目（CIP）数据

创新企业腾飞之翼：新三板掘金之道／刘平安著.

北京：中国经济出版社，2015.8

ISBN 978－7－5136－3937－8

Ⅰ.①创… Ⅱ.①刘… Ⅲ.①中小企业—企业融资—研究—中国 Ⅳ.①F279.243

中国版本图书馆 CIP 数据核字（2015）第 187283 号

责任编辑　邓媛媛

责任审读　贺　静

责任印制　巢新强

封面设计　任燕飞工作室

出版发行　中国经济出版社

印 刷 者　北京柏力行彩印有限公司

经 销 者　各地新华书店

开　　本　710mm×1000mm　1/16

印　　张　20.75

字　　数　260 千字

版　　次　2015 年 8 月第 1 版

印　　次　2015 年 8 月第 1 次

定　　价　50.00 元

广告经营许可证　京西工商广字第 8179 号

中国经济出版社 **网址** www.economyph.com **社址** 北京市西城区百万庄北街 3 号 **邮编** 100037

本版图书如存在印装质量问题，请与本社发行中心联系调换（联系电话：010－68330607）

序

经济新常态与平安三角模型

中国宏观经济已经告别了二十多年的高速增长期，稳、中、低速增长将成为中国经济发展的新常态。这意味着，中国经济发展模式已经由以“速度”增长为主的时代进入了以“质量”增长为主的新时代。经济结构的转型必将成为中国经济的新常态。

中国资本市场也正在告别计划经济的羁绊，步入真正市场化发展的“新常态”。2012 年 9 月 20 日，全国中小企业股份转让系统成立，并于 2013 年 1 月 16 日正式揭牌营运。全国中小企业股份转让系统的成立，标志着中国创新型资本市场揭开了发展的大幕，也标志着中国多层次资本市场体系建设和发展迈入了新的发展阶段。2013 年 7 月 20 日，商业银行贷款利率完全由商业银行自主决定，标志着中国利率管制时代的结束，利率市场化时代的开始。2014 年 8 月 21 日，《私募投资基金监督管理暂行办法》颁布并实施，标志着中国私募股权资本市场正式纳入中国多层次资本市场体系的建设轨道中，成为中国创新型资本市场不可或缺的重要组成部分。2014 年，如火如荼的自由贸易区的建立和发展，开始为中国资本项目的开放吹响了改革的号角。中国金融市场以证券市场为主的资源配置的新常态到来了。

中国传统产业经过三十多年的发展，已经走到了尽头。以互联网和信息技术为标志的第三次工业革命以迅雷不及掩耳之势，正在改变着所有行业的商业本质。“互联网+”将成为中国未来经济增长的新常态。

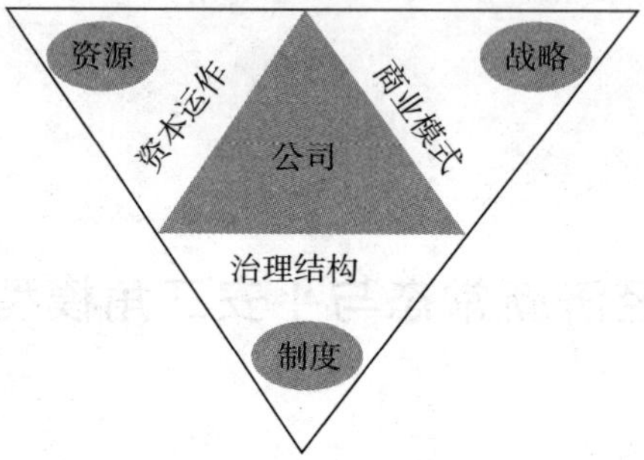

面对经济增长的新常态，面对新的金融市场环境，面对新技术驱动的新一轮工业革命，企业应该如何行动才能应对挑战，以求得生存和发展？答案就在“平安三角模型”①。

平安三角模型的第一角，讲的是企业要学会“资本运作”，即企业要学会资源的重新配置。资本运作说简单、明白一点，就是企业要学会用“别人”的钱做自己的企业。用“谁”的钱做自己的企业？以往的常规做法是：当企业处于初创阶段，基本上用的是自有资本。当企业发展到一定规模，能够满足商业银行贷款的前提下，大都用商业银行的债权资本。以往企业的资本结构是由“自有资本和商业银行债权资本”组成的资本结构。这种资本结构的表现是高资产负债率，是一种不良资本的结构。这种资本结构的核心问题在于，在外部市场环境发生变化的

① “平安三角模型”其意有两层：其一是企业必须要做好这三件事情才有可能平安。如果企业做不好这三件事情中的任何一件事情，都不可能平安；其二，因为笔者就叫刘平安，对这一模型的理解是作者的原创，故取此名。

时候，企业没有足够的能力抵御外部的市场风险，容易陷入经营和财务困境。更有甚者，企业一旦走进地下金融市场，基本离“死”就不远了。现在我们强调要用股权投资人的钱。股权投资人包括两类，一是私募股权投资人，二是公众股权投资人。获取第一类股权投资人资本的方式就是企业要学会私募股权融资，获取第二类股权投资人资本的方式就是要学会上市融资。企业上市搭建起资源整合平台以后，再通过并购整合行业或产业的资源，快速地做大、做强企业。简言之，企业要学会“资本运作”。

平安三角模型的第二角，讲的是企业需要构建独特的商业模式，为投资人创造最大价值。企业要到资本市场融资，如果企业创造价值的基本方式和基本逻辑与竞争对手没有什么区别，企业赚取的只能是行业的平均利润，可投资人要的是超额回报。超额回报从哪里来？超额回报从企业独特的商业模式中来。商业模式是企业主要利益相关者之间交易结构的安排。商业模式决定了企业价值的大小，是公司战略的核心。企业在构建商业模式的时候，需要考虑如下因素：价值主张（企业向市场提供什么产品和服务）、市场定位（企业把产品和服务卖给谁）、客户关系、渠道通路、关键业务、核心资源、重要的战略合作伙伴、收入来源和成本结构。传统企业在如今的商业环境中，需要充分利用互联网和信息技术重构商业模式。新兴企业在创业之初就需要建立与众不同的商业模式以培育企业的核心竞争力。

平安三角模型的第三角，讲的是企业要完善公司治理结构。公司治理结构是公司的顶层制度安排与设计，它指的是企业在所有权与经营权相分离的情况下，或者是企业在引进外部投资人和专业化管理团队以后已引起企业原有经营生态发生变化的情况下，企业如何分配公司权力和公司利益。企业要构建科学的决策机制、有效的监督约束机制和高效的激励机制以解决公司的权力配置和利益分配问题。这是创新型中小企业要做大做强所面临的最大瓶颈，即企业家需要有公司顶层制度的构建意识和构建能力。

中国的创新创业型企业，在21世纪要构建自己的商业帝国，必须翻越这三座大山：第一，要学会资本运作，重配市场资源；第二，要调整公司战略，重构商业模式；第三，要完善治理结构，重塑管理基础。

目 录

第一章

新三板：过去、现在与未来

一、市场概览

（一）新三板的成立

“新三板”全称为“全国中小企业股份转让系统”①。它是在原有“新三板”的基础上，由上海证券交易所、深圳证券交易所、中国证券登记结算有限公司、上海期货交易所、中国金融期货交易所、郑州商品交易所、大连商品交易所等为股东单位发起成立的全国性证券交易场所。2012 年 9 月 20 日在国家工商总局注册成立，注册资本金 30 亿元人民币，注册地在北京市西城区金融大街丁 26 号。“全国中小企业股份转让系统有限公司”为其运营管理机构，并于 2013 年 1 月 16 日正式揭牌营运。全国中小企业股份转让系统的成立，为中国创新型资本市场的快速发展揭开了大幕。

（二）新三板的市场地位

新三板是经国务院批准设立，并由证监会统一监管的全国性证券场外交易市场。它是继上海证券交易所、深圳证券交易所之后的第三家全国性证券交易场所，是全国第一家公司制证券交易场所②。它是与上海证券交易所、深圳证券交易所具有同等法律地位和市场地位的证券交易场所。

---

① “全国中小企业股份转让系统”以下简称“新三板”。

② 上海证券交易所和深圳证券交易所为会员制证券交易所。

2012年9月28日，证监会颁布《非上市公众公司监督管理办法》，并于2013年1月1日起开始实施。新三板受证监会直接监管，并正式纳入非上市公众公司监管范围，标志着新三板正式成为中国多层次资本市场体系的有机组成部分。在新三板挂牌的公司属于非上市公众公司①。新三板挂牌公司的股票可以公开转让②。新三板的宗旨是：坚持公开、公平和公正的原则，完善市场功能，改进市场服务，维护市场，推动市场创新，保护投资者及其他市场参与主体的合法权益，推动市场健康发展，有效服务实体经济。

（三）新三板的市场定位

1. 新三板与多层次资本市场体系

新三板与主板、中小板、创业板及地方性（区域性）股权交易中心一起构成中国多层次资本市场体系，是中国多层次资本市场体系的有机组织部分，参见图1－1。

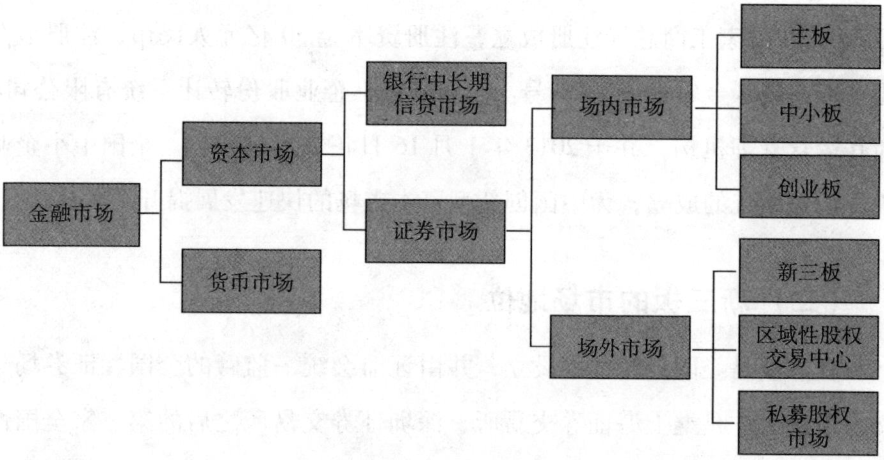

图1－1　中国多层次资本市场体系的构成图

① 在上海证券交易所和深圳证券交易所上市的公司属于上市公众公司，在新三板挂牌的公司属于非上市公众公司，在区域性股权交易中心挂牌的公司属于非上市公众公司。

② 新三板是一个公开的股权交易市场。

金融市场根据时间量纲可以分为货币市场和资本市场。货币市场指的是融资期限在一年以内的市场，包括银行同业拆借市场、票据市场、大额可转让定期存单市场（CD 市场）、国库券市场、消费信贷市场和回购协议市场六个子市场。资本市场指的是融资期限在一年以上的市场。根据融资渠道和方式的不同，资本市场可分为直接融资市场和间接融资市场。直接融资是以股票、债券为主要金融工具的一种融资机制。资金供给者与资金需求者通过股票、债券等金融工具直接融通资金的场所，即为直接融资市场，也称证券市场。通过金融中介机构融通资金的方式就叫间接融资，商业银行中长期信贷属于间接融资。证券市场按交易场所是否固定又分为场内市场和场外市场两大部分。场内交易市场又称证券交易所市场或集中交易市场，是指由证券交易所组织的集中交易市场，有固定的交易场所和交易活动时间，在多数国家它还是全国唯一的证券交易场所，因此是全国最重要、最集中的证券交易市场。场外交易市场，又称柜台交易或店头交易市场，指在交易所外由证券买卖双方当面议价成交的市场。它没有固定的场所，其交易主要利用电话或电子网络进行，交易的证券以不在交易所上市的证券为主。目前在中国，场内市场指的是上海证券交易所与深圳证券交易所两个证券交易场所，包括沪深交易所的主板、深交所的中小板和创业板等三大板块。场外市场主要是指全国中小企业股份转让系统（新三板）、区域性股权交易中心，以及私募股权资本市场。不同的市场板块为不同发展阶段和不同市场表现的企业提供相应的资本市场服务。

沪深交易所的主板市场为大型蓝筹公司提供资本市场服务。目前到沪深主板市场上市的企业共有 1510 家，其中上海证券交易所有 1030 家，总市值为 29. 62 万亿元，深圳证券交易所主板市场共有上市公司 480 家，总市值为 7. 13 万亿元。深圳证券交易所的中小板主要为中型稳定发展的企业提供资本市场服务，到中小板上市的企业有 744 家，总市值为 8. 07 万亿元。深圳证券交易所的创业板市场为科技成长型企业提供资本市场服务，在创业板上市的

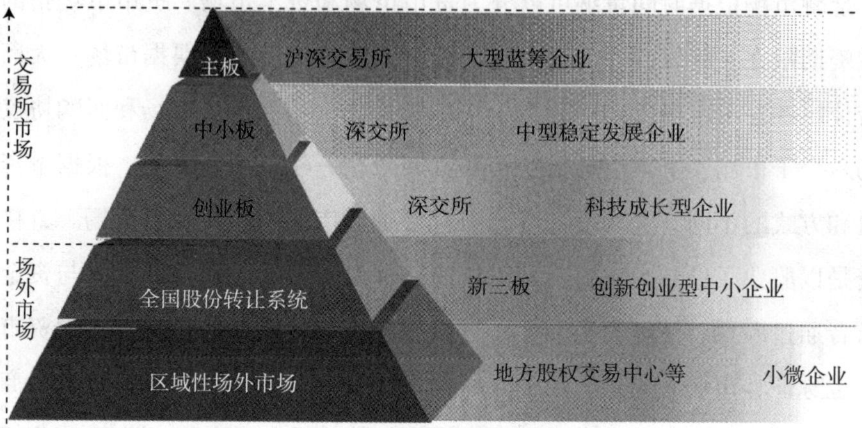

图 1－2　中国多层次资本市场结构图

企业共有 429 家，总市值为 3.9 万亿元。新三板专门为创新创业型中小企业提供资本市场服务。截至 2015 年 4 月 30 日，到新三板挂牌企业家数共有 2343 家①，其中协议转让企业 2065，做市转让企业 278 家。参见表 1－1。

表 1－1　三家全国性证券交易场所的发展规模

	上海证券交易所	深圳证券交易所	新三板
家数	1030（上市）	1653（上市）	2343（挂牌）
总市值（亿元）	297150	189282	11166

中国的多层次资本市场体系呈倒金字塔结构（见图 1－2），即场内市场规模大、上市公司多，场外市场规模小，挂牌公司少。中国多层次资本市场体系与成熟资本市场的发展存在较大区别，场外市场不发达是其主要原因。新三板作为中国证券市场的全国统一性场外市场，将从根本上改变和完善中国的多层次资本市场体系，真正做到为创新创业型企业提供资本市场服务。

① 以上沪深交易所的统计数据截止时间为 2015 年 4 月 1 日。新三板统计数据截止时间为 2015 年 4 月 30 日。

2. 新三板与证券场内交易市场

新三板是中国主要的证券场外交易市场，上海证券交易所和深圳证券交易所是中国的证券场内交易市场，它们共同组成中国的多层次资本市场体系，是中国多层次资本市场体系的有机组成部分。新三板与上海证券交易所、深圳证券交易所同为全国性证券交易场所，均接受中国证监会统一监管。作为一般的证券场内交易市场和证券场外交易市场的主要区别如表 1-2 所示。

表 1-2 证券场内交易市场与场外交易市场的比较

	场内交易市场	场外交易市场
市场定位	大中型成熟企业	中小微成长企业
市场准入门槛	高	低
交易场所	固定（在交易所内）	不固定（分散的无形市场）
交易的组织方式	经纪人交易制度	以一对一交易方式为主
交易方式	以集合竞价交易为主	以做市商交易为主
证券监管	严格（事前）	宽松（事后）

中国证券场内交易市场与场外交易市场的主要区别表现在：其一，在发展路径上，呈现与成熟证券市场不同的特点；其二，在服务对象上，两者定位有显著区别；其三，在制度规则的设计和安排上，两者有明显不同。

（1）发展路径。按照发达市场经济国家证券市场的发展路径来看，一般是先有证券场外交易市场，在此基础上规范发展成为证券场内交易市场，反过来又发展证券场外交易市场。证券场内市场和场外市场互相促进，相互补充，为处在不同发展阶段和具有不同品质的企业提供资本市场服务。这样的发展路径符合证券市场发展的一般规律。但我国证券市场的发展路径并不遵循证券市场发展的一般规律。我国最早的证券场外市场发展时间较短，规模不大，随之就被 1990 年和 1991 年成立的沪深交易所市场取代。1992 年和 1993 年成立的两网公司①作为证券场外市场发展的时间

① 两网公司指的是 1992 年 7 月，中国证券市场研究中心创办“全国证券交易自动报价系统”，简称 STAQ；1993 年 4 月，中国证券交易系统有限公司创办“全国电子交易系统”，简称 NET。以上两个系统都是为股份公司的法人股转让提供服务的市场。

也不长，到1998年就因东南亚金融危机国家开始整顿金融秩序而停止。2001年以两网公司和沪深证券交易所退市公司组成的“证券公司代办股份转让系统”才正式迈开了中国证券场外市场的建设步伐。2006年1月，为响应国家创新战略，北京中关村高新科技园区的非上市股份公司的股份转让纳入代办股份转让系统进行试点，中国证券场外市场由此步入了正式发展轨道。但规模小、发展缓慢，同样是这个阶段的显著特点。在中关村高新科技园区试点的基础上，2012年9月开始扩容至上海张江、武汉东湖，以及天津滨海等高新科技园区。2012年9月20日，是中国证券市场发展值得纪念的日子，在原来新三板的基础上，成立“全国中小企业股份转让系统有限公司”，并于2013年1月16日正式揭牌营运，专门为创新、创业型企业提供资本市场服务。中国证券场外市场由此拉开了大发展的序幕。中国过去20多年的资本市场建设主要集中在场内交易市场。证券场外市场虽然有发展，但规模小、时间短，并且市场发展呈不连续状态。中国证券场外市场的发展是以交易所市场的发展为主旋律的证券场外市场，这和一般证券市场场外市场发展路径有很大不同。

（2）服务对象。新三板主要服务于创新型、创业型、成长型中小微企业。其挂牌企业与上市公司相比，“小而美”的特征十分明显。企业规模不大，处于成长早期，但具有独特的商业模式，在细分行业占据领导地位，具有较好的成长潜力和市场发展前景。这类企业由于具有“轻资产”等特征，很难从银行类机构获取及时、充足的信贷资金支持，而沪深交易所较高的市场准入门槛，也让这类企业难以借力资本市场获得大发展。新三板将此类企业作为主要服务对象，使资本市场支持实体经济从以往的成长后期和成熟期移至企业的初创期和发展期的早中期。企业可以在创业期进入资本市场，会带动风险资本对创新型企业的支持。因此，新三板的出现，聚集了大量社会资本，扩大了中国资本市场的容量，极大地推动了中国私募股权资本市场的发展，为国家创新战略奠定了金融市场基础。

（3）制度规则的设计和安排。为加大资本市场对中小微企业、自主创新型企业的支持力度，新三板立足于创新创业型企业的特点和实际需求，制定了一系列有别于沪深交易所市场的市场准入、股票发行、股票交易、并购重组和投资人适当性管理等方面的制度规则。如在挂牌准入方面，新三板不设财务门槛，申请挂牌的公司可以尚未盈利，只要股权结构清晰、经营合法规范、公司治理结构健全、业务明确，履行信息披露义务，并经主办券商推荐即可。在交易制度方面，针对中小微企业股本较小，股权较为集中等特点，以及未来股本扩张、公允定价等需求，提供协议、做市和竞价交易等三种方式。为有效防范风险外溢，设立了较高的投资者适当性标准等。

3. 新三板与区域性股权交易市场

新三板与区域性股权交易市场均是我国多层次资本市场的有机组成部分，都属于证券场外交易市场。新三板属于全国性证券场外交易市场，各区域性股权交易中心属于区域性场外交易市场。新三板是由国务院批准设立的，而地方性股权交易中心则是由各个地方政府批准设立的。

从企业的法律性质上看，在不同层次资本市场挂牌的公司，其法律性质和法律地位不同。在新三板挂牌的公司属于“公众公司”。在此，需要明确“公众公司”的内涵和外延。“公众公司”是指向不特定对象公开发行股票，或向特定对象发行股票使股东人数超过 200 的股份有限公司。“公众公司”的内涵有以下四个方面：一是资本来源公众化；二是公司治理结构完善；三是管理规范；四是财务透明。在新三板挂牌的公司符合公众公司的内涵，但不能在交易所市场公开转让公司股票，即不能上市交易公司股票，因此称为“非上市公众公司”。在新三板挂牌的公司都是非上市公众公司，但非上市公众公司仅有一部分在新三板挂牌。在区域性股权交易中心挂牌的公司属于“非上市非公众公司”，区域性股权交易中心在本质上属于私募市场，其内涵需要满足“非公众、非集合、非连续”的制度安排。

根据《国务院关于清理整顿各类交易场所切实防范金融风险的决定》（国发〔2011〕38号）及《国务院办公厅关于清理整顿各类交易场所的实施意见》（国办发〔2012〕37号）相关规定，区域性股权交易中心必要严格执行“非公众、非集合、非连续”的原则，即挂牌公司股东人数不能突破200人（属于非公众公司），不得将股份拆细在交易所市场进行集合竞价交易，不能连续交易，且任何投资者交易同一个证券品种的时间间隔不能少于5个交易日，即实行“T+5”交易制度。新三板与区域性股权交易市场的区别参见表1-2。

表1-2 新三板与区域性股权交易市场的区别

	新三板	区域性股权交易市场
市场法律地位	由国务院依据证券法设立的全国性证券交易场所，属于公开市场	由地方性政府批准设立的区域性股权交易市场，属非公开市场
挂牌公司性质	公众公司	非公众公司
监管机构	中国证监会	地方政府
制度安排	挂牌公司股票可以协议、做市、竞价等方式公开转让； 挂牌公司股东人数可以超过200人； 股票交易单位1000股/手； 实施T+1交收	遵行“非公开、非连续、非集合”交易规则，交易方式仅能采用协议转让方式
市场建设中外资、税收政策	比照交易所及上市公司处理，比如个人证券投资基金持有挂牌公司股票超过一年的，暂减按25%计入应纳税所得额	未明确

（四）新三板的市场功能

新三板作为中国资本市场的有机组成部分，具有资本市场的一般功能。从宏观层面上讲，它具有优化资源配置的功能。为那些真正具有创新能力的中小型企业提供资本支持，起到淘汰落后产业，扶持新兴产业的功能，为中国经济结构转型提供金融市场基础。从微观层面上讲，它有利于创新企业筹集资本，为企业定价，以及为企业构建风险共担机制。具体来讲，新三板的市场功能是：组织安排非上市股份公司股份股票的公开转让；为非上市股份公司融资、并购等相关业务提供资本市场服务；为市场参与人提供信息、技术和培训服务。

二、发展历程

要真正了解新三板，并把握新三板未来的发展趋势和方向，我们需要梳理中国证券场外市场的发展历史，在历史和现实的基础上把握未来。中国证券场外市场大致经历了以下几个发展阶段：

（一）萌芽阶段

中国证券场外市场始于20世纪80年代，在当时经济最早开放的深圳和上海等地区，出现股票柜台交易市场。到1990年，沪深两地各有16个、10个股票交易柜台，共有12只股票在柜台交易。此阶段，规模不大，发展时间不长，随后就被1990年和1991相继成立的深圳证券交易和上海证券交易所等场内交易市场所取代，深沪两地的股票柜台交易市场随即转入交易所市场之内。

（二）以“两网公司”为主的发展阶段。

为落实中共十四大提出的以“市场经济为主，计划调节为辅”的经济体制改革，1992年5月，国家体制改革委员会等五部门联合颁发《股份制企业试点办法》和《股份公司规范意见》，为市场经济发展奠定微观基础。在短短的两年内，全国各地成立了6000多家股份公司，其中绝大多数是定向募集公司，即向社会法人和内部职工两类特定对象募集股份而设立公司。1994年6月，国家体改委停止定向募集公司的审批设立。定向募集股份公司的设立，客观上有股份转让的需求，虽然当时对定向募集公司的股份转让有严格限制，但实际上还是形成了场外交易市场，在成都、济南和海口等地区交易尤为活跃。为适应市场发展的需要，1992 年 7 月，中国证券市场研究中心创办“全国证券交易自动报价系统（Securities Trade Automated Quotations System，STAQ）。1993 年 4 月，中国证券交易系统有限公司创办“全国电子交易系统”（National Exchange and Trading System，NET）。两系统的定位均为法人股流通市场，即为定向募集公司的股票挂牌转让提供场所，投资者限定为法人机构。两系统是当时除沪深交易所之外唯一的全国性证券交易市场，先后有 13 家公司挂牌交易。几乎在与两系统运行的同时，在各地方政府的积极推动下，各地成立了 100 多家区域性股票场外交易市场，有一定规模的有 30 多家，有区域辐射力的有 16 家。其中山东淄博证券自动报价系统最为著名。1998 年东南亚金融危机爆发后，为防范金融风险，国务院关闭了除沪深交易所之外的所有证券交易市场，STAQ 和 NET 两系统以及各地方区域性证券交易市场均被清理，挂牌公司被摘牌清退。1998 年到 2001 年，这一时期为国内证券场外交易市场的“真空”时期，无正规的、合法的证券场外交易市场。

（三）“证券公司代办股份转让系统”发展阶段

为妥善解决原 STAQ 和 NET 挂牌公司的股份流通问题以及沪深证券交易所退市公司的股票转让问题，2001 年 6 月，经证监会批准，中国证券业协会发布《证券公司代办股份转让服务业务试点办法》。同年 7 月代办股份转让系统正式启动，它先后承接了 STAQ 和 NET 系统 9 家挂牌公司以及沪深证券交易所的所有退市公司的股份转让业务，成为重要的证券场外交易市场。但由于代办股份转让系统品种少，且多数质量较低，因此很难吸引投资者，多年来一直被投资者冷落。

（四）“新三板”试点和扩容阶段

2006年是我国“十一五”规划的第一年，科技部发布《国家中长期科学和技术发展规划纲要（2006—2020年）》明确将“实施促进创新创业的金融政策”和“加速高新技术产业化”纳入重要政策和措施。紧接着，国务院发布《关于实施“国家中长期科学和技术发展规划纲要（2006—2020年）”若干配套政策的通知》明确规定：“推进高新技术企业股份转让工作，启动中关村科技园区未上市高新技术企业进入证券公司代办系统进行股份转让试点工作。在总结试点经验的基础上，逐步允许具备条件的国家高新技术产业开发区内未上市高新技术企业进入代办系统进行股份转让。”在此背景下，2006年1月16日，中国证券业协会发布《证券公司代办股份转让系统中关村科技园区非上市股份有限公司股份报价转让试点办法》及相关配套文件。中关村科技园区非上市股份有限公司股份转让正式成为三板市场的一部分。为区别于原STAQ、NET和退市公司的板块，把“非上市股份有限公司股份报价转让系统”称为“新三板”，原STAQ、NET和退市公司的板块称为“老三板”，“新三板”由此得来①。2012年7月，国务院批准《关于扩大中关村试点逐步建立全国中小企业股份转让系统的请示》，同意筹建全国股份转让系统。2012年9月7日，证监会分别与北京、上海、天津、湖北省政府签署了新三板扩大试点合作备忘录。到此，新三板试点范围从中关村科技园区扩容到上海张江、天津滨海和武汉东湖四个高新科技园区。

（五）规范发展和制度创新阶段

2012年9月20日，在原来新三板的基础上，成立了全国中小企业股

① 当时市场习惯把沪深交易所A股的主板市场叫“一板”，把深圳证券交易所的中小企业板块叫“二板”，中小企业板块在2004年推出，把“代办股份转让系统”证券场外市场叫“三板”。

份转让系统有限公司。2013 年 1 月 16 日，全国中小企业股份转让系统有限责任公司正式揭牌营运，对原证券公司代办股份转让系统的挂牌企业全部承接，市场运作平台的营运管理工作由中国证券业协会转为全国股份转让系统有限公司负责。这是中国证券场外交易市场发展的具有里程碑意义的重大改革事件，也是中国证券场外市场从试点走向规范运行的重要转折点。在本阶段，以市场化为主旋律，在规范的基础上进行重大的制度创新。2013 年 2 月 8 日，推出《全国中小企业股份转让系统业务规则（试行）》《全国中小企业股份转让系统主办券商推荐业务规定（试行）》《全国中小企业股份转让系统挂牌公司信息披露细则（试行）》和《全国中小企业股份转让系统主办券商管理细则（试行）》。2013 年 12 月 30 日，推出《全国中小企业股份转让系统股票发行业务细则（试行）》《全国中小企业股份转让系统股票转让细则（试行）和《全国中小企业股份转让系统投资者适当性管理细则（试行）》。2014 年 5 月 19 日，新三板的交易系统从深圳证券交易所独立出来，并开始实行新的交易制度。特别是在 2014 年 6 月 5 日发布，8 月 25 日开始实施的《全国中小企业股份转让系统做市商做市业务管理规定（试行）》，更是为新三板的制度创新注入了强心剂。就目前新三板的制度建设情况来看，与国际上发达的证券场外市场相比，新三板还需要在诸多制度上不断完善与创新，为建立一个长期、稳定、持续和健康发展的证券场外市场奠定制度基础。从中国证券场外市场制度演进的路径来看，这一过程可能需要持续三年左右的时间。

三、新三板的未来

未来的新三板，将肩负着实施国家创新战略科技产业化的使命，奠定国家科技产业化的金融市场基础，成为中国多层次资本市场体系建设制度创新的典范，成为中国经济结构转型的金融市场基础，代表着中国创新经济和资本市场未来的发展方向。

（一）市场化

目前新三板的各项制度安排与发达证券场外市场相比，离完全市场化还有一段较长的路要走，主要表现在：①在证券发行制度方面，依然保留了“核准制”。虽然在实际操作层面监管方式发生了很大变化，但依然需要证监会核准，不是纯粹的“注册制”或“备案制”。相对于场内交易市场，新三板推行“注册制”要比交易所市场容易得多，因为它是一个全新的市场，没有历史遗留问题，阻碍改革的难度很小。因此，从这个意义上讲，新三板应该成为中国证券发行制度改革的急先锋。②做市商交易制度作为证券场外交易市场的核心交易制度虽然已经引入到新三板，但市场化程度依然不够。目前以券商为唯一做市商的交易制度不利于创新企业的价值发现，引入非券商机构成为做市商势在必行。③目前新三板还没有建立较为完备的退市制度。一个健康有序的市场不仅需要市场化的准入制度，市场化的退市机制也同样重要，交易所市场的退市制度不适合照搬到新三板。新三板应该尽快建立完备的退市制度。④新三板是为创新创业型企业提供资本市场服务的，“高风险”是该市场的显著特点。现在挂牌公司已达 2300 多家，估计 2015 年会突破 5000 家。挂牌公司品质良莠不齐，不利于投资人对挂牌公司的风险识别，市场流动性将会受到影响。因此，建立市场分层管理制度刻不容缓，让具有不同风险的企业处于不同层次，有利于提高投资人对挂牌公司的风险识别能力，从而提高市场的流动性。⑤新三板转板制度是构建我国多层次资本市场的题中应有之义，是证券场外市场发展的内生性制度要求。新三板作为交易所市场上市公司的孵化器，起到两个桥梁性的作用：一是从小作坊通向现代企业的桥梁，二是从小公司到大公司的桥梁。证监会已经明确表达，要构建新三板的转板制度，只是选择什么样的时机推出的问题。⑥目前推出的投资者适当性管理制度对自然投资人的要求偏高（要求证券资产市值在500万元以上），大大地影响了市场流动性。随着市场其他配套制度（比如市场分层制度）的不断完善，对投资人设较低准入门槛（比如投资人的证券资产市值在100万元以上即可进入），或不设门槛，甚至通过降低股票交易印花税等措施鼓励投资人投资新三板股票。新三板未来的发展方向首先应该坚持“市场化”，只有市场化的证券市场才具备持续健康发展的基础。

（二）民营化

2006年初，进入“十一五”规划时代，国家发布《国家中长期科学和技术发展规划纲要（2006—2020年）》，把自主创新确立为新的国家战略；把增强自主创新能力作为发展科学技术的战略基点，作为调整产业结构、转变增长方式的中心环节；确立了到2020年使中国进入世界创新型国家行列的宏伟目标。这一规划不仅确立了未来中国科技创新蓝图，而且更重要的是要营造激励创新的政策和市场环境。“证券公司代办股份转让系统”正是在这样的背景下，为了落实国家的创新战略诞生的。2010年10月，《国务院关于加快培育和发展战略性新兴产业的决定》发布。我国计划用20年的时间，使节能环保产业、新能源产业、新一代信息技术产业、生物产业、高端装备制造业、新材料产业和新能源汽车产业等七大战略性新兴产业整体创新能力和产业发展水平达到世界先进水平，为经济社会可持续发展提供强有力的支撑。“十二五”规划提出的国家创新战略，明确指出，“坚持自主创新、重点跨越、支撑发展、引领未来的方针，加快建设国家创新体系，着力提高企业创新能力，促进科技成果向现实生产力转化，推动经济发展更多依靠科技创新驱动”。2012年7月，《“十二五”国家战略性新兴产业发展规划》发布，明确指出，“发展多层次资本市场，拓宽多元化直接融资渠道。大力发展债券市场，扩大公司债、企业债、短期融资券、中期票据、中小企业集合票据等发行规模。进一步完善创业板市场制度，支持符合条件的企业上市融资。推进场外证券交易市场建设，满足处于不同发展阶段创业企业的需求。完善不同层次市场之间的转板机制，逐步实现各层次市场有机衔接。扶持发展创业投资企业，发挥政府新兴产业创业投资资金的引导作用，扩大资金规模，推动设立战略性新兴产业创业投资引导基金，充分运用市场机制，带动社会资金投向处于创业早中期阶段的战略性新兴产业创新型企业。健全投融资担保体系，引导民营企业和民间资本投资战略性新兴产业”。发达市场经济国家的经济发展史告诉我们，经济的持续健康发展，必须依靠科技的不断进步，而科技的进步和产业化则离不开一个发达的资本市场的支持。美国经济的成功，是依靠科技和金融共同驱动的。中国科技的产业化以及产业结构的转型和转型必须依靠一个真正市场化的金融市场。

在中国的多层次资本市场体系中，交易所市场经过二十多年的建设，已经初具规模，目前沪深证券交易所的上市公司共有3000多家，业已成为中国证券场内交易的主要市场。由于建立证券市场的初衷就是为了给国有企业“解困”，所以上市公司的资源供给主要是以行政计划的方式进行的，直到2004年开设中小板和2009年开设创业板，这种上市公司的资源供给结构才稍有所改观，但依然改变不了以央企、国企为主的上市资源供给结构。另外，由于其证券发行制度长期按非市场化（审批制和核准制）方式进行，导致价格扭曲，寻租现象严重。以上原因导致了资本市场的资源配置功能没有得到真正发挥，资源配置低效，甚至是无效的。2013年11月30日，随着IPO的重启，交易所市场证券发行制度开始向准备“注册制”过渡，虽然目前已经明确2015年年底实施注册制，但要建立真正市场化的证券发行制度，仍需假以时日。按照中国证券市场的制度演进路径以及中国任何一项变革都须“摸着石头过河”的改革经验来推算，交易所市场真正要实现市场化，恐怕至少需要三到五年的时间。用“前途是光明的，道路是曲折的”这一句话来形容证券交易所市场的变革是最恰当不过的了。

交易所市场，不管是从上市主体，还是市场的组织者（券商）来讲，都不是为创新企业和民营企业服务的资本市场。新三板作为一个全新的资本市场，没有历史包袱，完全轻装上阵。特别是2013年和2014年推出的各项制度和机制安排，不仅借鉴了发达经济国家证券场外市场的成功经验，同时也考虑到了中国的特殊市场环境，制度创新能力不断增强，完全为创新创业型企业量身定制了一个全新的资本市场。新三板是专门为中国经济的结构化转型和产业结构的调整而设立的。未来的新三板，将是一个以“民营化”为显著特色的新三板，将成为中国证券市场制度创新的典范，引领中国证券市场变革的潮流。

（三）国际化

随着中国经济的不断增长，以及中国在全球经济中扮演越来越重要的角色，新三板也应该实施对外开放战略，成为中国资本项目管制开放的试验田。目前各个地方成立自由贸易区，其核心就是要放开资本管制，实现资本项目下的人民币可自由兑换。其实最好的实验田不是设自由贸易区，而是新三板，因为新三板没有历史包袱，并且是现成的市场体系。让外国优秀的创新企业在新三板挂牌，或者让外国投资人对新三板的股票进行投资。中国的新三板，应该像美国的纳斯达克那样，让全球优秀的创新企业都到这个市场上来上市融资和并购，成为创新企业全球资源的整合平台。

未来的新三板，不管是在证券发行、交易和监管等诸多方面，均需完全按市场化和国际化的标准来运行。“市场化”“国际化”“民营化”应该成为新三板的显著特色。

四、中国资本市场向何处去

为了真正理解新三板在中国未来的创新经济和多层次资本市场体系中

扮演的重要角色，我们基于破坏式创新理论的分析框架来探讨新三板以及中国的资本市场体系的过去、现在与未来，来回答那些还对新三板持观望态度的经济学家、创新企业家、投资者和资本市场的从业者，同时也有利于我们正确看待目前交易所市场正在进行的“注册制”改革，对“注册制”推进进程的预期，以及“注册制”改革对中国资本市场体系产生的影响程度。这种分析问题的框架和角度至少会起到以下几个方面的作用：其一，有利于创新型企业家正确地做出企业资本运作策略，即企业是上市融资（上主板、中小板和创业板）还是上新三板挂牌融资；其二，有利于投资人做出正确的价值投资策略，即投资于传统产业或是投资于新兴产业的创新型企业；其三，有利于政策制定者长远地看待资本市场的发展，以便正确行使公共决策权利，制定有利于资本市场长期、持续、健康发展的制度框架。

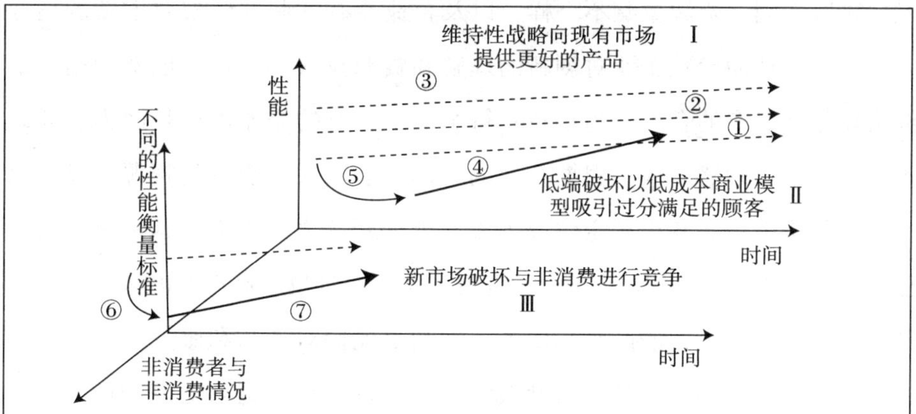

图1-3　破坏式创新理论的基本分析框架

（一）破坏式创新理论的基本分析框架

图1-3中可以看出，由“性能”和“时间”两个维度组成产品和服务的价值空间，它的含义是指，随着时间的推移以及由于技术进步带来的

产品性能的提升，不管是客户的价值满足程度还是企业的价值实现程度都会得到不断的提升，即总体市场价值空间会不断增大，可问题是：谁才能够真正分享市场价值的成长呢？是市场的在位者还是市场的新进入者呢？竞争的天平倾向于哪一方呢？图1－3中①的虚线表示的是客户的价值满足程度。它表示所有的市场价值都有一个不断提升的空间，能够为客户所利用或承受，即刚好能满足客户需求的性能；图1－3中②代表了能满足客户需求的技术，表示技术进步的速度，可以理解为客户对于技术改良的使用程度。在这条线的上面部分，表示客户永远不会满意产品的当前表现，而在这条线的下面部分，则表示客户很容易为一丁点儿的改进而满足。

破坏式创新理论是由管理大师克莱顿·克里斯坦森和迈克尔·雷纳在其管理学经典著作《创新者的解答》中提出的理论分析框架。破坏创新理论分析认为，企业保持持续增长的动力在于创新。但由于不同企业所处的发展阶段不同、资源禀赋不一样，以及企业原有的制度框架对创新的商业认知不同，从而导致企业对创新的理解和资源投入不一样，创新的结果最终大相径庭。有的企业因为创新获得了新生，有的企业也正是因为创新却走向了一条不归路。他们根据企业的不同发展阶段、企业的资源禀赋，以及企业的价值主张和市场定位等因素，把创新分为三大类：其一是维持性创新，即图1－3中③所示部分。它表示企业通过技术和服务的创新向现有的市场和客户推出新的产品和服务，以满足他们对产品和服务不断增长的需求。企业采取的是一种维持性战略，即向现有市场提供更好的产品。这种维持性创新的价值网络为图1－3中Ⅰ所示部分；其二是低端破坏式创新，即图1－3中④所示部分。它表示企业采取一种低成本的商业模式向现有市场那些过分地被满足的客户提供产品和服务。因为客户不愿意为过多的产品和服务功能买单。如果有一种产品和服务具有“简单、便捷、低成本”特性，现有市场的客户愿意付出成本来购买这样的产品和服务，则企业就创造出了一个具有破坏性的低端市场。这种低端破坏式创新的价值网络为图1－3中Ⅱ所示部分；其三是新市场破坏式创新，即图1－3中⑦所示部分。新市场破坏创新可以称为“零消费”策略。通俗地讲，就是企业运用新的技术开发出全新的产品和服务，创造出一个全新的市场。这种破坏性产品本身从价格上来说就是十分易于被市场或客户接受，而且也很便于使用，因此很轻松就能创造出一代全新的市场。这种新市场破坏创新的价值网络为图中Ⅲ所示。

根据对以上三种创新的分类，他们把后两种创新统称为“破坏式创新”，把前一种创新叫“延续性创新”或“维持性创新”。这两种创新有着本质的区别。维持性创新定位于要求更高的高端客户，为其提供超越当前市场水平的更优秀的产品性能。有些维持性创新来自于优秀企业年复一年地不断地持续性改进产品性能，另一类维持性创新则来自突破性的技术革新。创新技术的难易程度并不重要，问题在于，在维持性创新技术的战役里，获胜的几乎总是先入为主的市场在位者。因为这种策略要求企业为最优质的客户生产出高价值的产品，而市场的在位者往往有足够的动力和充足的资源来获取竞争优势。与之相反的是，破坏式创新者不会去尝试为现有的市场客户提供更好的产品，他们更倾向于通过引入较低端的产品和服务来破坏和重新定义当前市场。但这种创新的技术和产品对于客户来讲，具备“简单、便捷、低成本”的特征，迎合了低端客户的需求，从而开发出一片全新的市场。在破坏式创新战役里，获胜的几乎总是市场的新进入者。破坏式创新产品一旦在新市场或低端市场站稳脚跟，就会开始启动其自身的改良周期。因为技术进步的步伐总是远远超过客户的实际使用能力，那些当前“不够成熟”的技术反而通过改良后，最终恰好能切合更高级别客户的实际需求，原有价值网络的客户就会被吸引到新的价值网络里来，如图1－3中⑤和⑥所示的路径。图1－3中⑤表示在原来维持性市场的客户已经被吸引到低端破坏式市场里面。图1－3中⑥表示在原来维持性市场和低端破坏式市场里的客户被吸引到新市场里面。这样一来，破坏者就走上了一条最终打败先行者的道路。

为什么市场的在位者总是倾向于维持性创新，并且成为市场的最终赢家？而新进入者总是倾向于破坏式创新，且最终成为市场的王者？主要原因有以下两个方面：其一，组织的“路径依赖”。不管是一个人或一个组织，只要形成某种思维方式、决策方式和行为方式，就很难做出改变，一般会沿着原来的路径去思维和行为。从商业认知和意识的角度上讲，成熟的个人或组织一般对创新并不总是持欢迎态度，有时甚至是抱着反对或抵制的态度。因为创新会改变原来的权利分配格局。企业也是这样，企业经过长期发展，一旦适应了原有的市场竞争格局或竞争方式，就很难做出调整来适应市场创新的变化。因为企业资源的分配流程往往是为了延续性创新而设计的，它们的意识和行为从本质上讲无法适应破坏式创新的变化。其二，竞争动机不对称。市场的在位者总是把目光瞄向高端市场，因为高端市场有足够高的利润空间，低端市场的利润空间不足以让市场在位者动心。通俗地讲，能够“赚大钱”的时候为何要去“赚小钱”。基于这样的竞争动机，市场在位者几乎从未考虑过要保卫新市场或低端市场的阵营，而这些市场恰恰对破坏者极具吸引力。

作为市场在位者，有没有可能成为破坏式创新者呢？破坏式创新理论认为，原有的市场在位者也有可能成为破坏式创新者，但要具备一定的前提条件。这个前提条件就是，成立独立的业务系统来适应创新的变化。企业原有的组织、流程和价值观很难适应创新市场的变化，资源配置往往无法流入到新的创新业务中。如果新的创新业务依附于原来的业务系统中，存在要素不匹配问题，很有可能胎死腹中。在中国的即时通讯市场上，中国移动开发的“飞信”和腾讯开发的“微信”就是明证。飞信和微信在功能上并没有什么区别，但为何飞信成为了先烈，而微信活下来了呢?！并且活得很好。因为飞信出来后，就会革掉手机短信的命。理由在于：短信是收费服务，而飞信是免费服务。飞信的业务系统依附在原来的业务系统上，原有的业务系统把飞信视为对原有业务的威胁，而并不把它看成是发展的机会。因此，原有的业务系统的主要利益相关者没有动力和激励去推广新的业务，最终市场就做不起来。因此，飞信从市场上消失了。但微信的做法与此相反，它们不是把微信的业务部门依附在原有的业务系统中，而是成立单独的业务部门来运作。因为微信在很大程度上要对以前的QQ业务系统造成冲击。如果放在同一系统，会面临与飞信同样的命运。由于开辟了独立的业务部门，资源的配置、流程并不受制于原来的业务系统，于是，微信成为即时通讯市场上的翘楚。

（二）中国资本市场向何处去

对于中国的多层次资本市场体系而言，交易所市场无疑是市场的在位者，新三板是市场的新进入者①。根据破坏式创新理论，市场在位者总是倾向于维持性创新，而新进入者总是倾向于破坏式创新。

1. 交易所市场的改革只是一种维持性创新

我们之所以判断交易所市场所进行的创新就是一种维持性创新，理由主要有两个：一是市场主体的非市场化特征；二是制度改革的“路径依赖”特性。

（1）交易所市场的两个最主要的市场参与者券商和上市公司，都是以央企和国企为主的，民营企业所占的比重不大。之所以出现这种情况，是因为政府最初成立证券交易所的动机就是为了给国有企业解困，因此上市公司大多数是以央企和国企为主。另外，由于当时还在计划经济的大背景下，市场经济只是处于萌芽状态，而金融市场是经济资源配置的市场。因此，垄断市场资源的最好方式就是让证券市场的主要市场组织者“券商”

① 因为从1990年深圳证券交易所和1991年上海证券交易所成立到现在，交易所市场已经运行了20多年了。严格意义上的新三板，指的是2012年9月20日成立，2013年1月16日揭牌营运的“全国中小企业股份转让系统”。

也由国企和央企担纲，只有这样才能体现政府的资源配置意图。市场主体的非市场化特征，表明了交易所市场的无效率，因为它们赚钱根本不需要依靠培育核心竞争能力，就用政府赋予它们的垄断权利就可以有很好的收入，它们完全没有动力和激励去创新。更为重要的是，作为长期形成的既得利益集团，它们没有理由欢迎创新，欢迎改革，甚至会成为改革的绊脚石。这就是破坏式创新理论所说的竞争动机不对称。

（2）制度改革的“路径依赖”特征使得交易所市场的任何创新都是在原有的市场和制度框架内的修修补补，而不是破坏式创新。为了让市场资源完全按政府的意愿进行配置，证券发行制度实行审批制，最初还把上市指标和名额分配到各个省，由各个地方政府来决定哪些企业该上市还是不该上市。证券交易制度的安排也呈非市场化特征，表现在同股不同权，同股不同利，上市公司三分之二的法人股不能流通。由于交易所市场在制度安排上存在天然的不足，导致交易所市场二十多年的建设和发展都是围绕着如何实现真正市场化的目标而进行的。为此，交易所市场进行了一系列改革创新的尝试，主要表现在两个方面：一是市场创新，即开设新的市场；二是制度创新，不管是证券发行制度，还是证券交易和流通制度等方面都有一定程度的创新。在市场创新上面，主要进行了以下方面的改革：一是在 1992 年开设 B 股市场[①]。B 股市场在 2001 年也开始向国内投资人开放。B 股市场是解决如何在资本项目管制下，合格的外国投资者投资中国上市公司股票的问题，其实质是资本项目下人民币的可自由兑换的试点；二是在 2004 年开设中小板；三是在 2009 开设创业板。中小板和创业板开设的原意是为具有创新能力的中小型企业提供资本市场服务，以区别于主板市场。但由于中小板和创业板是在原来的市场和制度框架内的修修补补，并不是破坏式创新，又由于证券发行制度的非市场化安排，最终把中

① B 股市场是专门为外国投资者开放的证券市场。

小板和创业板做成了“主板市场”。交易所市场的制度创新，主要表现在证券发行制度和证券交易流通制度的改革创新。在证券交易和流通方面的制度创新，主要表现为2005年进行的股权分置改革。股权分置改革解决了中国证券市场股票的全流通问题，使其真正回归到证券市场本应具备的基本功能上。在证券发行制度方面，最初实行审批制，对发行指标和额度进行控制，完全是非市场化的证券发行制度。2001年开始实行核准制，虽然具备了一些市场化的因素，但依然由政府控制证券的发行速度和规模，而不是完全按市场需求来发行证券。在审批制和核准制条件下，导致两种非市场化的结果：一是股票价格不能真实反映企业价值；二是容易产生寻租行为，即腐败。核准制作为一种过渡性的制度安排，有了十多年的市场实践，已经积累了足够多的市场经验和教训，中国的证券发行制度也到了真正要实行市场化的改革时机了。但由于中国惯常的改革方式是“摸着石头过河”，走一步看一步，因此2015年年底推出的注册制改革也不可能一蹴而就，真正到完全市场化的注册制仍需假以时日，没有三至五年的过渡期安排是不可能实现的。从目前的注册制度改革方案来看，把监管审批的权力由原来的证监会下放给交易所，其实质并没多大变化，只不过是换汤不换药。另外，发行的速度和规模依然受到政府的行政调控。目前的注册制改革方案符合交易所市场的路径依赖特性，依然是使用原有的市场和制度框架内的维持性创新，并不具备破坏式创新的基本特征。

2. 新三板是典型的破坏式创新

政府作为多层次资本市场体系的设计者和建设者，同样也看到了交易所市场天然的制度缺陷。要想真正为创新创业型企业搭建一个融资平台，在原有的市场和业务系统注定是要失败的。2004年设立的中小板和2009年设立的创业板，其最初的原意就是想建设成为目前新三板一样的市场，但由于依附在原有的市场、业务系统和制度框架内，最终把中小板和创业板搞成了主板市场的一部分。目前的新三板，不管是在价值主张、市场定位、制度安排等方面，还是在为创新企业提供“简单、便捷、低成本”的服务方面，完全独立于交易所市场，是中国多层次资本市场体系建设中的低端破坏式创新和新市场破坏式创新，完全颠覆了原有的市场体系和制度安排，是典型的破坏式创新。

新三板的市场定位是专门为创新创业型企业提供资本市场服务的。中国资本市场建设从1990年开始，到现在已经有25年的时间了，除新三板外，以往还没有哪个市场是专门为中小型企业提供融资服务的。交易所市场的市场定位、证券发行制度所形成的高准入门槛使众多创新企业上市就犹如过独木桥。新三板挂牌的低成本、低准入门槛、便捷的业务系统，以及创新的制度安排，使创新企业进行股权融资成为现实。对于那些已经具备在交易所市场上市条件但由于证券发行制度而不能及时上市的企业而言，新三板给他们提供了股权融资和企业发展的机会，这是新三板以低成本的商业模式吸引那些在原有市场体系里被过分满足的客户，是典型的低端破坏式创新。对于那些真正具有创新能力，想融资发展但又不具备上市融资条件的创新型中小型企业而言，新三板无疑为他们提供了最佳的资本市场平台，这完全是一个全新的市场。这是属于典型的新市场破坏创新。

新三板的价值主张不同于交易所市场，是为创新创业型企业提供金融整体解决方案的。企业挂牌前可以方便地吸引到风险资本，因为新三板为风险资本提供了有效的退出通道，增加了企业对风险资本的吸引力。挂牌后可以通过定向增发进行股权融资。企业挂牌后由于是公众公司，管理规范和财务透明，便于企业发行公司债和中小企业私募债券，还可以为企业以股权做质押向商业银行贷款。根据新三板的制度安排，企业将来还可以发行可转换债券以及优先股。丰富的金融工具和融资渠道为创新创业型企业提供便捷、低成本的融资。

从制度安排来看，新三板不管是在准入制度、发行制度、交易制度或监管制度等诸多方面，都安排了适合创新创业型企业的制度框架。不设财务门槛、不受所有制度性质的限制、不限于高新科技企业的低准入门槛，给予了所有创新企业进入资本市场融资的均等市场机会，体现了市场经济的基本精神——机会均等。“储架发行制度”是新三板股票发行制度的重大创新。因为它考虑到了创新创业型企业的在发展初期的综合性战略规划能力、管理能力和投资能力的不足，是符合创新创业型企业的在发展初期的基本特征的。股票交易制度不仅引入证券场外市场的核心交易机制做市商交易制度，还创造性地引入交易所市场的集合竞价交易制度。在监管方面，创造性地安排和设计了主办券商的持续督导制度，以及信息披露中的事后审查制度。这些制度的安排和设计，都符合创新型企业的基本特征，不同于交易所市场的制度安排。

3. 新三板目前存在的问题及努力方向

从破坏式创新理论角度来看，新三板目前存在的最大问题是要素不匹配，即在一个全新的市场里面依然有很多交易所市场非市场化的制度安排。主要存在的问题表现在：证券发行制度依然沿用了核准制，而不是完全意义上的注册制，这是最基本的问题；市场的主要组织者“主办券商”完全沿用了交易所市场的券商，但交易所市场的券商没有激励和动力来从事新三板业务，因为他们在交易所市场有很多赚大钱的机会。利用垄断的资源优势来赚钱，是国企、央企赚钱的主要方式。新三板业务，不管是挂牌业务，还是做市业务，还是定向增发业务，对他们来讲都是鸡肋。挂牌券商的准入不放开，做市业务如果还是仅限于券商，新三板的流动性不可能从根本上得到改善。一个健康的市场既要有市场化的准入制度，同时需要有市场化的退市制度。因此，新三板需要尽快推出退市制度。降低投资人门槛是新三板提高流动性的根本举措，但前提是需要提高投资人的风险识别能力，一个可行的办法就是尽快推出市场的分层管理制度。

4. 中国资本市场的未来

基于制度的路径依赖特性、中国惯常的经济改革方式、市场主体的非市场化特征以及交易所市场本身的市场定位，交易所市场的创新只是一种维持性创新，颠覆式创新不可能存在，渐近式改革是常态。交易所市场真正市场化的注册制改革仍需假以时日，任重而道远。

中国的传统产业经过三十多年的发展，已经走到了尽头。以互联网和信息技术为代表的第三次工业革命改变了所有行业的商业本质。创新经济的持续健康发展需要有一个创新的资本市场。基于中国国家创新战略和经济结构转型所需要的资本市场的紧迫性，交易所市场并不代表中国创新经济和资本市场的未来发展方向。新三板应该成为中国国家创新战略的金融市场支撑。它是中国资本市场建设制度创新的典范，是中国经济结构转型的金融市场基础，代表了中国创新经济和资本市场未来的发展方向。

第二章

市场现状及未来发展态势[①]

一、发展规模

（一）挂牌公司数、总市值和总股本变化情况

我们从新三板挂牌企业数、总市值及总股本变化情况来看新三板的发展规模及未来发展趋势。

1. 挂牌公司数历年增长情况

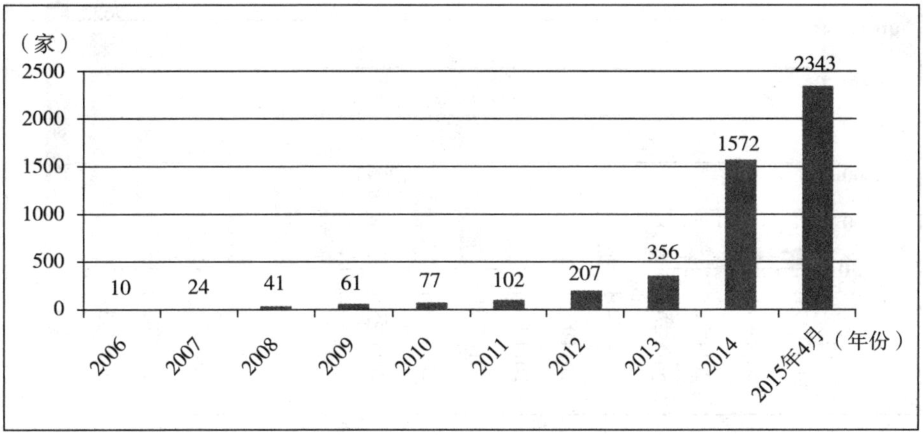

图 2－1　新三板挂牌公司数历年增长态势

从以上各年增长态势图 2－1 可以看出，2012 年扩容以前，即从 2006 年到 2011 年，新三板挂牌企业数呈缓慢增长态势，每年以 20 家左右的速

① 本章所有统计数据均来自全国中小企业股份转让系统发布的公开数据。

度增长，2011 年增长到 102 家。2012 年 9 月迈开扩容步伐后，当年环比增长 100%，年底达到 207 家。新三板从 2013 年开始，进入规范发展和制度创新阶段。但由于依然沿用原有的交易制度与交易系统，市场各方参与主体对新三板的未来前景在很大程度上持观望态度。因此，新三板挂牌企业在 2013 年并没有获得较大发展。但即使如此，相对于 2012 年，2013 年依然增长了 149 家，达到了 356 家。2014 年呈迅猛增长态势，在 2013 年的基础上增加了 1216 家，达到 1572 家。2014 年迅猛增长的主要原因在于推出了新的交易制度，以及 8 月实施了做市商交易制度，市场对新三板流动性改善的预期增加，参与新三板挂牌的积极性提高了。2015 年前四个月延续了 2014 年的增长态势，增加了 771 家，达到了 2343 家。

2. 挂牌公司总市值增长情况

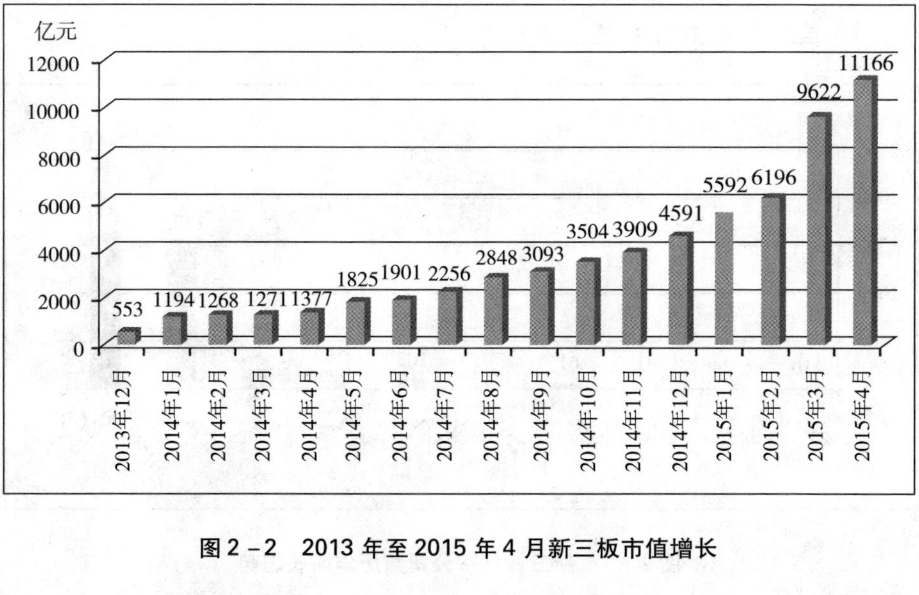

图 2-2　2013 年至 2015 年 4 月新三板市值增长

图 2-2 是新三板 2013 全年、2014 年每月及 2015 年前 4 个月总市值增长情况。以上数据表明，新三板在 2013 年的总市值只有 553 亿元，而 2014 年猛增到 4591 亿元，增长了 8 倍多。2014 年全年增长呈阶梯式增长态势：1 月至 4 月增长较为平稳，是第一阶梯；5 月至 7 月增速高于 1 月到

4 月，属于第二阶梯，其主要原因是在 5 月开始实施新的交易制度；8 月至 12 月增速明显高于 1 月至 7 月，属于第三阶梯，其主要原因是引入了做市商交易制度，挂牌公司增多，交易日趋活跃等。2015 年前 4 个月增长迅猛，在 2014 的基础上增长了 143%，达到 11166 亿元的总市值。

3. 挂牌公司总股本增长情况

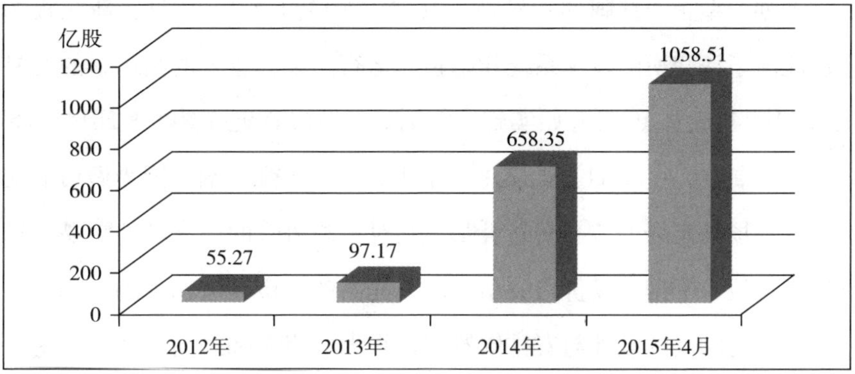

图 2 –3　新三板挂牌公司总股本增长情况

图 2 –3 反映出，新三板 2012 年总股本为 55. 27 亿股，2013 年增长到 97. 17 亿股，增长了 75. 8%。2014 年由于挂牌公司激增，总股票也随之大增，达到 658. 35 亿股，是 2013 年的 6. 78 倍。2015 年前四个月增加了 400 亿股，达到 1058 亿股，增长了 60%。

（二）2014 年强劲增长的原因

2014 年，新三板不管是挂牌企业家数、总市值和总股本都呈强劲增长态势。2014 年的市场增长态势，不是偶然发生的，而是制度创新的必然结果，主要有以下两个方面的原因：其一，随着 2013 年、2014 年新三板各项制度的推陈出新，新三板的制度创新能力让市场各参与主体对其未来市场前景有了较为乐观的预期，具有创新能力的中小微企业，参与新三板挂牌的积极性大大提高了，市场总体规模快速扩大。另外，随着市场不断发展，各项制度的不足之处也逐步显露出来，如果不及时得到改善，将会影响市场的健康发展。因此，证监会和新三板主要负责人在各种场合明确表示，2015 年将会降低投资人门槛，推出集合竞价交易制度，完善做市商交易制度，推出转板制度和退市制度等。这些真正市场化的制度安排，使得新三板的流动性得到根本性的改善，市场参与主体对未来市场前景看好，从而提高了创新创业型企业挂牌的积极性。其二，2014 年 5 月 19 日，新三板的技术系统脱离了深交所的技术系统开始独立运行。更为重要的是，新的交易制度也从 2014 年 5 月 19 日开始实施。特别地，做市商交易制度于 2014 年 6 月 5 日推出，并于 8 月 25 日开始实施，给市场注入了强心剂。因为做市商交易制度是证券场外市场的核心交易机制，它对于高风险的证券场外交易市场能起到发现价值，平抑市场价格波动，以及提高整个市场流动性的作用。虽然这一核心交易制度的设计与安排依然存在很大的完善和提高空间，但这一制度的推出使整个市场的流动性得到了较大程度的改善，从而增强了各市场参与主体对未来市场的信心。从 2014 年 8 月开始，企业挂牌积极性明显提高。从 2014 年每月挂牌企业增长情况中可以看出这样的增长态势。

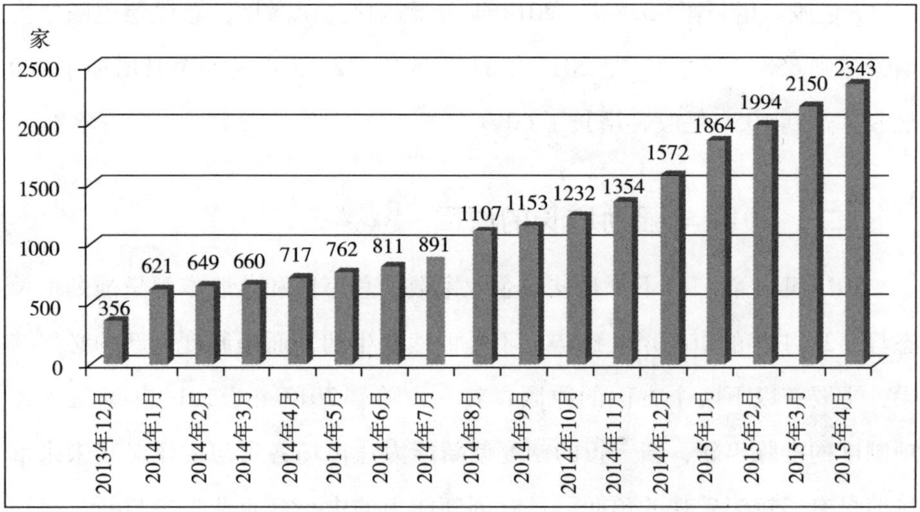

图 2－4　2014 年至 2015 年 4 月挂牌企业数月度增长情况

从图 2－4 可以看出：2014 年 1—7 月，基本上呈稳步增长态势；8—12 月，增幅明显增大，主要市场驱动因素就是做市商交易制度的实施，市场预期大为乐观，挂牌企业明显增加。2015 年，由于市场预期要推出和完善一些新的交易制度，会进一步改变市场预期，增长更为迅猛，预计全年至少会突破 4000 家。

（三）新三板未来三年增长态势

2014 年只是新三板呈爆炸式增长的开始年。如果 2015 年和 2016 年如期推出集合竞价交易制度，推出市场转板制度、分层管理制度、退市制度，完善做市商交易制度，降低投资人门槛，废除证券发行的核准制，真正实施市场化的注册制或备案制度，废除券商经营特许制度，让证券投资咨询机构参与推荐业务等。那么接下来的三年，即 2015 年、2016 年和 2017 年，将会是新三板奠定在中国资本市场地位的关键 3 年，新三板会迎来持续性爆炸式增长。我们极为乐观地预期，未来 3 年，新三板挂牌企业将会呈如下增长态势。

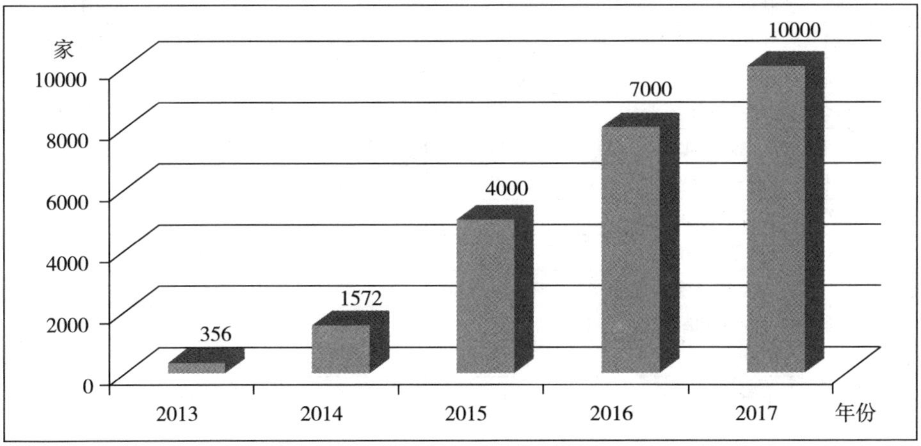

图 2－5　2015 年至 2017 年新三板挂牌企业增长态势

我们之所以做出这样乐观的预期，是基于以下三个理由：其一，新三板是中国资本市场迄今为止真正专门为解决中小微企业规范性融资的资本交易平台，是国家创新战略的重要组成部分，是中国经济结构转型的金融市场基础①，本届政府高度重视。从新三板制度创新的路径中可见一斑；其二，中小微企业金融压抑多年，内生性融资需求强劲，一旦真正打开市场和政策的大门，犹如洪水猛兽，谁都无法阻止其强劲增长。庞大的需求是市场强劲增长的最根本因素；其三，有什么样的制度，就会有什么样的市场行为。新三板的市场化制度安排将会带来市场持续性爆炸式增长。

二、挂牌企业行业分布

（一）挂牌企业行业分布现状

表 2－1　新三板挂牌企业行业分布②

行业名称	挂牌公司数（家）	家数占比（%）	总股本（亿股）	总股本占比（%）
制造业	883	56.17	339.73	51.60
信息传输、软件和信息技术服务业	360	22.90	84.85	12.89
建筑业	57	3.63	26.85	4.08
科学研究和技术服务业	55	3.50	13.15	2.00
农、林、牧、渔业	38	2.42	23.87	3.62
租赁和商务服务业	30	1.91	11.41	1.73
文化、体育和娱乐业	28	1.78	7.09	1.08
批发和零售业	26	1.65	12.37	1.88
水利、环境和公共设施管理业	24	1.53	9.12	1.39
交通运输、仓储和邮政业	15	0.95	6.55	1.00
采矿业	14	0.89	7.22	1.10
金融业	12	0.76	106.44	16.17

① 其主要观点见作者2015年1月5日在《人民日报》发表的文章《新三板的流动性难题如何解》。

② 行业分布的统计数据截止时间为2014年12月30日。

续表

行业名称	挂牌公司数（家）	家数占比（%）	总股本（亿股）	总股本占比（%）
卫生和社会工作	11	0.70	3.21	0.49
居民服务、修理和其他服务业	7	0.45	2.19	0.33
电力、热力、燃气及水生产和供应业	5	0.32	1.91	0.29
教育	4	0.25	0.91	0.14
综合	2	0.13	1.18	0.18
住宿和餐饮业	1	0.06	0.30	0.05
合　计	1572	100.00	658.35	100.00

从表2－1统计数据可以看出，如果按具体的小类对挂牌企业进行行业划分，新三板挂牌企业目前已经涉及近50个行业，除房地产属于国家不鼓励和不支持到新三板挂牌的行业外，其他主要的行业新三板基本都涉及了。但目前新三板挂牌公司的行业分布存在结构性问题，即传统行业（制造业和建筑业）的比重过高，新兴行业和服务业比重太低。透过以上数据，通过占比图做直观分析。参见图2－6。

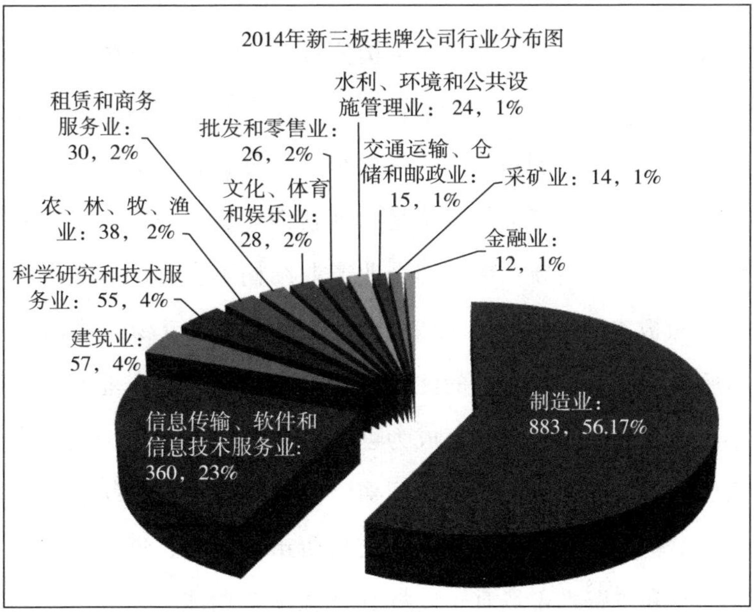

图2－6　新三板挂牌公司行业公布家数及占比

图 2-6 数据表明，制造业 883 家，占总挂牌数的 56.17%。如果把建筑业的 57 家企业与制造业一起计算，则制造业和建筑业就占了 60%。相对于其他新兴产业，信息技术服务业占比较大，占了 23%，而新兴产业中的其他产业占比相对较小。另外，现代服务业占比过小，不超过 10%。这不仅与新三板的市场定位不相符，更为重要的是，与未来经济的发展趋势和发展方向相违背。主要原因有以下三个方面：其一，交易所市场的高门槛和证券发行制度使很多传统行业没法进入证券场内市场融资，新三板较低的准入门槛及“类注册制”是它们进入资本市场的必然选择；其二，反映了中国目前经济结构中传统产业比重过大，新兴产业还没有完全发展起来，符合经济结构转型期的产业结构特征，即中国经济目前依然是以制造业为主的产业结构；其三，表明新三板在发展初期的制度安排和设计存在明显缺陷，没有恰当的制度安排让新兴产业的新兴企业进入到新三板。

（二）未来可能的发展方向

改善目前新三板挂牌企业行业结构分布，从以下两个方面来考虑。

1. 通过自上而下的市场化改革来调整其行业结构的合理分布

由于新三板是国家创新战略的重要组成部分，是国家经济结构转型的金融市场基础，因此新三板的定位是为创新创业型企业提供融资并购服务的资本市场。改变目前新三板挂牌企业产业结构不合理的有效办法不能仅仅局限于新三板本身的改革，而要放眼于整个资本市场体系的市场化改革。交易所市场证券发行制度的注册制改革是引导传统企业到交易所上市的最佳办法，从而让新三板真正成为创新创业型企业上市融资的最佳资本市场。注册制改革降低了证券发行门槛，使规模较大的传统企业可以到交易所市场上市融资。大量传统企业到交易所市场上市，通过并购重组淘汰落后产业，有利于资本市场真正发挥其资源配置功能，使经济中的存量资源得到优化，而把发展新兴产业的增量资源放到新三板，这是中国多层次资本市场体系建设的题中应有之义。

2. 让市场自身通过市场化的办法来解决

新三板在发展初期，各证券中介服务机构，特别是主办券商，在开始开拓市场的时候，由于是新业务，市场资源不足，有什么项目就上项目，根本就不管项目的行业分布和项目本身质量的高低。这也是市场初期市场主体必然的市场选择。但随着新三板市场规模的扩大和品牌的不断提升，拟挂牌企业越来越多，市场需求越来越大，券商开始对项目本身的品质有了较高的要求。如果仅考虑到企业到新三板挂牌的收入，不足以吸引券商对项目的各项投入。基于对未来 IPO 市场的战略性布局，券商在承接项目的时候，不仅会考虑到项目给自己带来的短期收入，更重要的是要考虑到项目给自身带来的长期收入，如做市收入、转板上市的收入、融资及并购业务等带来的收入。所以，券商在承接项目的时候，基于自身商业利益的需要，要考虑到项目的行业分布以及未来的成长性对资本市场的投资人是否有足够的吸引力。因此，从长期来看，市场本身的发展会解决挂牌企业的行业结构分布问题。

三、挂牌企业地区分布

全国企业到新三板挂牌以华北和东部沿海地区的省份为主。挂牌公司数量 50 家以上的省市有北京、江苏、上海、广东、山东、湖北、浙江和河南共 8 个省市，合计占比为 73.99%。其中北京和东部沿海地区有 6 个省市，中部有湖北和河南两省，西部没有一个省市入围 8 强。北京之所以高居榜首，共有 362 家企业挂牌，是因为 2012 年扩容以前，新三板主要是以北京中关村高新科技园区作为试点，已经有 100 多家企业在新三板挂牌。当然，如果剔除这一因素，北京依然遥遥领先于全国其他省市，这是因为北京中关村高新科技园区的中小型企业创新能力要大大强于其他省市。参见表 2－2。

表2－2　新三板挂牌企业地区分布

省份	挂牌公司数（家）	家数占化（%）
北京	362	23.03
江苏	171	10.88
上海	166	10.56
广东	149	9.48
山东	98	6.23
湖北	93	5.92
浙江	69	4.39
河南	55	3.50
安徽	45	2.86
天津	41	2.61
辽宁	41	2.61
福建	41	2.61
湖南	33	2.10
四川	31	1.97
河北	23	1.46
陕西	22	1.40
重庆	22	1.40
新疆	17	1.08
黑龙江	14	0.89
宁夏	14	0.89
贵州	13	0.83
江西	13	0.83
云南	13	0.83
吉林	7	0.45
广西	5	0.32
山西	4	0.25
海南	3	0.19
甘肃	3	0.19
内蒙古	3	0.19
青海	1	0.06
合　计	1572	100.00

随着新三板的不断发展，我们认为，未来新三板的省市分布不会有太大变化，挂牌企业依然是以华北和东部沿海发达地区的省市为主。得出这一结论的根据是：其一，各省市挂牌公司的多少主要是基于各省市企业的创新能力；其二，企业的创新能力与各省市经济的发达程度密切相关。经济较发达的华北和东部沿海地区，企业的创新能力也越强，企业家的资本市场意识也比较到位，从而企业到新三板挂牌也就会越多。

四、公司治理结构

（一）挂牌企业公司治理结构现状

公司股权结构是公司治理结构的基础，股权结构是公司权力分配和利益分配的基础。因此，从新三板挂牌公司的股权结构分布可以看出新三板挂牌公司的公司治理结构水平。参见图 2－7。

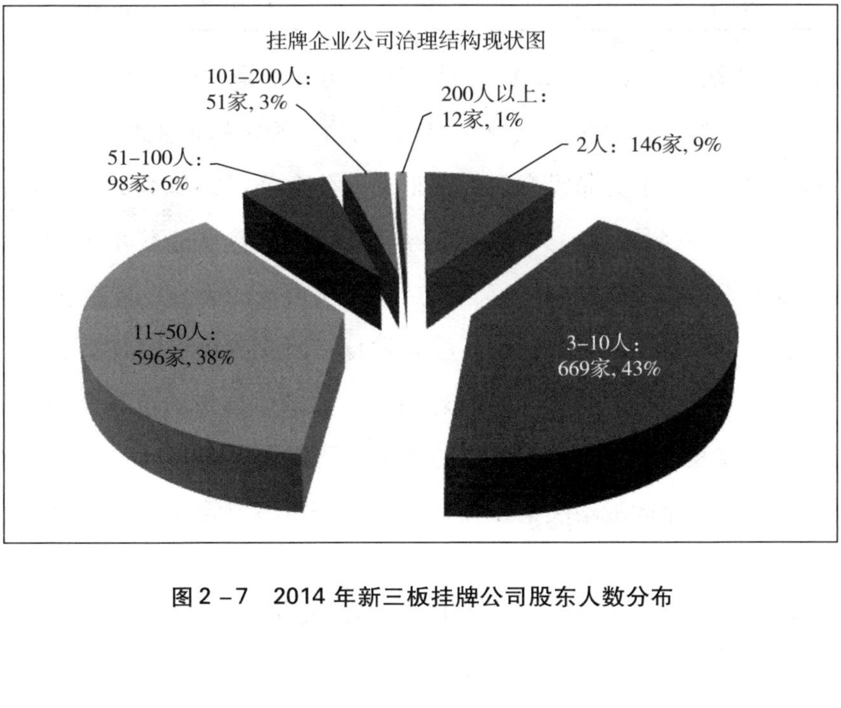

图 2－7　2014 年新三板挂牌公司股东人数分布

从图 2－7 挂牌公司的股东人数分布上看[①]，公司股东为 2 人的挂牌公司有 146 家，占挂牌公司的 9%，3 人到 10 人之间的挂牌公司 669 家，占比为 43%。股东人数在 11 人到 50 人之间的挂牌公司有 596 家，占比为 38%。股东人数在 51 人到 100 人之间的企业为 98 家，占比为 6%。股东人数从 101 人到 200 人之间的挂牌公司为 51 家，占比为 3%。股东人数在 200 人以上的挂牌公司有 12 家，占比为 1%。为详细反映以上真实情况，见表 2－3 数据。

表 2－3　2014 年新三板挂牌公司股东人数占比表

股东数（人）	挂牌公司数（家）	占比（%）
2	146	9.29
3～10	669	42.56
11～50	596	37.91
51～100	98	6.23
101～200	51	3.24
200 以上	12	0.76
合　计	1572	100.00

表 2－3 统计数据表明，新三板挂牌公司真正是“公众公司”的少之又少，53% 的挂牌公司股东人数在 10 人以内，90% 的企业股东人数在 50 人以内。股东人数的分布没有多少真正达到公众公司的基本要求。这种情况出现的主要原因是：新三板作为证券场外市场的特征密不可分。因为新三板的证券发行制度是定向发行，不是交易所市场的公开发行制度。企业到新三板挂牌以后，很多公司没有股票发行，因此股权结构高度集中。另外，根据新三板对挂牌企业公司治理结构的要求，公司的董事会必须由 5 人组成。也就是说，几乎一半企业的投资人既投资，同时自己又是董事会成员，参与公司重大战略决策，并且还担任公司高层管理职务。股东、董

① 以上数据中挂牌公司家数分布与实际相符，但百分比与实际的百分比稍有差距，因为百分比是电脑自动生成的，四舍五入了。

事和高管“三位一体”的特征十分明显。这与中国中小型民营企业的公司治理结构现状是相符的。新三板挂牌企业完善公司治理结构任重道远。

（二）未来的方向

中国中小型民营企业由于特有的市场环境，小作坊式管理已经成为管理的常态。也正是因为这样的管理方式，成为制约民营企业发展的最大瓶颈。曾经有调查得出结论，中国民营企业的平均寿命不超过3年。换言之，中国民营企业是短命的。很多管理学家和经济学家认为是由于企业家管理能力不够造成的必然结果。笔者认为，造成这种结果的主要原因不仅仅是企业家的管理能力问题，更重要的原因可能是民营企业的公司治理结构出了问题。公司在创业初期，企业规模不大的时候，可以不要制度，仅仅依靠人来管理就能够让公司行驶在正常的发展轨道上。但随着企业规模的不断扩大，企业管理幅度和管理难度越来越大的时候，制度的重要性就显现出来了。企业的制度构建从两个方面着手：其一是公司的日常管理制度，比如生产制度、营销制度、人力资源制度、财务制度等；其二是解决公司权力分配和利益分配的公司治理结构。公司的日常经营管理制度，相对于公司治理结构，大家比较熟悉一些，可能也容易解决一些。公司治理结构是公司的顶层制度安排与设计，通过科学的决策机制、有效的监督约束机制与高效的激励机制这三大机制来解决公司的权力分配和利益分配这两大核心问题。没有一个良好的公司治理结构，就不可能有一个健康运行的公司管理。不管是从理论角度或是在长期的观察和实践中，我们深知，中小型民营企业要想通过自身的认知和能力来解决公司的制度构建问题，是极其困难的。对于有的企业家而言，甚至是不可能的。这是因为，中小型民营企业由于长期是小作坊式管理，已经形成了固有的一套思维模式和行为模式，我们把它称作“路径依赖”。如果没有外部的市场力量来改变原有路径的方向，企业家就会形成思维和行为的惯性，最终会导致企业短命。

因此，从这个意义上来讲，新三板对企业的意义不仅仅是解决企业金融资本的问题，它更重要的使命在于通过市场的力量来帮助挂牌企业完善公司治理结构。为了完成这一使命，新三板在公司治理结构方面需要从三个方面要求挂牌公司达到一定的条件和标准：一是对挂牌公司的股东人数的要求不能过于宽松，比如说，要求挂牌公司在进行股份制改制的时候，股东人数不能低于五人。二是要求挂牌公司的董事会必须引进至少一名独立董事，以保护中小投资者的利益。目前新三板对挂牌公司引进独立董事没有任何要求。三是在进行市场分层制度设计和管理的时候，对处于不同层级的企业对公司治理结构应该提出不同的标准，这种标准包括：①股东人数和股权结构；②建立科学的决策机制、有效的监督约束机制和激励机制；③引进至少一名独立董事。

五、股票发行

（一）股票发行现状

新三板实施的是股票定向发行制度，即向特定的投资人（符合《投资者适当性管理制度》的投资人）非公开发行股票。我们从发行次数、发行金额、发行股数、发行行业和地区分布等方面来看新三板的股票发行情况，参见表2－4。

表2－4　新三板历年股票发行情况

年度	发行次数	发行金额（万元）	发行股数（万股）
2007	3	11874.92	4542.00
2008	5	24564.55	5620.00
2009	2	5639.28	956.00
2010	8	35835.91	6867.00
2011	10	64818.45	8007.00

续表

年度	发行次数	发行金额（万元）	发行股数（万股）
2012	24	85886.00	19292.00
2013	60	100236.43	29193.87
2014	327	1299877.76	264298.28
2015 年 4 月	331	1324900.00	3811000.00

为了直观了解新三板股票发行的增长态势，我们把股票发行的三个维度用柱状图展示出来。见图 2－8。

1. 股票发行次数

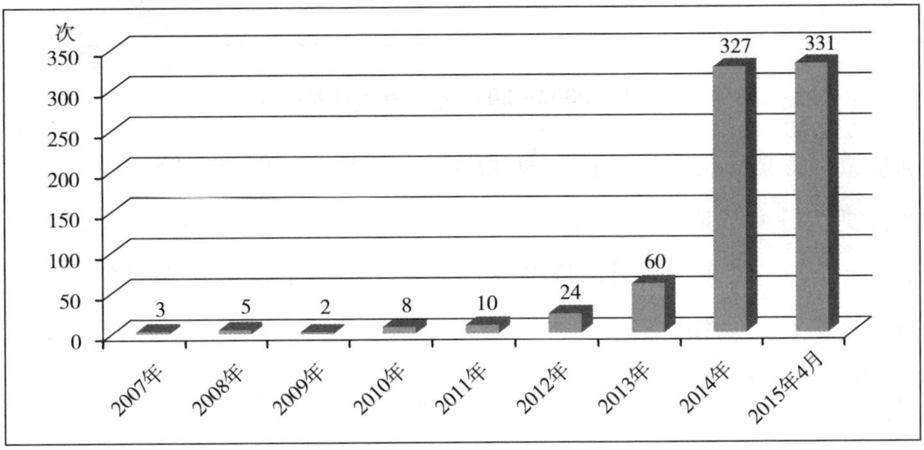

图 2－8　2007—2015 年 4 月发行次数增长情况

从新三板历年股票发行次数来看，2007 年到 2011 年不仅发行次数少，而且增长缓慢。股票真正开始发行次数较多的是从 2012 年新三板扩容开始的。2012 年发行 24 次，2013 发行 60 次。2014 年是呈爆发式增长的一年，一年共发行 327 次。2015 年前 4 个月共发行 331 次，已经超过了去年一年的发行次数。

2. 股票发行金额

与股票发行次数相对应，股票发行金额在 2013 年突破了 10 亿元，2007 年到 2012 年以前发行规模很小。2014 年由于实施新的交易制度，特

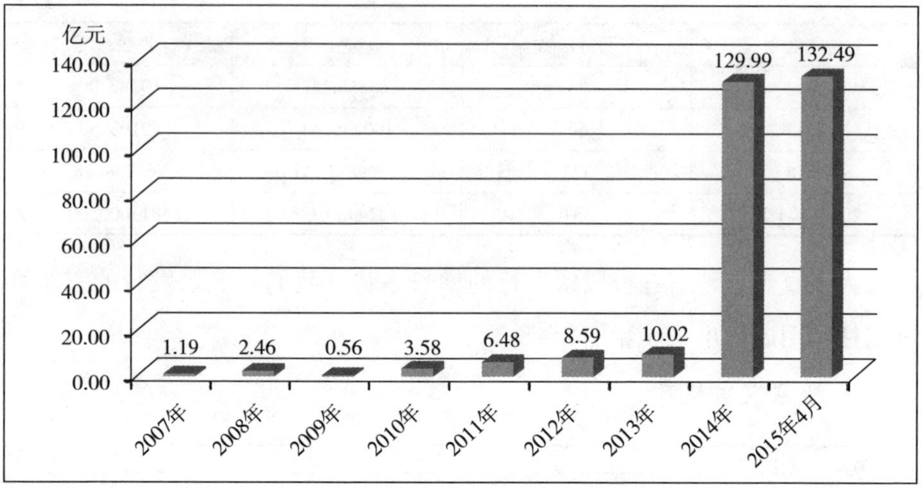

图 2-9　2007—2015 年 4 月股票发行情况

别是做市商交易制度的推行，为挂牌公司股票发行创造了较好的制度环境，使 2014 年股票发行达到了 129.99 亿元，在 2013 年的基础上增长了 10 倍以上。2015 年前 4 个月的股票发行金额已经超过了 2014 年一年，达到 132.49 亿元。参见图 2-9。

3. 股票发行股数

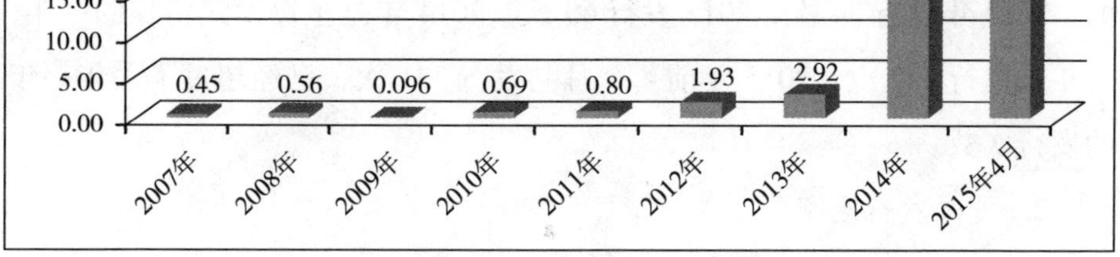

图 2-10　2007—2015 年新三板股票发行股数增长情况

2012 年新三板扩容以前每年股票发行都没有超过 1 亿股，2012 年扩容以后当年股票发行达到 1.93 亿股，2013 年全国中小企业股份转让系统成立，股票发行达到 2.92 亿股。2014 年新三板股票发行规模大幅度增长，是 2013 的 9 倍，达到创纪录的 26.43 亿股。2015 年前 4 个月股票发行的股数在去年的基础上，增长了 44%，达到 38.11 亿股。

从以上数据及走势图（图 2－8、图 2－9 和图 2－10）可以看出，不管从发行次数、发行金额和发行股数任何一个维度看，2014 年都是新三板股票发行上规模的一年，2015 年更是延续了上一年迅猛增长的势头。主要原因就是从 2014 年 5 月开始实行新的交易制度，以及同年 8 月开始的做市商交易制度。制度创新给市场参与各方对未来市场前景持乐观预期，从而股票发行创历史新高。

4. 股票发行行业分布

表 2－5　2014 年新三板股票发行行业分布

行业分类	发行金额（万元）	发行金额占比（%）	发行股数（万股）	发行股数占比（%）
制造业	312584.82	24.05	69698.10	26.37
信息传输、软件和信息技术服务业	167266.23	12.87	27053.10	10.24
建筑业	14512.00	1.12	4425.33	1.67
农、林、牧、渔业	18839.69	1.45	4327.30	1.64
科学研究和技术服务业	10600.50	0.82	3336.88	1.26
文化、体育和娱乐业	17562.00	1.35	3008.29	1.14
水利、环境和公共设施管理业	21060.00	1.62	5010.00	1.90
卫生和社会工作	6394.40	0.49	1753.00	0.66
交通运输、仓储和邮政业	3236.28	0.25	1188.73	0.45
批发和零售业	4990.76	0.38	1807.03	0.68
采矿业	4804.50	0.37	873.41	0.33
租赁和商务服务业	20220.00	1.56	11250.00	4.26

续表

行业分类	发行金额（万元）	发行金额占比（%）	发行股数（万股）	发行股数占比（%）
金融业	678676.59	52.21	129391.15	48.96
综合	16000.00	1.23	415.96	0.16
电力、热力、燃气及水生产和供应业	820.00	0.06	410.00	0.16
教育	2310.00	0.18	350.00	0.13
合 计	1299877.76	100.00	264298.28	100.00

从发行金额来看（参见表2－5），金融业、制造业和信息传输、软件和信息技术服务业三大行业占据89%的比重。金融业因九鼎投资定向发行募资57.87亿元，高居榜首，其中35.37亿元的认购方式为资产认购。从发行股数来看，金融业、制造业和信息传输及软件和信息技术服务业三大行业占据85%的比重，其他行业总共占比为15%。同样，金融业高居榜首也是因为九鼎投资定向发行占比较大决定的。

5. 股票发行地域分布

表2－6　2014年新三板股票发行地域分布

省市	发行金额（万元）	发行金额占比（%）	发行股数（万股）	发行股数占比（%）	发行次数
北京	796873.26	61.30	96593.40	36.55	90
上海	83714.09	6.44	13372.10	5.06	47
江苏	38782.03	2.98	9828.58	3.72	32
广东	168194.72	12.94	82796.28	31.33	30
湖北	33582.07	2.58	8364.57	3.16	19
山东	32181.00	2.48	9851.90	3.73	17
四川	9785.18	0.75	2202.51	0.83	13
天津	17075.14	1.31	3805.15	1.44	12
安徽	13836.42	1.06	5114.20	1.94	12
浙江	20282.40	1.56	3025.94	1.14	10

续表

省市	发行金额（万元）	发行金额占比（%）	发行股数（万股）	发行股数占比（%）	发行次数
河北	15295.53	1.18	4139.74	1.57	7
河南	5150.38	0.40	875.40	0.33	6
辽宁	6785.70	0.52	1261.50	0.48	6
福建	4475.25	0.34	2846.00	1.08	5
贵州	6505.00	0.50	1078.00	0.41	4
湖南	3559.60	0.27	2303.00	0.87	4
宁夏	3410.00	0.26	390.00	0.15	3
黑龙江	18490.00	1.42	10060.00	3.81	2
新疆	3800.00	0.29	3700.00	1.40	2
云南	3100.00	0.24	1300.00	0.49	2
陕西	250.00	0.02	100.00	0.04	1
江西	13000.00	1.00	500.00	0.19	1
重庆	500.00	0.04	290.00	0.11	1
吉林	1250.00	0.10	500.00	0.19	1
合　计	1299877.76	100.00	264298.28	100.00	327

从新三板股票发行的地域分布来看（参见表2－6），排在前三位的省市为北京、广东（包括深圳）和上海，分别为36.55%、31.33%和5.06%。这三大区域也是中国新兴产业聚集的地方，能够吸引众多的投资人关注和投资。

（二）股票发行未来三年可能的增长速度与规模

未来三年，随着新三板各项市场化改革制度的到位和完善，新三板的流动性将会从根本上得到改善。我们乐观地预计，未来的2015年、2016年和2017年三年里，新三板股票发行规模将会以每年100%，甚至更高的速度递增，其股票发行增长的规模与速度预测如图2－11。

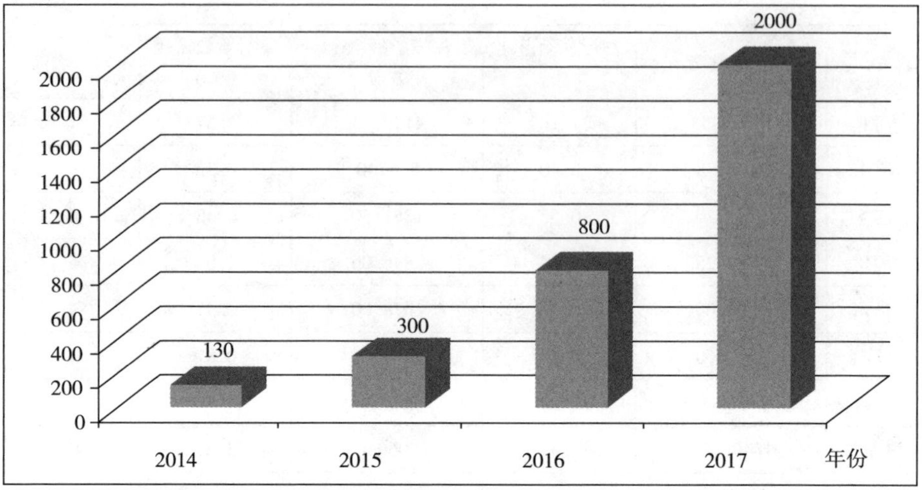

图 2－11　2015 年至 2017 年股票发行速度和规模预测

六、股票交易

（一）历年股票交易变化情况

我们从股票交易数量、交易金额、成交笔数、换手率、市盈率等指标来看新三板股票交易情况。以下是新三板历年股票交易情况的统计。

表 2－7　2006 年至 2015 年 4 月新三板历年股票交易情况

年份	成交数量（万股）	成交金额（万元）	成交笔数	换手率（%）
2006	1592. 63	8340. 71	251	—
2007	4420. 15	23156. 63	521	—
2008	5407. 86	29527. 82	484	—
2009	10735. 76	48342. 53	878	—
2010	6951. 29	41872. 24	644	—
2011	9562. 76	56169. 56	832	5. 57
2012	11455. 51	58431. 81	638	4. 47
2013	20242. 52	81396. 19	989	4. 47

续表

年份	成交数量（万股）	成交金额（万元）	成交笔数	换手率（%）
2014	228212.40	1303580.47	92654	19.67
2015 年 4 月	706900.00	6586900.00	934600	暂无统计数据

为了更加直观认识新三板股票交易的发展历程与把握未来发展趋势，我们把以上统计数据做成趋势图来进行分析。

1. 股票成交数量

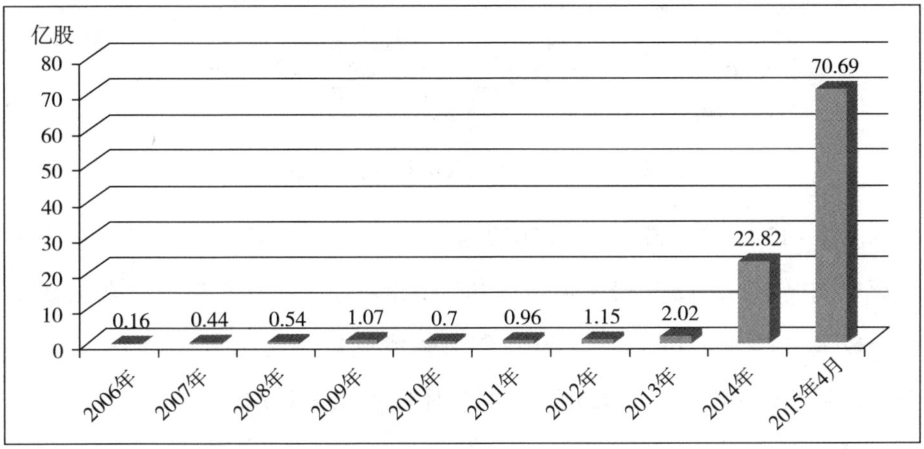

图 2－12　2006 年至 2015 年 4 月新三板成交数量

从新三板历年股票成交数量趋势图 2－12 上可以看出，在 2012 年扩容以前，除 2009 年成交数量超过 1 亿股，达到 1.07 亿股以外，其他各年份都在1 亿股以内。扩容以后的 2012 年和 2013 年，达到 1.15 亿股和 2.02 亿股。2014 年成交放量增长，是 2013 年的 10 倍，达到 22.82 亿股。2015 年市场交易明显活跃，前 4 个月的成交数量是 2014 年全年的 2 倍多，达到70.69 亿股。

2. 股票成交金额

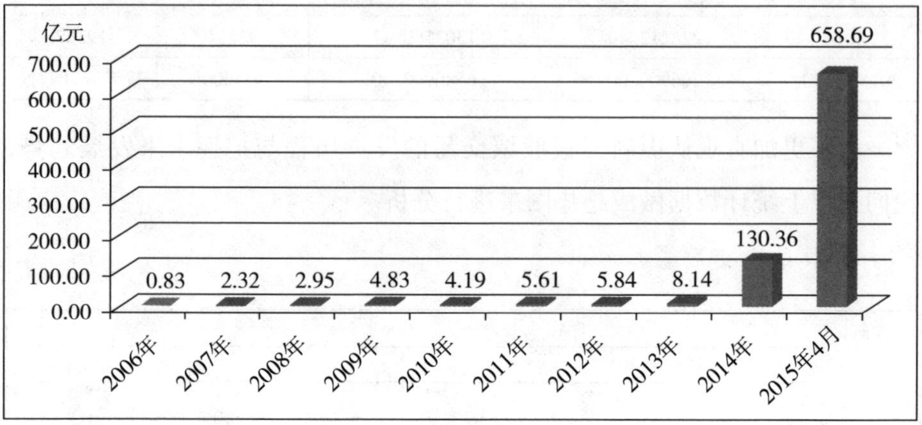

图 2－13　新三板股票历年成交金额趋势

图 2－13 表明，2006 年到 2012 年，都呈缓慢增长态势，每年总成交金额规模很小，2012 年最大值也就达到 5.84 亿元。2013 年成交金额规模增长较大，达到 8.14 亿元。2014 年大幅度放量增长，比 2013 增长了 15 倍，达到 130.36 亿元。2015 年前 4 个月较去年全年增长了 4 倍多，达到 658.69 亿元。

3. 股票成交笔数

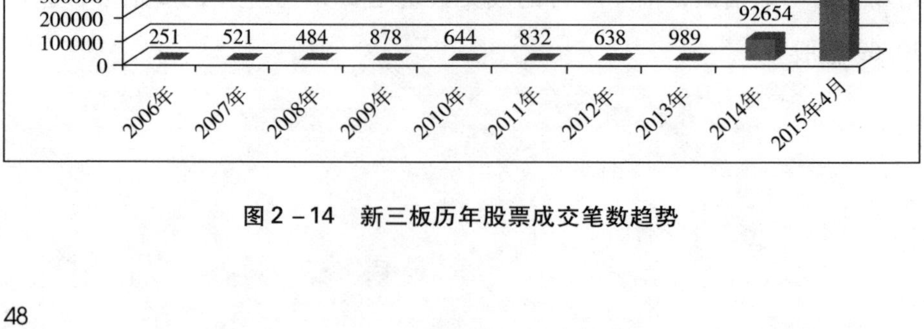

图 2－14　新三板历年股票成交笔数趋势

图 2－14 表明：2006 年到 2013 年的历年股票成交笔数都在 1000 笔以内，2014 年成交笔数大幅度上升，是 2013 年的 93 倍，达到 92654 笔。2015 年前 4 个月共成交 934600 笔，是 2014 年全年的 9 倍多。

4. 换手率

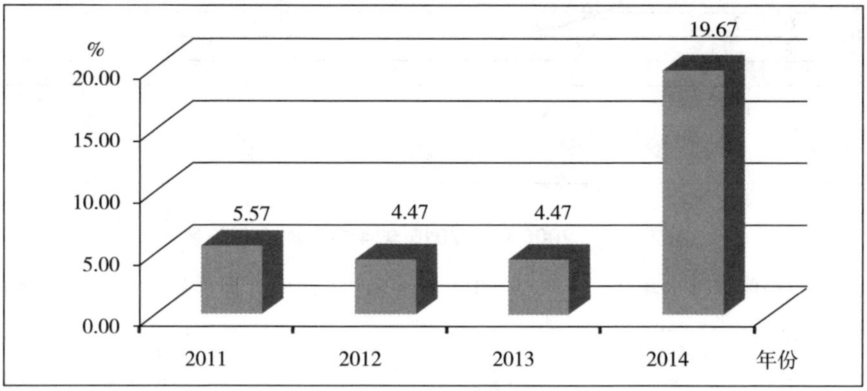

图 2－15　2011 年至 2014 年新三板历年换手率趋势

图 2－15 可以看出，2011 年至 2013 年的换手率极低，分别为 5.57%、4.47%和 4.47%。2014 年的换手率达到 19.67%，市场交易较前三年活跃性大大增强。

5. 市盈率

市盈率是反映证券市场流动性的核心指标，市盈率的高低反映该市场股票发行和转让流动性的高低，表明了企业挂牌或上市是否能够融到资金，同时也表明了该市场是否是一个真正有效的证券市场，能够起到发掘企业价值的基本功能。我们先看看新三板从 2006 年开始到 2015 年 4 月历年市盈率的变化情况。

图 2－16 反映出，2014 年的市盈率为 29.3，为历年市盈率的最高值，高出均值（均值为 20.13）近 10 个百分点，表明新三板流动性较以往有较大程度的提高，其市场的价值发现功能开始显现。2015 年市盈率为 47.5 倍，与 2014 年相比有较大增长。

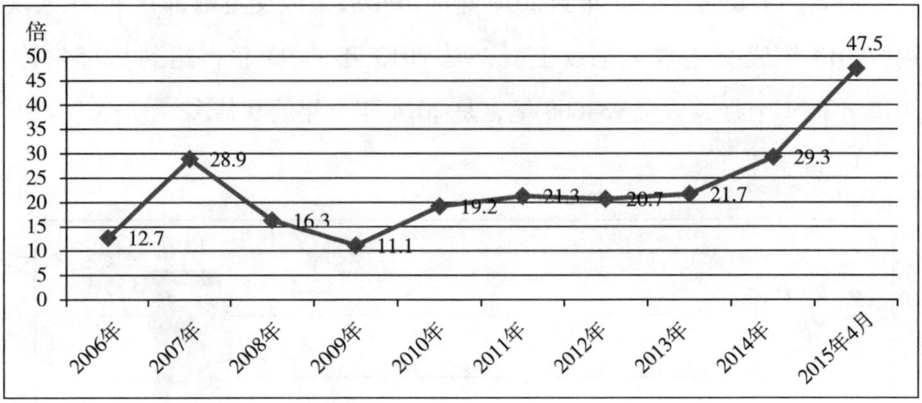

图 2－16　2006 年至 2015 年 4 市盈率变化趋势

注：2014 年市盈率 29.3 倍，为 2014 年各月均值；2015 年市盈率 47.5 倍，为前 4 个月均值。

（二）2014 年和 2015 年前 4 个月股票交易月度变化情况

见表 2－8。

表 2－8　2014 年及 2015 年前 4 个月股票交易月度变化情况

时间	成交数量（万股）	成交金额（万元）	成交笔数	换手率（%）	市盈率（倍）
2014 年 1 月	4279.12	23465.72	326	0.93	21.44
2014 年 2 月	1339.06	5252.83	135	0.15	25.03
2014 年 3 月	2687.51	12640.22	208	0.35	25.66
2014 年 4 月	3110.60	14253.03	197	0.40	25.56
2014 年 5 月	2245.73	98759.89	343	2.30	25.83
2014 年 6 月	2863.31	56273.48	786	1.22	32.84
2014 年 7 月	7545.39	54902.67	1420	1.05	31.41
2014 年 8 月	45378.09	199489.29	9821	3.20	31.34
2014 年 9 月	37376.18	171539.34	11909	2.48	32.05
2014 年 10 月	24512.04	145687.81	11212	1.92	32.42
2014 年 11 月	36431.39	210836.07	23358	2.42	33.53

续表

时间	成交数量（万股）	成交金额（万元）	成交笔数	换手率（%）	市盈率（倍）
2014 年 12 月	60443.98	310480.12	32939	3.25	34.48
合　计	228212.40	1303580.47	92654.00	19.67	29.30①
2015 年 1 月	49500.00	297300.00	49300.00	—	36.64
2015 年 2 月	53000.00	358200.00	49100.00	—	38.78
2015 年 3 月	249300.00	2200200.00	328900.00	—	56.55
2015 年 4 月	355200.00	373120000	507300.00	—	60.90
合　计	706900.00	6586900.00	934600.00	—	47.5（平均）

为了更为直观地观察 2014 年和 2015 年股票交易的月度变化情况，我们把反映股票交易的各大指标做成趋势图进行分析。

1. 2014 年至 2015 年 4 月股票交易成交数量月度变化情况

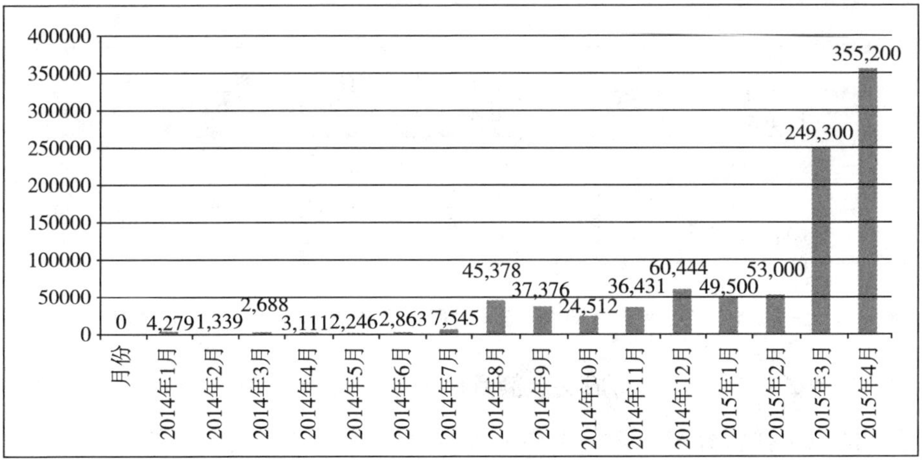

图 2-17　2014 年至 2015 年 4 月年股票交易的成交数量月度变化趋势

从图 2-17 来看，成交数量呈明显的两阶梯状分布。1 月至 7 月为第一阶梯，总体特征是交易不活跃，成交量不大，最高的 7 月为 7545.39 万

① 2014 年市盈率为各月平均值。

股。8 月到 12 月为第二阶梯，相对于第一阶梯，总体特征是交易较为活跃，成交量明显放大，最高的 12 月达到 60443. 98 万股。主要市场驱动因素是从 8 月开始实施做市商交易制度。2015 年前 2 个月的成交数量基本上延续了 2014 年的态势，但 3 月和 4 月成交数量突然放量激增，3 月达到 24. 93 亿股，4 月达到 35. 52 亿股。前 4 个月累计成交 70. 69 亿股。

2. 2014 年至 2015 年 4 月股票交易成交金额月度变化情况

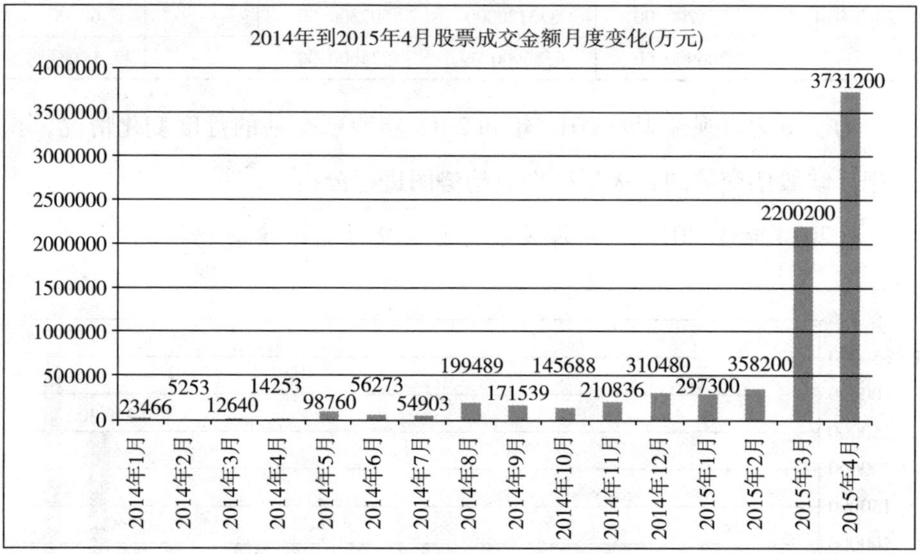

图 2 – 18　2014 年至 2015 年 4 月股票交易成交金额月度变化情况

从图 2 – 18 股票交易成交金额月度变化情况看，2014 年，成交金额呈明显的三阶梯状分布。第一阶梯为 1 月到 4 月，成交金额很低，最大的 1 月成交金额为 23465. 72 万元。5 月到 7 月为第二阶梯。受 5 月新三板实施新交易制度的影响，5 月、6 月、7 月三个月的成交金额相对前四个月有明显提高，最高的 5 月达到 98759. 89 万元。8 月到 12 月为第三阶梯，主要市场驱动因素是做市商交易机制实施。交易金额相对于前 7 个月明显放大，12 月更是创了全年新高，达到 310480. 12 万元。和成交数量的变化趋势相对应，2015 年前 2 个月的成交金额基本上延续了 2014 年的态势，但3月和4月突然放量激增，分别达到了220亿元和373亿元。2015年前4个月的总成交金额达到658亿元，比2014年全年的成交量增加了4倍。

3. 2014年至2015年4月股票交易成交笔数月度变化情况

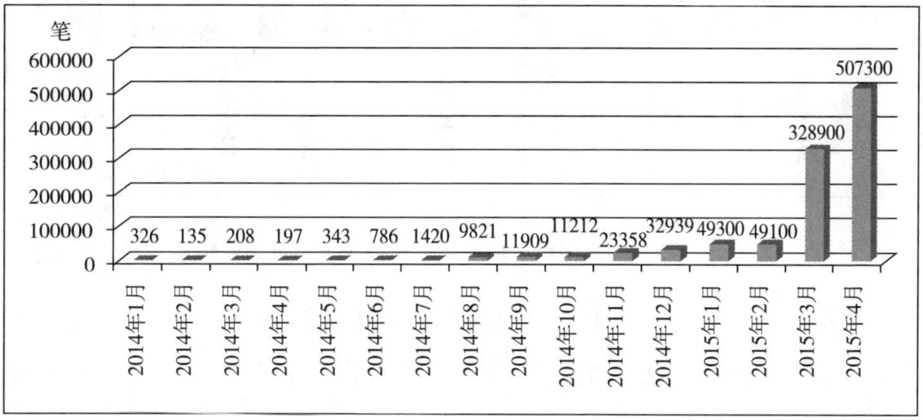

图2－19　2014—2015年4月股票成交笔数月度变化

从图2－19看，2014年股票交易成交笔数月度变化趋势同样呈明显的三阶梯状分布：1月到5月为第一阶梯，五个月成交笔数极低，在100笔到350笔之间；6月、7月为第二阶梯，相对于前5个月，成交笔数明显增加，分别为786笔和1420笔。主要是受新交易制度实施因素的影响；8月到12月为第三阶梯，做市商交易制度的实施使成交笔数大幅度增加，突破1万笔，2万笔，12月突破3万笔，达到32939笔。2015年前4个月成交笔数共934600笔，其中1月到4月分别为49300笔、49100笔、328900笔和507300笔。

4. 2014年股票交易换手率月度变化情况

从图2－20可以看出，2014股票交易换手率月度变化呈明显的三阶梯状分布：1月到4月为第一阶梯，换手率较低，各月均在1%以下；5月、6月、7月为第二阶梯，换手率均在1%以上，5月市场对实施新的交易制

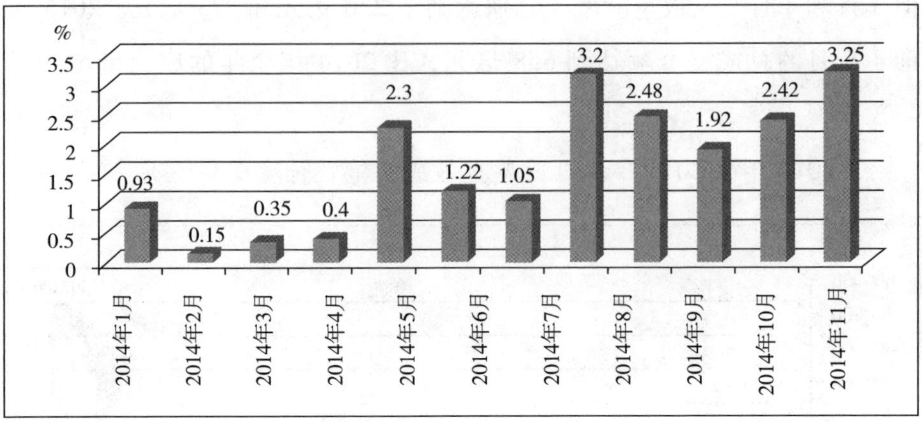

图 2－20　2014 年新三板股票成交换手率月度变化情况

度较为敏感，换手率在三个月中为最高，达到 2.3%；8 月到 12 月为第三阶梯，换手率的均值在 2.65%，12 月达到最高，为 3.25%。市场对 8 月实施做市商交易较为敏感，换手率达到 3.2%。

5. 2014 年至 2015 年 4 月股票交易市盈率月度变化情况

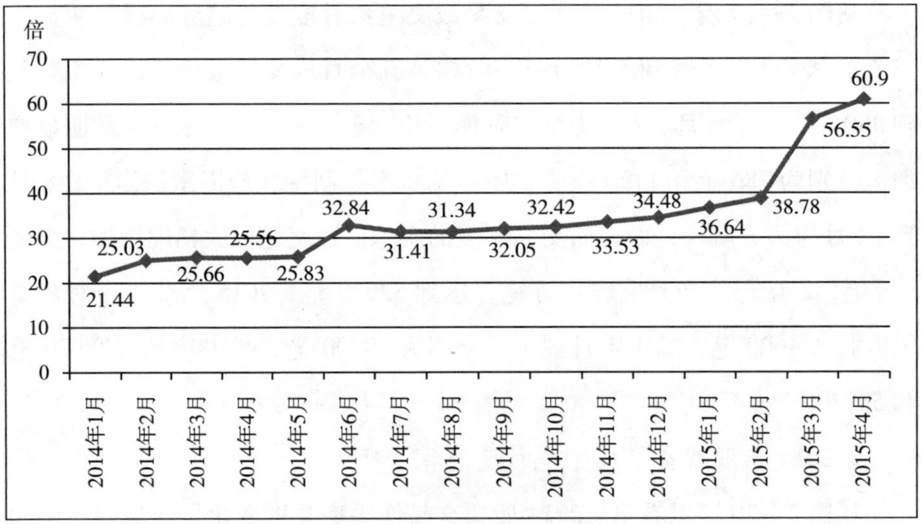

图 2－21　2014—2015 年 4 月市盈率变化趋势

从图 2－21 可以看出，2014 年市盈率的变化呈明显的两阶梯分布状态。除 1 月较低为 21.44 倍外，其他 4 个月都在 25 倍以上。而从 6 月开始，市盈率明显提高到 30 倍以上，这主要是基于 5 月开始实施新的交易制度，技术交易系统脱离深交所开始独立运行，特别是 8 月开始实施做市商交易以来，市场各参与主体乐观预期新三板未来的市场前景，导致从 9 月开始，市盈率都在 32 倍以上。另外，安信证券发表的新三板独立研究报告显示，新做市转让的市盈率高出协议转让的市盈率 72%。做市转让部分市盈率 2014 年 8 月开始提升明显，12 月已达 27.75 倍，高于协议转让部分的 72%，协议转让部分市盈率维持在 13～18 倍之间[①]。2015 年前 2 个月的市盈率分别是 36.64、38.78，与 2014 年下半年各月大致相当。3 月和 4 月市盈率较以前明显增加，达到 56.55 和 60.90，市场交易非常活跃。

（三）股票交易未来变化趋势

1. 市盈率的未来变化趋势

2015 年，随着新三板各项制度设计和安排的不断到位和完善，从总体上来讲，未来新三板的市盈率将会呈上涨态势，市场流动性将从根本上得到改善。但市盈率的两极分化也会越来越明显。真正具有创新能力的中小企业的市盈率将会得到显著提高，传统企业的市盈率会维持在目前的较低水平，甚至会更低。因为投资人会越来越成熟，风险识别能力会越来越高，市场的价值发现功能将会得到显著体现。

2. 成交量及换手率变化趋势

决定新三板股票交易的活跃程度主要取决于市场化股票交易制度安排和完善到位的时间。如果 2015 年证券发行完全采取注册制，完善做市商交易制度，即时推出集合竞价交易制度，那么未来三年的股票交易，包括交

① 对于 2014 年新三板市盈率的统计和研究，安信发表的独立研究报告与股转系统有较大差距，本文采用股转系统发布的公开数据。

易金额和成交数量都将呈几何级数增长，反映市场活跃程度的换手率也将会得到较大幅度的提升。

七、证券服务机构

目前为新三板挂牌公司提供证券服务的中介包括证券公司、会计师事务所、律师事务所和资产评估机构等四大机构。各大机构缺一不可，但券商在所有机构当中起着统领、协调和决定性作用。下面我们仅对主办券商的执业情况做一个统计分析，以利于拟挂牌公司对主办券商的选择。

（一）主办券商推荐业务

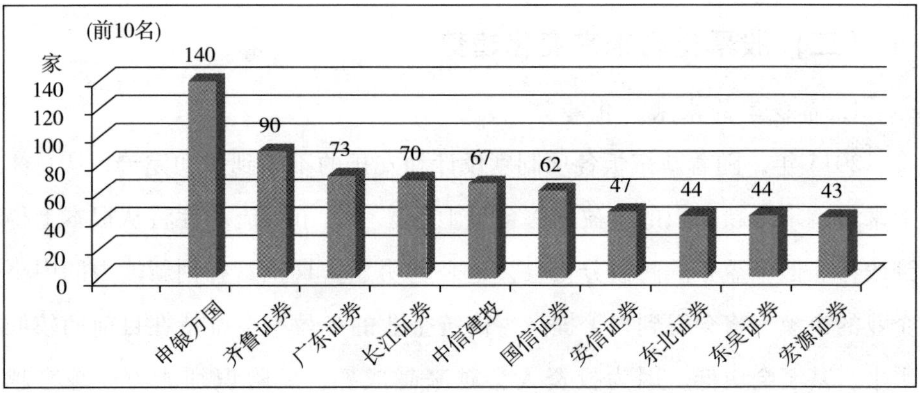

图 2－22　前十名主办券商推荐挂牌企业数统计

目前成为新三板的主办券商共有 71 家。从图 2－22 统计数据可以看出，前 10 位券商共推荐挂牌 680 家，占所有挂牌公司的比重为 43.26%，几乎占据半壁江山。其中，前三甲申银万国一枝独秀，推荐挂牌 140 家；第二名齐鲁证券作为地方性的小券商，由于有清晰的战略定位，紧随其后，推荐挂牌企业 90 家；第三名，广发证券 73 家。

（二）主办券商做市业务

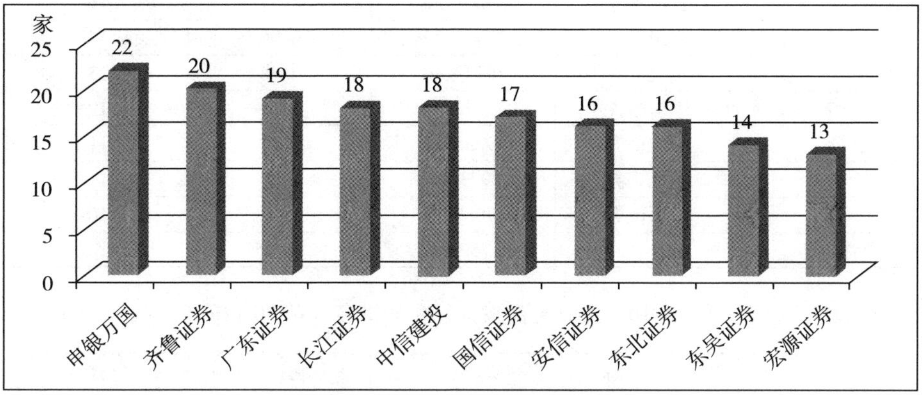

图 2－23　前十名主办券商做市数统计

做市商交易制度是证券场外市场的核心交易机制。自 2014 年 8 月 25 日实施做市商交易制度以来，各大券商对这一新的交易机制有一个认知的过程，很多券商还没有做好充分准备，特别是规模较大的券商。这也从一个侧面反映了新三板流动性不好的深层次原因，即主办券商积极性不够。从 2014 年主办券商做市业务的排名来看，排在前 10 位的券商中，中小券商和地方性券商反而更加积极，品牌知名度高的券商积极性不高。推荐业务和做市业务都排在前 10 位的券商只有申银万国证券、国信证券和齐鲁证券三家券商，参见图 2－23。

（三）主办券商参与发行情况

主办券商按参与发行次数前 10 位的排名情况，参见表 2－9。

表 2－9　主办券商按参与发行次数排名（前 10 位）

序号	主办券商	发行金额（万元）	发行占比（%）	发行次数
1	申银万国	80973.81	6.26	23
2	广发证券	19486.30	1.51	23

续表

序号	主办券商	发行金额（万元）	发行占比（%）	发行次数
3	齐鲁证券	38342.20	2.96	22
4	长江证券	33201.50	2.57	16
5	宏源证券	12462.30	0.96	14
6	光大证券	30743.40	2.38	13
7	中信建投	27073.90	2.09	12
8	国信证券	49255.15	3.81	11
9	东北证券	8973.46	0.69	11
10	上海证券	17080.38	1.32	10
总　计		317592.41	24.55	155

表2-10　主办券商按发行金额排名（前10位）

序号	主办券商	发行金额（万元）	发行占比（%）	发行次数
1	西部证券	581933.55	44.98	7
2	财达证券	107025.20	8.27	3
3	申银万国	80973.81	6.26	23
4	国信证券	49255.15	3.81	11
5	齐鲁证券	38342.20	2.96	22
6	长江证券	33201.50	2.57	16
7	华融证券	30750.00	2.38	4
8	光大证券	30743.40	2.38	13
9	中信建投	27073.90	2.09	12
10	银河证券	26228.50	2.03	7
总计		979298.72	75.70	111

由于新三板挂牌和融资分开，因此，券商参与发行的情况在很大程度上反映了券商为挂牌企业的融资服务水平和能力，是拟挂牌企业选择券商的重要参照指标。西部证券因为九鼎投资定向发行57亿股而遥遥领先，占据了发行金额的44.98%，几乎是半壁江山。在参与发行业务排名上，品牌知名度高的券商有一定优势。参见表2-10。

八、投资人结构

新三板实施投资者适当性管理制度，对符合特定对象的投资人定向发行股票。投资人的多少及投资人结构是决定市场流动性高低的重要因素。

(一) 机构投资人增长情况

参见图 2－24。

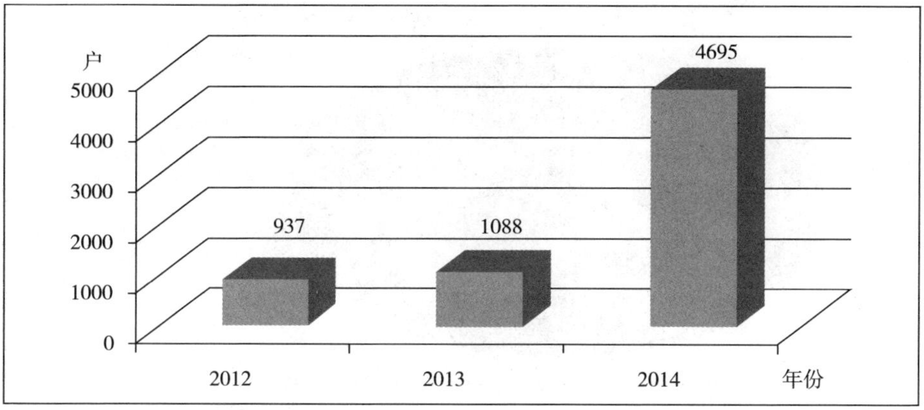

图 2－24 2012—2014 年机构投资人增长情况

(二) 个人投资者增长情况

2013 年相对于 2012 年，机构投资人的增长幅度不大，几乎没有增长。2014 年相对 2013 年增长幅度较大，增长了 3 倍多，达到 4695 户。

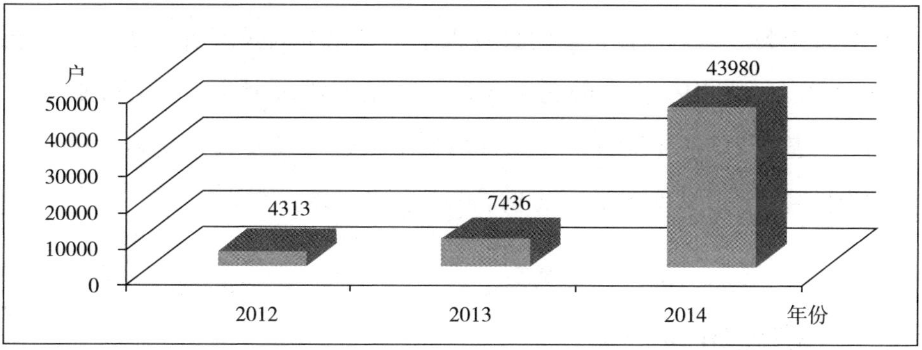

图 2－25 2012 年至 2014 年个人投资者增长情况

如图2－25显示，新三板个人投资者2013年相对于2012年增长了72.4%，有较大幅度的增长。2014年在2013的基础上大幅度放量增长了4.97倍，个人投资者的开户数为43980户。

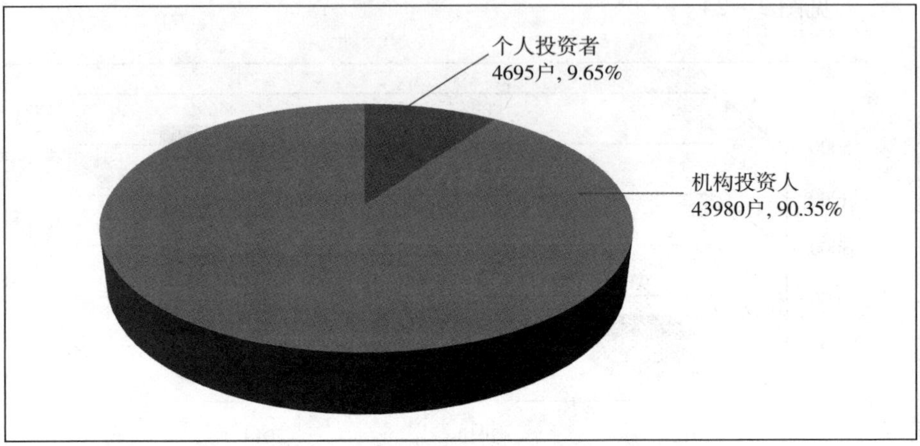

图2－26　投资人结构

（三）投资人结构

新三板作为证券场外市场，是高风险的资本市场。理想的证券场外市场投资人结构是以机构投资人为主的市场。机构投资人有较强的风险识别能力和承受能力，做市商交易制度的成功与否与机构投资人的参与投资的程度直接相关。但新三板目前的投资人结构是以个人投资者为主的，占了90.35%以上，机构投资人的比重太低，占比不到9.65%。大力降低投资人门槛（甚至是不设门槛），鼓励机构投资人进入新三板，是新三板投资者适当性管理制度需要努力的方向，参见图2－26。

九、并购重组

优化资源配置是资本市场的核心功能之一，新三板也不例外。挂牌公司从自身战略出发，出售或收购资产，以及出售或收购其他公司的股权，都是优化资源配置的日常经济行为。新三板作为创新型资本市场，更是要发挥这方面的作用和功能。很多创新创业型企业可能会被交易所市场的上市公司收购，或者自己通过资本市场的并购快速地实现资源地整合和品牌地提升。

（一）挂牌公司重大资产重组

表 2－11 挂牌公司重大资产重组情况

序号	证券代码	证券简称	交易金额（万元）	交易类型
1	430075	中讯四方	7980.00	股票发行购买资产
2	430141	久日化学	14800.00	股票发行购买资产
3	430275	新冠亿碳	7104.00	出售资产，已摘牌
4	430437	绿洲生化	8800.00	股票发行购买资产
5	430011	指南针	14000.00	股票发行购买资产
6	430463	汽牛股份	48922.73	股票发行购买资产
7	830851	骏华农牧	4707.00	股票发行购买资产
8	831182	堃琦鑫华	1056.00	现金收购资产
交易金额合计			107369.45 万元	

注：重大资产重组是指公司及其控股或者控制的企业在日常经营活动之外购买、出售资产或者通过其他方式进行资产交易，导致公司业务、资产发生重大变化的资产交易行为。公司重大资产重组的判断标准，适用《非上市公众公司重大资产重组管理办法》的有关规定。

表 2－11 的八大重大资产重组行为中，有六项是发行股票购买资产，一项是现金购买资产，另外一项是出售资产。还没有对目标公司的股权进行收购。主要原因在于新三板挂牌公司规模小，还不完全具备整体收购目标公司股权的能力，而是通过收购目标公司资产的方式来实现自己的战略目标。

（二）挂牌公司被收购

表 2－12　挂牌公司被收购情况

序号	证券代码	证券简称	收购方	交易金额（万元）	公司估值（万元）	收购市盈率（倍）
1	430073	兆信股份	慧聪网（HK2280）控股子公司	14767.50	19430.40	21.99
2	430356	雷腾软件	个人（原第二大股东）	241.80	2418.00	6.97
3	430280	索享股份	个人（股票发行实际控制人变更）	1440.00	2160.00	432.00
4	831103	怡达化学	继承	非交易过户	—	—
5	430181	道从科技	个人（股票发行实际控制人变更）	520.00	1020.00	32.90
6	430752	索泰能源	实际控制人控制的另一主体（股票发行第一大股东变更，实际控制人不变）	475.00	975.00	8.71
7	430711	泓源光电	个人（股票发行实际控制人变更）	4665.50	10416.00	6.38
8	430382	元亨光电	元亨瑞乾	签订一致行动协议	—	—
交易合计（万元）				22109.80		

从表 2－12 中收购主体来看，收购方大部分都是挂牌公司实际控制人控制的另一主体。换言之，新三板目前的收购并不纯粹是完全的市场行为，很多是资产或股权上的关联交易行为。新三板的资源配置功能并没有发挥作用。另外，并购的规模也比较小。但我们深信，随着市场化制度的安排到位以及总体市场规模的不断扩大，新三板的资源配置功能会得到充分的发挥。新三板企业之间，上市公司与挂牌公司之间的并购重组行为将会成为资本市场的常态。

第三章

新三板的市场制度框架

一、市场准入制度

新三板的市场准入制度体现在《全国中小企业股份转让系统业务规则（试行）》（以下简称《业务规则》）。根据《业务规则》第2.1条规定，股份公司申请股票在全国股份转让系统挂牌，不受股东所有制性质限制，不限于高新技术企业，应当符合下列条件：依法设立且存续满两年。有限责任公司按原账面净资产值折股整体变更为股份有限公司，存续时间可以从有限责任公司成立之日起计算；业务明确，具有持续经营能力；公司治理机制健全，合法规范经营；股权明晰，股票发行和转让行为合法合规；主办券商推荐并持续督导；全国股份转让系统公司要求的其他条件。

根据《全国中小企业股份转让系统股票挂牌条件适用基本标准指引（试行）》，全国中小企业股份转让系统按照“可把控、可举证、可识别”的原则，对《业务规则》规定的六项挂牌条件进行细化，形成基本标准如下：

（一）依法设立且存续满两年

1. 依法设立

是指公司依据《公司法》等法律、法规及规章的规定向公司登记机关申请登记，并已取得《企业法人营业执照》。

（1）公司设立的主体、程序合法、合规。

①国有企业需提供相应的国有资产监督管理机构或国务院、地方政府授权的其他部门、机构关于国有股权设置的批复文件。

②外商投资企业须提供商务主管部门出具的设立批复文件。

③《公司法》修改（2006 年 1 月 1 日）前设立的股份公司，须取得国务院授权部门或者省级人民政府的批准文件。

（2）公司股东的出资合法、合规，出资方式及比例应符合《公司法》相关规定。

①以实物、知识产权、土地使用权等非货币财产出资的，应当评估作价，核实财产，明确权属，财产权转移手续办理完毕。

②以国有资产出资的，应遵守有关国有资产评估的规定。

③公司注册资本缴足，不存在出资不实情形。

2. 存续两年

是指存续两个完整的会计年度。有限责任公司按原账面净资产值折股整体变更为股份有限公司的，存续时间可以从有限责任公司成立之日起计算。

整体变更不应改变历史成本计价原则，不应根据资产评估结果进行账务调整，应以改制基准日经审计的净资产额为依据折合为股份有限公司股本。申报财务报表最近一期截止日不得早于改制基准日。

（二）业务明确，具有持续经营能力

1. 业务明确

是指公司能够明确、具体地阐述其经营的业务、产品或服务、用途及其商业模式等信息。

公司可同时经营一种或多种业务，每种业务应具有相应的关键资源要素，该要素组成应具有投入、处理和产出能力，能够与商业合同、收入或成本费用等相匹配。

（1）公司业务如需主管部门审批，应取得相应的资质、许可或特许经营权等。

（2）公司业务须遵守法律、行政法规和规章的规定，符合国家产业政策以及环保、质量、安全等要求。

2. 持续经营能力

是指公司基于报告期内的生产经营状况，在可预见的将来，有能力按照既定目标持续经营下去。

（1）公司业务在报告期内应有持续的营运记录，不应仅存在偶发性交易或事项。营运记录包括现金流量、营业收入、交易客户、研发费用支出等。

（2）公司应按照《企业会计准则》的规定编制并披露报告期内的财务报表，公司不存在《中国注册会计师审计准则第 1324 号——持续经营》中列举的影响其持续经营能力的相关事项，并由具有证券期货相关业务资格的会计师事务所出具标准无保留意见的审计报告。

财务报表被出具带强调事项段的无保留审计意见的，应全文披露审计报告正文以及董事会、监事会和注册会计师对强调事项的详细说明，并披露董事会和监事会对审计报告涉及事项的处理情况，说明该事项对公司的影响是否重大、影响是否已经消除、违反公允性的事项是否已予纠正。

（3）公司不存在依据《公司法》第一百八十一条规定解散的情形，或法院依法受理重整、和解或者破产申请。

（三）公司治理机制健全，合法规范经营

1. 公司治理机制健全

是指公司按规定建立股东大会、董事会、监事会和高级管理层（以下简称“三会一层”）组成的公司治理架构，制定相应的公司治理制度，并能证明有效运行，保护股东权益。

（1）公司依法建立“三会一层”，并按照《公司法》《非上市公众公司监督管理办法》及《非上市公众公司监管指引第 3 号——章程必备条款》等规定建立公司治理制度。

（2）公司“三会一层”应按照公司治理制度进行规范运作。在报告期内的有限公司阶段应遵守《公司法》的相关规定。

（3）公司董事会应对报告期内公司治理机制执行情况进行讨论、评估。

2. 合法合规经营

是指公司及其控股股东、实际控制人、董事、监事、高级管理人员须依法开展经营活动，经营行为合法、合规，不存在重大违法违规行为。

（1）公司的重大违法违规行为是指公司最近 24 个月内因违反国家法律、行政法规、规章的行为，受到刑事处罚或适用重大违法违规情形的行政处罚。

①行政处罚是指经济管理部门对涉及公司经营活动的违法违规行为给予的行政处罚。

②重大违法违规情形是指，凡被行政处罚的实施机关给予没收违法所得、没收非法财物等行政处罚的行为，属于重大违法违规情形，但处罚机关依法认定不属于的除外；被行政处罚的实施机关给予罚款的行为，除主办券商和律师能依法合理说明或处罚机关认定该行为不属于重大违法违规行为的外，都视为重大违法违规情形。

③公司最近 24 个月内不存在涉嫌犯罪被司法机关立案侦查，尚未有明确结论意见的情形。

（2）控股股东、实际控制人合法合规，最近 24 个月内不存在涉及以下情形的重大违法违规行为：

①控股股东、实际控制人受刑事处罚；

②受到与公司规范经营相关的行政处罚，且情节严重；情节严重的界

定参照前述规定；

③涉嫌犯罪被司法机关立案侦查，尚未有明确结论意见。

（3）现任董事、监事和高级管理人员应具备和遵守《公司法》规定的任职资格和义务，不应存在最近24个月内受到中国证监会行政处罚或者被采取证券市场禁入措施的情形。

3. 其他规范性要求

（1）公司报告期内不应存在股东包括控股股东、实际控制人及其关联方占用公司资金、资产或其他资源的情形。如有，应在申请挂牌前予以归还或规范。

（2）公司应设有独立财务部门进行独立的财务会计核算，相关会计政策能如实反映企业财务状况、经营成果和现金流量。

（四）股权明晰，股票发行和转让行为合法合规

1. 股权明晰

是指公司的股权结构清晰，权属分明，真实确定，合法合规，股东特别是控股股东、实际控制人及其关联股东或实际支配的股东持有公司的股份不存在权属争议或潜在纠纷。

（1）公司的股东不存在国家法律、法规、规章及规范性文件规定不适宜担任股东的情形。

（2）申请挂牌前存在国有股权转让的情形，应遵守国资管理规定。

（3）申请挂牌前外商投资企业的股权转让应遵守商务部门的规定。

2. 股票发行和转让合法合规

是指公司的股票发行和转让依法履行必要内部决议、外部审批（如有）程序，股票转让须符合限售的规定。

（1）公司股票发行和转让行为合法合规，不存在下列情形：

①最近36个月内未经法定机关核准，擅自公开或者变相公开发行过证券；

②违法行为虽然发生在36个月前，目前仍处于持续状态，但《非上市公众公司监督管理办法》实施前形成的股东超200人的股份有限公司经中国证监会确认的除外。

（2）公司股票限售安排应符合《公司法》和《全国中小企业股份转让系统业务规则（试行）》的有关规定。

3. 其他规范性要求

（1）在区域股权市场及其他交易市场进行权益转让的公司，申请股票在全国股份转让系统挂牌前的发行和转让等行为应合法合规。

（2）公司的控股子公司或纳入合并报表的其他企业的发行和转让行为需符合本指引的规定。

（五）主办券商推荐并持续督导

1. 主办券商推荐公司须经主办券商推荐，双方签署了《推荐挂牌并持续督导协议》。

2. 主办券商持续督导主办券商应完成尽职调查和内核程序，对公司是否符合挂牌条件发表独立意见，并出具推荐报告。

新三板的市场准入制度，体现了“三不原则”，即“不受股东所有制性质限制”“不限于高新技术企业”和“不设财务门槛”，体现了市场经济的核心精神——“机会均等”，给予所有市场参与主体同样的市场机会。

（1）不受股东所有制性质限制

根据《国务院关于全国中小企业股份转让系统有关问题的决定》（国发〔2013〕49号，以下简称《国务院决定》）指出：“境内符合条件的股份公司均可通过主办券商申请在全国股份转让系统挂牌”。符合条件的境内股份公司包括民营企业、国有企业、中外合资企业和外资企业均可申请挂牌，对国有或外资持股比例、股东背景也无特殊要求。如申请挂牌的股份公司存在国有股东或外资股东，申请挂牌材料除常规材料以外，需增加

“国有资产管理部门出具的国有股权设置批复文件或商务主管部门出具的外资股确认文件”。

（2）不限于高新技术企业

以前的“新三板”，在试点和扩容阶段，主要服务定位在国家级高新技术园区注册成立的高新技术企业。之所以服务定位在高新技术企业，主要是基于试点的考虑，试点不适宜大面积放开，全面放开需要有一个渐进的过程。中国的改革向来就是“摸着石头过河”，新三板的改革也不例外。从2006年1月开始，经过七年的试点之后，终于在2013年2月28日发布以及2013年12月30日修改的《全国中小企业股份转让系统业务规则（试行)》取消了必须是高新技术企业这一规定，新三板对所有中小企业全面开放。新三板服务范围的扩大，表明中国多层次资本市场体系基本框架建立起来了，中小企业真正有了较为规范的融资渠道。

（3）不设财务门槛

新三板作为中国资本市场的重要组成部分，弥补了交易所市场“高准入门槛”的制度安排缺陷，体现了新三板的市场定位，即为创新创业型企业提供资本市场服务。与交易所市场（主板、中小板与创业板）相比较，新三板在以下诸多方面体现其低准入门槛，参见表3－1。

表3－1　新三板与创业板和主板&中小板的挂牌条件比较

市场制度	新三板	创业板	主板&中小板
主体资格	证监会核准的非上市公众公司	股票以公开发行	股票以公开发行
股东人数要求	可超过200人	不少于200人	不少于200人
存续时间	两年	三年	三年
盈利指标要求	不设财务指标	近两年连续盈利，净利累计不少于一千万元；或近一年净利不少于五百万元，营收不少于五千万元；近两年营收增长率不低于百分之三十	近三个会计年净利润为正，累计超三千万元，净利润以扣除非经常性损失前后较低者为计算依据

续表

市场制度	新三板	创业板	主板 & 中小板
现金流要求	无	无	近三个会计年现金流累计超五千万元；或近三个会计年营收超三亿元
净资产要求	无	最近一期末净资产不少于两千万元，且不存在未弥补亏损	最近一期末无形资产占净资产比例不高于 20%
股本要求	不低于 500 万	公司股本总额不少于三千万元	公司股本总额不少于五千万元
公司治理	主券商推荐并持续督导	持续督导期为上市当年剩余时间及其后三个会计年	持续督导期为上市当年剩余时间及其后两个会计年

二、股票发行制度

新三板股票发行制度主要体现在《非上市公众公司监督管理办法》（以下简称《监督管理办法》）第五章定向发行的相关内容，以及《全国中小企业股份转让系统股票发行业务细则（试行）》的内容。

（一）定向发行制度

新三板的股票发行制度不同于交易所市场的股票发行制度。交易所市场是向非特定对象的投资人公开发行股票，而新三板的股票发行制度采取的是定向发行制度，即“向特定对象发行股票导致股东累计超过 200 人，以及股东人数超过 200 人的公众公司向特定对象发行股票两种情形”。“特定对象”包括三类投资人：一是公司股东；二是公司的董事、监事、高级管理人员、核心员工；三是符合投资者适当性管理规定的自然人投资者、法人投资者及其他经济组织。

（二）核准制

公众公司向特定对象发行股票后股东累计不超过 200 人的，或者公众公司在 12 个月内发行股票累计融资额低于公司净资产的 20% 的，豁免向中国证监会申请核准。股东人数超过 200 人的由证监会审核核准，股东人数未超过 200 人的，由新三板审核核准。因此，目前新三板的股票发行制度从形式上看依然采取的是“核准制”，即股票发行由证监会核准，并不是实施市场化的“注册制”。

（三）储架发行制度

新三板最具特色的发行制度是“储架发行制度”，即“一次核准，分期发行”。按照《非上市公众公司监督管理办法》第四十一条的规定，“公司申请定向发行股票，可申请一次核准，分期发行。自中国证监会予以核准之日起，公司应当在 3 个月内首期发行，剩余数量应当在 12 个月内发行完毕。超过核准文件限定的有效期未发行的，须重新经中国证监会核准后方可发行。首期发行数量应当不少于总发行数量的 50%，剩余各期发行的数量由公司自行确定，每期发行后 5 个工作日内将发行情况报中国证监会备案”。

新三板的“储架发行”制度和交易所市场公司上市融资制度安排有着显著区别。企业到交易所上市，首次公开发行要求至少稀释公司总股本的 25%。这意味着企业一上市就要融到很大规模的资金，但大多数企业并没有做好花大钱的准备。中小企业都长期处于资本饥渴状态，一下要融到那么多钱，基本上束手无策。企业做实业用不了那么多钱，就有可能乱花钱（乱投资），或者把融到的资金拿去做炒股票。更有甚者，挪用上市公司资金从事违法的事情。这种现象在中国上市公司是屡见不鲜的。企业没有学会花大钱，其背后的问题是，企业的战略规划能力、财务管理能力、资本运作能力等综合管理能力还没有达到进行大规模投资的阶段。企业成长需要一个过程，企业的能力提升也同样需要一个过程。新三板的融资制度安排，充分考虑到了中小企业的成长特征，让企业先学会花小钱，即“小额，快速，按需”融资。企业根据自己的投资计划和对控制权的考虑，需要多少资金就稀释相应比例的股权。这是新三板在企业融资制度方面的重大创新。

三、股票交易制度

新三板的股票交易制度框架，主要体现在《非上市公众公司监督管理办法》第四章“股票转让”的内容，以及《全国中小企业股份转让系统股票转让细则（试行)》和《全国中小企业股份转让系统股票转让方式确定及变更指引（试行)》。

（一）股票交易的一般性规定

企业到新三板挂牌，股票可以公开转让。可以采取的转让方式包括协议转让方式、做市转让方式和竞价转让方式三种。企业可以根据自己的情况任选其一确定转让方式，并且可以转换转让方式。股票采取做市转让方式的，应当有2家以上的做市商为其提供做市报价服务，其中一家做市商应当为推荐其股票挂牌的主办券商或该主办券商的母（子）公司。新三板股票转让不设涨跌幅限制。买卖股票申报数量应当为1000股或其整数倍。卖出挂牌公司股票，余额不足1000股部分，应当一次性申报卖出。投资者买卖挂牌公司股票，应当开立证券账户和资金账户，并与主办券商签订买卖委托代理协议。

（二）做市商交易制度

新三板在2014年6月5日发布了《全国中小企业股份转让系统做市商

做市业务管理规定（试行)》，并于2014年8月25日正式实施做市商交易制度。做市交易当天，43家企业参与做市，市盈率最高的企业为133倍，最低的为5.5倍，平均为26.6倍。做市商交易方式推出后，第四季度的流动性相对前三个季度提高了很多。做市商交易方式作为证券场外市场的核心交易制度，引入到新三板，对新三板的制度创新起到了重要的推动作用。我们需要对证券场外交易市场的这一核心交易制度有基本了解。

做市商制度，是指在证券市场上，由具备一定专业能力和资金实力的证券经营机构，在其愿意的水平上不断向交易者报出某些特定证券的买入价和卖出价，并在所报价位上接受其他交易商或投资人的证券买卖要求，以保证及时成交的证券交易方式。做市商制度有两个重要特点：一是所有客户委托单都必须由做市商用自己的账户买进卖出，客户委托单之间不能直接进行交易；二是做市商必须在客户发出委托单之前报出买卖价格，而投资者在看到报价后才会给出委托单。

做市商制度发源于英国，是由20世纪英国的股票批发商制度演变而来的。1971年美国成立NASDAQ，因引进了做市商交易机制而大获成功。做市商交易制度从此成为证券场外交易市场的核心交易机制，并对世界各国的证券市场创新产生了重要影响。从美国的经验来看，做市商最大的作用就是有利于保持市场的流动性及维持价格的稳定性，因此适合风险大、流动性不足的证券市场。做市商制度的特点和作用决定了它具有三个方面基本功能：一是做市商是证券价格的发现者和公司价值的挖掘者。证券场外市场挂牌企业由于规模小，风险大，普通投资人的风险识别能力有限，导致股票交易不活跃，流动性不足。做市商作为专业证券服务机构，一方面具有信息优势，另一方面具有专业的证券定价能力，能够对公司的价值和风险进行合理定价。因此，做市商是证券价格的发现者和公司价值的挖掘者。二是通过做市商交易提高市场的流动性。做市商作为专业的证券经营机构，通过买卖挂牌企业股票，向市场的其他投资者做出示范效应，提高投资者的风险识别能力以带动投资人的投资积极性，从而活跃市场，提高市场的流动性。三是平抑市场价格波动，起到稳定股票价格的作用。做市商在股票交易流程中，会起到像蓄水池一样的作用。当市场过度投资或流动性不足的时候，做市商会采取与其他投资人相反的操作策略，努力维持股价的稳定，降低市场的泡沫成分。

（三）对新三板做市商交易制度的评介①

2014 年 6 月 5 日，《全国中小企业股份转让系统做市商做市业务管理规定（试行）》（以下简称《做市业务管理规定》）在市场参与人士的翘首企盼中正式发布，并于 2014 年 8 月 25 日开始正式实施。《做市业务管理规定》与《全国中小企业股份转让系统股票转让细则（试行）》（简称《股票转让细则》）一起，构成了新三板做市交易的基本制度框架。该《做市业务管理规定》最大的亮点是非券商机构有望成为做市商。《做市业务管理规定》第二条在对做市商的界定中，明确了做市主体是证券公司和其他机构。此处的“其他机构”即为非券商机构。该《管理规定》对做市主体的制度安排，与《全国中小企业股份转让系统业务规则（试行）》比较起来有较大突破，那就是把非券商机构也纳入做市主体。这一制度安排不仅考虑到了未来新三板的发展趋势对做市主体的数量要求，更为重要的是它体现了新三板对竞争性做市交易制度的本质理解。根据新三板的《做市业务管理规定》《股票转让细则》相关规定，每家挂牌公司至少需要两家以上的做市商为其提供做市报价服务，且必须有一家做市商是挂牌公司的主办券商。目前成为新三板合格主办券商有七十多家。如果只有券商成为做市主体，目前的券商数量基本上能满足挂牌企业对做市主体的数量要求，但难以适应未来三到五年的市场容量的迅猛发展。更为关键的是非券商机

① 本部分内容发表在《证券日报》（2014 年 6 月 11 日），并略作修改。

构如果成为做市主体，打破了券商对市场挂牌公司做市的垄断，更有利于证券场外市场发挥其自身功能，即价格发现和提高市场流动性以此保护投资者利益。这一制度安排更为深层次的含义是，证券业务主体准入制度有可能开始了市场化步伐，而证券市场的行政许可制度也许从此就会逐步让位于市场注册制度。

遗憾的是，此次发布的《做市业务管理规定》的做市业务规定细则只是针对券商制定的，并没有对非券商机构做市商的资格准入、监督要求，以及自律管理等业务细则做出相关规定。对于新三板做市交易的这一制度安排，我们可能的理解是，目前的市场条件还没有发展到需要推出非券商机构作为做市主体的时候。因为对于目前新三板的市场规模，仅有券商做市已经就能满足市场发展的要求。或者说，先通过券商做市进行试点，市场各参与主体（特别是挂牌公司、券商和投资人以及监管者）对这一新的交易方式，积累到一定经验后再推广到非券商机构。对于这样过渡性的制度安排，市场是可以理解的，也是完全接受的。但这个过渡性的时间安排不宜太长，不需要等到三年五年后才让非券商机构参与做市。我们认为，合适的时间是经过半年的试点之后就应该推出，或者最长等到试点一年以后让非券商机构也参与做市。我们之所以强调非券商机构参与做市的重要性和必要性，其中最基本的逻辑是：一个市场的健康发展离不开竞争。只有竞争才会有效率，也唯有竞争的市场才是健康的市场。新三板做市交易也不例外。

四、投资者适当性管理制度

（一）投资者适当性管理制度基本规定

新三板的投资人准入制度实施“投资者适当性管理制度”。新三板的投资者适当性管理制度主要体现在《全国中小企业股份转让系统投资者适当性管理细则（试行）》（以下简称《适当性管理细则》。根据《适当性管理细则》第三条至第六条的规定，投资人适当性管理制度包括以下四个方面的内容：

1. 对机构投资者的要求

（1）具备以下条件的机构投资者可以参与挂牌公司股票的公开转让：一是注册资本500万元以上的法人机构；二是实缴出资总额500万元人民币以上的合伙企业。

（2）集合信托计划、证券投资基金、银行理财产品、证券公司资产管理计划，以及由金融机构或相关监管部门认可的其他机构管理的金融产品或资产，可以申请挂牌公司股票公开转让。

2. 对自然人投资者的要求

同时符合以下两个条件的自然人投资者可以申请参与挂牌公司股票公开转让：一是投资者本人名义前一交易日日终证券类资产市值500万元人民币以上。证券类资产包括客户交易结算资金、在沪深交易所和全国中小企业股份转让系统挂牌的股票、基金、债券、券商集合理财产品等，信用证券账户资产除外；二是具有两年以上证券投资经验，或具有会计、金融、投资、财经等相关专业背景或培训经历。

3. 其他

下列投资者可以参与挂牌公司股票的定向发行：一是《非上市公众公司监督管理办法》第三十六条规定的投资者，即公司股东、公司的董事、监事、高级管理人员、核心员工等；二是符合参与挂牌股票公开转让条件的投资者。

（二）对投资者适当性管理制度的基本评介①

为了提高新三板的市场流动性，投资者适当性管理制度需要进行适当调整。按照新三板投资者适当性管理制度，可参与新三板投资的自然人投资者需要500万元以上的证券资产，法人机构及合伙企业需要500万元以上的注册资本。基于新三板挂牌企业的高风险特征，鼓励机构投资人参与新三板投资是题中应有之义。但一个真正活跃的证券市场如果没有足够的自然人投资者参与，其流动性是不可能从根本上得到改善的。从以往的经验来看，中国证券市场的投资人结构从来都不是以机构投资人为主的，自然人投资者占了绝大多数。目前新三板的投资人结构也是以自然人投资者为主的，机构投资者并没有扮演主要角色。中国证券市场的自然人投资者经过二十多年的交易所市场洗礼，应该具备足够的商业认知和投资经验来识别新三板挂牌企业的高风险。投资人投资新三板挂牌企业股票是纯市场行为，亏损与赚钱都是正常经济行为导致的直接结果，人为地设定投资人的高准入门槛，其本质是政府在为投资人交易行为及结果负责，这依然是审批制或核准制的思维方式。因此，适当调整投资人准入制度，降低自然人投资者的准入门槛，是提高新三板流动性的重要途径，也是新三板朝市场化方向迈出的重要一步。

降低自然人投资者的准入门槛，可供考虑的方案有两个：第一种方案，采取分步实施的策略：第一步，先由目前的500万元人民币的证券类资产降到100万元人民币；第二步，等投资人用一到两年的时间熟悉这个市场的风险，掌握一定的投资策略后就完全不设准入门槛。第二种方案，采取一步到位的策略，即对投资人准入不设门槛，完全放开。如果从新三板真正朝市场化方向发展的目标来看，第二种策略也许速度更快，更为有效。

---

① 本部分内容摘录自2015年1月5日作者发表于《人民日报》的文章《新三板的流动性难题如何解》的部分内容，并略作修改。

五、主办券商制度

（一）“主办券商制度”基本规定

证券公司（以下简称“券商”）是新三板市场的主要参与者和最重要的市场组织者。为规范证券公司在新三板从事相关业务，维护正常市场秩序，保护投资者合法权益，新三板实施“主办券商制度”。《全国中小企业股份转让系统主办券商管理细则（试行）》《全国中小企业股份转让系统主办券商推荐业务规定（试行）》以及《全国中小企业股份转让系统主办券商持续督导工作指引（试行）》，共同构成新三板“主办券商制度”的基本制度框架，主要内容包括以下几个方面：

1. 证券经营特许制度

券商在新三板开展业务前，需向全国中小企业股份转让系统申请备案，成为主办券商。未经备案的券商不得在新三板开展相关业务。

证券公司在全国股份转让系统开展业务前，应向全国股份转让系统公司申请备案，提交下列文件：申请书；公司设立的批准文件；公司基本情况申报表；《经营证券业务许可证》（副本）复印件；《企业法人营业执照》（副本）复印件；申请从事的业务及业务实施方案，包括：部门设置、人员配备与分工情况说明，内部控制体系说明，主要业务管理制度，技术系统说明等；最近年度经审计财务报表和净资本计算表；公司章程；全国股份转让系统要求的其他文件。

2. 证券业务范围及资格

（1）业务范围

主办券商在新三板从事以下部分或全部业务：推荐业务、经纪业务、做市业务，以及全国股份转让系统公司规定的其他业务。

（2）业务资格

①推荐业务资格。证券公司申请在全国股份转让系统从事推荐业务应具备下列条件：具备证券承销与保荐业务资格；设立推荐业务专门部门，配备合格专业人员；建立尽职调查制度、工作底稿制度、内核工作制度、持续督导制度及其他推荐业务管理制度；全国股份转让系统公司规定的其他条件。

②经纪业务资格。证券公司申请在全国股份转让系统从事经纪业务应具备下列条件：具备证券经纪业务资格；配备开展经纪业务必要人员；建立投资者适当性管理工作制度、交易结算管理制度及其他经纪业务管理制度；具备符合全国股份转让系统公司要求的交易技术系统。

③做市业务资格。证券公司申请在全国股份转让系统从事做市业务应具备下列条件：具备证券自营业务资格；设立做市业务专门部门，配备开展做市业务必要人员；建立做市股票报价管理制度、库存股管理制度、做市风险监控制度及其他做市业务管理制度；具备符合全国股份转让系统公司要求的做市交易技术系统；全国股份转让系统公司规定的其他条件。

3. 业务基本规定

（1）推荐业务

①主办券商推荐股份公司股票挂牌，应与申请挂牌公司签订推荐挂牌并持续督导协议，约定双方权利和义务，并对申请挂牌公司董事、监事、高级管理人员及其他信息披露义务人进行培训，使其了解相关法律、法规、规则、协议所规定的权利和义务。②主办券商应对申请挂牌公司进行尽职调查，并在全面、真实、客观、准确调查的基础上出具尽职调查报告。③主办券商应设立内核机构，负责审核股份公司股票挂牌申请，并在审核基础上出具内核意见。④主办券商应根据内核意见决定是否推荐股份公司股票挂牌。同意推荐的，出具推荐报告。主办券商可以根据申请挂牌公司委托，组织编制申请文件。⑤主办券商应持续督导所推荐挂牌公司诚

实守信、规范履行信息披露义务、完善公司治理机制。

（2）经纪业务

①主办券商代理投资者买卖挂牌公司股票，应当与投资者签订证券买卖委托代理协议，并按照全国股份转让系统的股票转让制度要求接受投资者的买卖委托。②主办券商应当按照全国股份转让系统公司要求，建立健全投资者适当性管理制度。主办券商代理投资者买卖挂牌公司股票前，应当充分了解投资者的身份、财务状况、证券投资经验等情况，评估投资者的风险承受能力和风险识别能力。主办券商不得为不符合投资者适当性要求的投资者提供代理买卖服务。③主办券商在与投资者签订证券买卖委托代理协议前，应着重向投资者说明投资风险自担的原则，详细讲解风险揭示书的内容，要求投资者认真阅读并签署风险揭示书。④主办券商应利用各种方式告知投资者全国股份转让系统业务规则及相关信息，持续揭示投资风险。⑤主办券商不得欺骗和误导投资者，不得利用自身的技术、设备及人员等业务优势侵害投资者合法权益。⑥主办券商接受客户股票买卖委托时，应当查验客户股票和资金是否足额，法律、行政法规、部门规章另有规定的除外。⑦主办券商应设立交易监控系统，对自身及客户转让行为进行有效监督，防范违规转让行为。⑧主办券商对客户的资金、股票以及委托、成交数据应当有完整、准确、详实的记录或者凭证，按户分账管理，并向客户提供对账与查询服务。主办券商应当采取有效措施，妥善保存上述文件资料，保存期限不得少于二十年。⑨主办券商应当加强证券账户管理，不得为他人违法违规使用证券账户进行股票转让提供便利。⑩主办券商应当在营业场所及时准确地公布转让信息，供从事股票转让的客户使用。主办券商应当告知客户不得将转让信息用于自身股票转让以外的其他活动，并对客户使用转让信息的行为进行有效管理。

（3）做市业务

①主办券商开展做市业务，应通过专用证券账户、专用交易单元进

行。做市业务专用证券账户应向中国证券登记结算有限责任公司和全国股份转让系统公司报备。②主办券商应建立做市资金的管理制度，明确做市资金的审批、调拨、使用流程，确保做市资金安全。③主办券商应建立做市股票的管理制度，明确做市股票获取、处置的决策程序以及库存股票头寸管理制度。④主办券商应当建立以净资本为核心的做市业务规模监控和调整机制，根据自身财务状况和中国证监会关于证券公司风险监控指标规定等要求，合理确定做市业务规模。⑤主办券商应建立做市业务内部报告制度，明确业务运作、风险监控、业务稽核及其他有关信息的报告路径和反馈机制。⑥主办券商应当建立健全做市业务动态风险监控机制，监控做市业务风险的动态变化，提高动态监控效率。⑦主办券商开展做市业务，不得利用信息优势和资金优势，单独或者通过合谋，以串通报价或相互买卖等方式制造异常价格波动，损害投资者利益。⑧主办券商开展做市业务，不得干预挂牌公司日常经营，其业务人员不得在挂牌公司兼职。⑨主办券商开展做市业务，对报价和成交数据等应有完整、准确、详实的记录或者凭证，并采取有效措施妥善保存，保存期限不得少于二十年。⑩主办券商应按全国股份转让系统公司要求报告其做市股票库存、做市业务盈亏及相关风险监控指标等信息。

4. 自律监管

新三板对券商的监管实施“自律监管”的基本原则。全国股份转让系统公司可根据监管需要，对主办券商业务活动中的风险管理、技术系统运行、做市义务履行、推荐挂牌及持续督导等情况进行监督检查。主办券商应当积极配合全国股份转让系统公司监管，按照全国股份转让系统公司要求及时说明情况，提供相关文件、资料，不得拒绝或者拖延提供有关资料，不得提供虚假、误导性或者不完整的资料。全国股份转让系统公司对主办券商及从业人员执业情况进行持续记录，并可将记录信息予以公开。主办券商及相关业务人员违反规定的，全国股份转让系统公司可依据《业务规则》采取相应的监管措施或纪律处分。主办券商因违反本细则被终止从事相关业务的，全国股份转让系统公司将在终止其从事相关业务之日起12个月内不再受理其申请。

5. 主办券商持续督导制度

主办券商持续督导是主办券商制度的核心内容。为规范主办券商持续督导工作，提高挂牌公司信息披露质量和公司治理水平，促进挂牌公司规范运作，新三板特别制定了《全国中小企业股份转让系统主办券商持续督导工作指引（试行）》（以下简称《督导工作指引》。《督导工作指引》就主办券商持续督导所要履行的职责、主要内容，以及持续督导的工作要求和自律管理等方面做了详细规定。

（1）主办券商应履行的督导职责

①指导、督促挂牌公司完善公司治理机制，提高挂牌公司规范运作水平。②指导、督促挂牌公司规范履行信息披露义务，事前审查挂牌公司信息披露文件，发布风险揭示公告。③开展挂牌公司现场检查工作，督促挂牌公司进行整改。④建立与挂牌公司日常联系机制，对挂牌公司进行培训和业务指导。⑤关注挂牌公司重大变化，向全国股份转让系统公司报告挂牌公司重大事项，调查或协助调查指定事项，并配合做好挂牌公司的日常监管。

（2）主办券商持续督导内容

①关于公司治理结构。主办券商应督导挂牌公司依照《公司法》《非上市公众公司监管指引第3号——章程必备条款》等法律法规制定并完善公司章程。主办券商应督导挂牌公司建立健全并有效执行公司治理制度，包括但不限于股东大会、董事会、监事会议事规则及董事、监事和高级管理人员的行为规范等。主办券商持续督导人员可以列席挂牌公司股东大会、董事会和监事会。挂牌公司应在召开股东大会、董事会、监事会后，及时向主办券商提供有关决议及备查文件，并在相关文件披露前为主办券商预留必要的事前审查时间。主办券商应检查股东大会、董事会、监事会

的召集、提案审议、通知时间、召开程序、授权委托、关联方回避、表决和决议是否符合法律法规和公司章程的规定，会议记录是否正常签署、保存完整，重点检查董事会是否在职权范围内和股东大会授权范围内对审议事项做出决议。

②关于基本管理制度。主办券商应督导挂牌公司建立健全并有效执行内部管理制度，包括但不限于会计核算体系、财务管理和风险控制等制度，以及对外担保、重大投资、委托理财、关联交易等重大经营决策的程序与规则等。

③关于信息披露方面。主办券商应督导挂牌公司建立健全信息披露事务管理制度，明确挂牌公司应履行的信息披露义务，信息披露的内容、格式及时间要求，挂牌公司内部对拟披露信息地报告、流转、审查、披露流程以及相关职责划分。挂牌公司应及时向主办券商提供定期报告和临时报告所涉及的文件，并在相关文件披露前为主办券商预留必要的事前审查时间。主办券商应当按照《业务规则》《信息披露细则》《全国中小企业股份转让系统挂牌公司年度报告内容与格式指引（试行）》、《全国中小企业股份转让系统挂牌公司半年度报告内容与格式指引（试行）》《全国中小企业股份转让系统临时公告格式模板》等信息披露相关规定的要求对挂牌公司信息披露文件进行事前审查，督导挂牌公司规范履行信息披露义务。主办券商事前审查发现挂牌公司信息披露文件存在虚假记载、误导性陈述或重大遗漏的，应要求挂牌公司及时改正，挂牌公司不予配合的，主办券商应向全国股份转让系统公司报告并发布风险揭示公告。主办券商应对挂牌公司信息披露文件进行事后核对，发现挂牌公司已披露的公告存在重大错误、遗漏或者误导的，应督导挂牌公司进行更正或补充。全国股份转让系统公司事后审查发现挂牌公司公告不符合信息披露相关规定，公告存在重大错误、遗漏或者误导的，或者发现挂牌公司存在应当披露但未披露事项的，主办券商应按照全国股份转让系统公司要求，督促挂牌公司进行更正

或补充。

④关于对挂牌公司的现场检查。挂牌公司存在以下情形的，主办券商应在知悉或者应当知悉之日起十五个转让日内对其现场检查：股东大会、董事会、监事会和高级管理层不能按照公司治理要求履行职责或者规范运作；公司不能规范履行信息披露义务；控股股东、实际控制人或者其他关联方占用或者转移公司的资金、资产及其他资源；显失公允关联交易或未履行审批程序和信息披露义务；公司违规为他人提供担保；公司及其董事、监事、高级管理人员、控股股东、实际控制人涉嫌重大违法违规行为；公司经营业绩异常波动；全国股份转让系统公司要求进行现场检查的其他情形。主办券商应当明确现场检查工作要求，现场检查至少应有两人参加，事前根据引发现场检查的相应情形确定现场检查内容，制定现场检查工作方案，事中形成现场检查工作底稿，事后完成现场检查工作报告。主办券商可以采取以下现场检查手段，以获取充分和恰当的现场检查资料和证据：对挂牌公司董事、监事、高级管理人员及有关人员进行访谈；察看挂牌公司的主要生产、经营、管理场所；对有关文件、原始凭证及其他资料进行查阅、复制、记录；察看或者走访对挂牌公司损益影响重大的控股或参股公司；走访或者函证挂牌公司的控股股东、实际控制人及其关联方；走访或函证挂牌公司重要的供应商或者客户；主办券商认为必要的其他合法手段。主办券商应当在现场检查结束后的十个转让日内完成《现场检查工作报告》，报送全国股份转让系统公司备案。报告至少应当包括检查时间、检查地点、检查人员、检查涉及的事项、检查方法和措施、检查获取的资料和证据、检查结果、整改建议（如有）等内容。主办券商应将检查结果和整改建议（如有）以书面方式告知挂牌公司，并督促挂牌公司就整改情况向全国股份转让系统公司报告。

⑤业务培训、指导和咨询。主办券商每年至少应对其所督导的挂牌公司的董事会秘书或者信息披露事务负责人进行一次培训，培训内容包括但

不限于全国股份转让系统业务规则、细则、规定、指引、指南、通知等相关规定以及挂牌公司违规案例等。挂牌公司出现以下情形的，主办券商应在十个转让日内对其董事、监事、高级管理人员、董事会秘书或者信息披露事务负责人、控股股东和实际控制人等相关人员进行培训：控股股东或者实际控制人发生变更；受到中国证监会行政处罚或者被全国股份转让系统公司实施监管措施、纪律处分。主办券商应当在培训前制作课件，参加培训的人员应签字确认，培训课件和培训人员签字作为持续督导工作底稿保存。主办券商应建立与挂牌公司的日常联系机制，通过现场走访、电话、电子邮件等方式及时了解挂牌公司情况，解答挂牌公司业务咨询。

⑥关于挂牌公司重大变化的告知。挂牌公司应当将业务、公司治理、财务等方面发生的重大变化及时告知主办券商，包括但不限于经营环境和业务、控股股东及实际控制人、管理层、采购和销售、核心技术、财务状况等。主办券商应当主动、持续关注并了解挂牌公司上述事项发生的重大变化，如达到信息披露标准，应督促挂牌公司及时履行信息披露义务。挂牌公司董事长、总经理、财务负责人、董事会秘书或者信息披露事务负责人、会计师事务所发生变更，主办券商应及时对变更原因等进行核查或者现场检查，涉及重大未披露事项的，应督促挂牌公司履行信息披露义务。主办券商应当关注公共传媒关于挂牌公司的报道，涉及重大未披露事项的，应及时进行核查或者现场检查，督促挂牌公司履行必要的信息披露义务或者发布澄清公告。主办券商应当根据全国股份转让系统公司的要求，调查或者协助调查指定事项，并将调查结果及时报告全国股份转让系统公司。主办券商在持续督导过程中发现挂牌公司存在重大风险或重大违法违规情况的，以及挂牌公司不予配合或者拒绝按照要求整改的，应及时报告全国股份转让系统公司。主办券商应当在每年 5 月 31 日前向全国股份转让系统公司报送持续督导年度工作报告，说明上一年度持续督导工作总体情况、存在问题以及挂牌公司配合情况等。

（二）主办券商制度评介

1. 关于券商特许制度①

目前新三板的市场流动性不强，在很大程度上是新三板实施的“主办券商特许制度”造成的。新三板实施的“主办券商推荐制度”，依然沿用了交易所市场的证券商特许制度，并且主办券商就是原有交易所市场的券商，但交易所市场的券商没有足够的激励去从事新三板的业务。券商没有积极性大力开拓新三板业务，主要有以下三方面原因：其一，新三板业务收费很低，每一个项目只有100万元左右的收入，相对IPO项目收取上千万元甚至几千万元的收入，新三板项目收入可谓九牛一毛，券商不屑于大力投入开拓新三板业务；其二，交易所市场证券发行制度实施“核准制”，导致众多企业排队IPO，券商在IPO业务上有很好的赚钱机会，他们没有任何动机去从事赚钱很少的新三板业务；其三，目前从事证券业务的大多数券商或多或少都带有国有背景，国有券商固有的体制与机制导致他们的业务创新能力不足，凭借垄断资源优势来创造价值是他们天然的经济行为方式。面对一个真正市场化的市场，他们依然在沿用原来的思维方式与行为方式。券商对新三板给他们带来的机遇与挑战在商业认知上有待提高。券商作为主办券商，在推荐企业挂牌，为企业提供持续督导，定向增发，融资并购等方面担当主要角色。如果主要角色都没有足够激励去从事其业务，市场的流动性就不可能得到根本性改善，新三板的制度性安排缺陷是显而易见的。改变这种现状的可行路径是取消“主办券商特许制度”，引入竞争机制，允许有能力的非券商机构参与到新三板挂牌企业的各项业务中来，以“市场化”“民营化”手段来激活市场，打破目前券商垄断市场资源但效率低下所导致流动性不足的局面。

---

① 本部分内容摘自作者在2015年1月5日发表在《人民日报》的文章《新三板的流动性难题如何解》。

2. 关于主办券商持续督导制度

主办券商持续督导制度是新三板最具制度创新的部分。主办券商持续督导制度，是在交易所市场证券发行保荐人制度的基础上，结合新三板的市场特征和挂牌公司的风险特征，旨在提高新三板挂牌公司的整体质量，帮助挂牌公司完善公司治理结构，规范管理，提高信息披露质量，加大主办券商对挂牌公司的责任，从而有效保护投资者的利益。

为了深入理解主办券商持续督导制度对新三板健康发展的重要意义，我们有必要对交易所市场证券发行的“保荐人制度”进行基本了解。为了把好公司上市的质量关，让优质企业到证券市场融资，同时有效保护投资者的利益，我国证券市场从 2004 年 2 月开始推行证券发行的“保荐人制度”。所谓“保荐人制度”，就是指由保荐人（券商）负责对发行人的上市推荐和辅导，核实公司发行文件与上市文件中所载资料是否真实、准确、完整，协助发行人建立严格的信息披露制度，并承担风险防范责任的制度。简言之，保荐制将使券商负有一定的连带担保责任。保荐人要对企业进行上市前的实质性审查和上市后的持续辅导，使之符合目标市场上市规则的要求。保荐人在这个过程中承担着完全的保荐责任。

券商的保荐责任期包括发行上市全过程以及上市后的一段时期（通常为两年）。发行上市期间，保荐人的核心责任包括三方面义务的履行：一是履行对其所保荐的发行公司的尽职调查义务；二是履行对发行人董事的尽职督导义务；三是履行对专业性中介机构（如会计师事务所、律师事务所、资产评估机构等）完成的有关发行公司的专家报告（如审计报告、法律意见书、以及资产评估报告等）的尽职核查义务。公司上市后，保荐人的核心责任包括两个方面，其一继续履行其对发行人董事的尽职辅导义务；其二对上市公司的所有公开披露资料在公开披露之前履行尽职核查义务，确信上市公司信息披露符合真实、准确、完整和及时性要求。因此，保荐人制度本质上是对保荐人在证券发行环节担当“第一看门人”角色，而在证券发行人获得成功发行之后一段相当长的时间内仍然担负总牵头，把有关责任进行明确化、具体化及责权利对称化的一种证券市场监管制度安排。

为了更深刻地理解新三板的主办券商持续督导制度，我们把交易所市场的证券发行保荐人制度与新三板主办券商督导制度进行对比，如表3－2所示。

表3－2　新三板主办券商督导制度与证券发行保荐人制度对比

	新三板	主板、中小板和创业板
制度安排	主办券商持续督导	保荐人制度
主体	券商	券商
时间	终身（持续）	两年（上市后）
关注重点	挂牌后	上市前
主要内容	公司治理结构 基本管理制度 信息披露 现场检查 培训、指导与咨询 重大变化告知	信息披露 对董事的尽职督导

从表3－2对比来看，保荐人制度与主办券商持续督导制度的主要区别在于两个方面：一是时间的长短，以及各时间段关注的重点。二是监督的核心内容。保荐人制度主要是关注事前的尽职调查，着重于上市前的信息披露。上市后两年内履行的基本职责还是在于信息披露。因此，强调信息披露是保荐人制度的显著特色，对董事的尽职督导显然只是一个次要的作用。新三板的主办券商持续督导制度除了强调信息披露外，更重要的还有两个方面，即帮助企业完善公司治理结构，以及督促企业构建基本的管理制度和管理流程。中小企业要做大做强，面临的瓶颈可能是缺人、缺钱，但最缺的应该是制度和机制。有了制度和机制，人会来，资金也会来。制度包括两个方面的内涵，一是日常的经营管理制度，包括生产制度、财务制度、市场营销制度、人力资本等制度和机制。这些制度和机制的有效构

建能够确保企业正常地运转。二是公司的顶层制度设计，即公司治理结构，解决公司权力分配和利益分配问题。这两种制度比较起来，企业对第一种制度解决起来相对容易一些，第二种制度解决起来就比较困难。公司治理结构之所以解决起来不容易，是因为创业者在创业过程中已经形成了作坊式思维方式和决策方式，如果不利用外部力量来解决自身的不足，是很难得到有效改进的。主办券商督导制度由于是终身督导，在帮助企业进入良性治理轨道时会成为最重要的市场外部力量。这种制度安排对于解决创新创业型企业在成长过程中面临的制度瓶颈将起到举足轻重的作用。

六、信息披露制度

新三板的信息披露制度主要体现在《非上市公众公司监督管理办法》第三章的内容“信息披露”，和《全国中小企业股份转让系统业务规则（试行）》的第四章“挂牌公司”中第二节“信息披露”部分，以及《全国中小企业股份转让系统挂牌公司信息披露细则（试行）》的相关规定。

（一）信息披露制度基本规定

新三板对挂牌公司的信息披露实施事后审查制度。新三板的信息披露制度包括以下主要内容：

1. 信息披露基本原则

（1）信息披露义务人

信息披露义务人包括申请挂牌公司、挂牌公司及其董事（会）、监事（会）、高级管理人员、股东、实际控制人、收购人及其他相关信息披露人。挂牌公司及相关信息披露义务人应当及时、公平地披露所有对公司股票及其他证券品种转让价格可能产生较大影响的信息，并保证信息披露内容的真实、准确、完整，不存在虚假记载、误导性陈述或重大遗漏。

（2）信息披露事务管理制度

挂牌公司应当制定信息披露事务管理制度，经董事会审议后及时向全国股份转让系统公司报备并披露。挂牌公司设有董事会秘书的，由董事会秘书负责信息披露义务。未设董事会秘书的，挂牌公司应指定一名具有专业知识的人负责信息披露管理事务，并向全国股转系统报备。上述人员离职无人接替或因故不能履行职责时，公司董事会应该及时指定一名高级管理人员负责信息披露事务并披露。挂牌公司董事会秘书或信息披露事务负责人应按照全国股转系统相关规定编写公告文稿，并准备备查文件。负责信息披露管理事务的人员就列席公司的董事会和股东大会。

（3）主办券商等中介机构在信息披露中的义务

主办券商、律师事务所、会计师事务所及其他证券服务机构，应当勤勉尽职，诚实守信，认真履行审慎核查义务，按照依法制定的业务规则、行业执业规范和执业道德准则发表专业意见，保证所出具文件的真实性、准确性和完整性，并接受中国证监会的监管。主办券商应对挂牌公司拟披露的信息、披露文件进行审查，履行持续督导职责。挂牌公司年度报告中的财务报告必须经具有证券、期货相关业务资格的会计师事务所审计。挂牌公司不得随意变更会计师事务所，如确需变更的，应当由董事会审议后提交股东大会审议。

（4）信息披露程序

挂牌公司披露重大信息之前，应当经主办券商审查，公司不得披露未经主办券商审查的重大信息。主办券商应当指导和督促所推荐挂牌公司规范履行信息披露义务，对其信息披露文件进行事前审查。发现拟披露的信息或已披露信息存在任何错误、遗漏或者误导的，或者发现存在应当披露而未披露事项的，主办券商应当要求挂牌公司进行更正或补充。挂牌公司拒不更正或补充的，主办券商应当在两个转让日内发布风险揭示公告并向全国股份转让系统公司报告。挂牌公司在其他媒体披露信息的时间不得早于指定披露平台的披露时间。公司及其他信息披露义务人依法披露的信息，应当在中国证监会指定的信息披露平台公布。

（5）对信息披露的监管

股转系统对挂牌公司的信息披露的日常监管主要是“以信息披露为核心”，依托主办券商持续督导的自律监管。具体方式为：主办券商对挂牌公司的信息披露和业务办理进行事先审查和把关，股转系统进行事后审查和监管。

2. 信息披露基本内容

（1）挂牌公司信息披露包括挂牌前的信息披露及挂牌后持续信息披露，其中挂牌后持续信息披露包括定期报告和临时报告

挂牌公司披露的定期报告包括年度报告、半年度报告，鼓励但不强制披露季度报告；临时报告是指除定期报告以外的公告，例如股东大会决议公告、董事会决议公告、监事会决议公告，以及对外投资决议公告等。

（2）挂牌公司应当在挂牌时向全国股份转让系统公司报备董事、监事及高级管理人员的任职、职业经历及持有挂牌公司股票情况

董事、监事及高级管理人员应当在公司挂牌时签署遵守全国股份转让系统公司业务规则及监管要求的《董事（监事、高级管理人员）声明及承诺书》（以下简称“承诺书”），并向全国股份转让系统公司报备。

（3）信息披露文件主要包括公开转让说明书、定向转让说明书、定向发行说明书、发行情况报告书、定期报告和临时报告等

（4）定期报告

挂牌公司应当披露的定期报告包括年度报告、半年度报告，鼓励披露季度报告但不强制要求披露季度报告。挂牌公司应当在本细则规定的期限内，按照全国股份转让系统公司有关规定编制并披露定期报告。挂牌公司应当在每个会计年度结束之日起四个月内编制并披露年度报告，在每个会计年度的上半年结束之日起两个月内披露半年度报告；披露季度报告的，

公司应当在每个会计年度前三个月、九个月结束后的一个月内披露季度报告。披露季度报告的，第一季度报告的披露时间不得早于上一年的年度报告。

挂牌公司和主办券商应当对全国股份转让系统公司关于定期报告的事后审查意见及时回复，并按要求对定期报告有关内容做出解释和说明。主办券商应当在公司对全国股份转让系统公司回复前对相关文件进行审查。如需更正、补充公告或修改定期报告并披露的，公司应当履行相应内部审议程序。

挂牌公司的年度报告须参照全国中小企业股份转让系统发布的《全国中小企业股份转让系统挂牌公司年度报告内容与格式指引（试行）》的要求进行披露，主要内容包括重要提示、目录与释义，公司简介，会计数据和财务指标摘要，管理层讨论与分析，重要事项，股本变动及股东情况，董事、监事、高级管理人员及核心员工情况，公司治理及内部控制，财务报告，备查文件目录等十个章节。挂牌公司的半年度报告须参照全国股转系统发布的《全国中小企业股份转让系统挂牌公司半年度报告内容与格式指引（试行）》要求进行披露，主要内容包括公司半年大事记，声明与提示，目录，正文及备查文件目录等。正文包括基本信息，财务信息与非财务信息。挂牌公司半年度报告的财务报告无须经审计，若挂牌公司自愿进行审计，需聘请具有证券期货相关业务资格的会计师事务所审计。

（5）临时报告

临时报告是指挂牌公司按照法律法规和全国中小企业股份转让系统公司有关规定发布的除定期报告以外的公告。临时报告应当加盖董事会公章并由公司董事会发布。临时报告披露公司除定期报告外应当披露的重大信息。应当披露的重大信息是指对挂牌公司股票及相关产品价格可能产生较大影响的信息，公司作为重大信息进行披露。挂牌公司控股子公司发生的对挂牌公司股票及相关产品转让价格可能产生较大的影响，视同挂牌公司的重大信息。

以下情形发生时，需要披露临时报告：

①挂牌公司召开董事会会议，会议内容涉及应当披露的重大信息，公司应当以临时公告的形式及时披露。决议涉及根据公司章程规定应当提交经股东大会审议的收购与出售资产、对外投资等事项，公司应当在决议后及时以临时公告的形式披露；

②挂牌公司召开监事会会议，涉及应当披露的重大信息，公司应当以临时公告的形式披露；

③挂牌公司召开股东大会，应当在会议结束后两个转让日内将相关决议以临时公告形式披露；

④除日常关联交易以外的其他关联交易，挂牌公司应当经过股东大会审议并以临时公告的形式披露；

⑤挂牌公司对涉案金额占公司最近一期经审计净资产绝对值 10% 的重大诉讼、仲裁事项以临时公告形式披露；

⑥挂牌公司应当在董事会审议通过利润分配或资本公积转增股本方案后，以临时公告的形式披露方案的具体内容，并于实施方案的股权登记日前披露方案实施公告；

⑦股票转让被全国股转系统认定为异常波动的，挂牌公司应当以次一股份转让日披露异常波动公告；

⑧公共媒体传播的信息可能或已经对公司股票转让价格产生较大影响的，挂牌公司应当及时向主办券商提供有助于甄别传闻的相关资料，并决定是否发布澄清公告；

⑨实施股股激励计划的挂牌公司，应当严格遵守股份转让系统的有关规定，并履行披露义务；

⑩限售股份在解除转让限制以前，挂牌公司应披露相关公告；

⑪在挂牌公司中拥有的权益份额达到该公司总股本 5% 及以上的股东，

其拥有权益份额变动达到全国股份转让系统规定标准的，该股东应当按照要求及时通知挂牌公司并披露权益变动公告；

⑫挂牌公司和相关信息披露人承诺披露事项的，应当严格披露承诺事项；

⑬全国股份转让系统对挂牌公司实行风险警示或作出股票终止挂牌决定后，公司应当及时披露；

⑭挂牌公司出现以下情形之一的，应当自事实发生之日起两个转让日内以临时公告的形式披露：控股股东或实际控制人发生变更；控股股东、实际控制人或者其关联方占用资金；法院裁定禁止有转让权的大股东转让其所持公司股份；任一股东所持公司5%以上股份被质押、冻结、司法拍卖、托管、设定信托，或者被依法限制表决权；公司董事、监事、高级管理人员发生变动，董事长或总经理无法履行职责；公司减资、合并、分立、解散及申请破产的决定，或者依法进入破产程序，被责令关闭；董事会就并购重组、股利分派、回购股份、定向发行股票或者其他证券融资方案、股权激励方案形成决议；变更会计师事务所、会计政策、会计估计；对外提供担保；公司及其董事、监事、高级管理人员、公司控股股东、实际控制人在报告期内存在受有权机关调查、司法纪检部门采取强制措施、被移送司法机关或追究刑事责任，中国证监会稽查、中国证监会行政处罚、证券市场禁入、认定为适当人选，或收到对公司生产经营有重大影响的其他行政管理部门处罚；因前期披露的信息存在差错，未按规定披露或者虚假记载，被有关机构责令改正，或者经董事会决定进行更正。

挂牌公司应当在临时报告所涉及的重大事件最先触及下列任一时点后及时履行首次披露义务：董事会或者监事会作出决议时；签署意向书或者协议（无论是否附加条件或者期限）时；公司（含任一董事、监事或者高级管理人员）知悉或者理应知悉重大事件发生时。对挂牌公司股票转让价格可能产生较大影响的重大事件正处于筹划阶段，虽然尚未触及以上规定的时点，但出现下列情形之一的，公司亦应履行首次披露义务：该事件难以保密；该事件已经泄漏或者市场出现有关该事件的传闻；公司股票及其衍生品种交易已发生异常波动。

（二）对信息披露制度的评介

新三板的信息披露制度，着重于对挂牌公司的事后审查，是符合新三板市场的证券监管制度安排，是中国资本市场证券监管制度的巨大创新。如果像证券场内市场那样，新三板的信息披露内容繁多，披露程序复杂，不仅会增加挂牌公司的信息披露成本，更重要的是不符合新三板挂牌公司的市场特征。新三板的挂牌企业，大多数属于创新创业型企业。创新创业型企业在创业之初，管理不规范是一种常态，如果我们着重于事前的监管，信息披露较为严格，那么绝大多数企业都达不到挂牌的要求，很多有创新和创意的企业就有可能被拒之于市场门外，从而市场规模就不会在短时间内得到快速发展。因此，新三板的信息披露制度安排，有利于创新资本市场的成长和培育。同时，新三板给创新企业提供均等的市场准入机会，挂牌后再要求企业加强规范性管理，有利于创新企业成长壮大，快速步入规范化的管理轨道，从而为企业奠定长期持续健康发展的管理基础。

第四章

中国的纳斯达克：还有多长的路

一、新三板实施注册制构想

根据目前证监会的安排，交易所市场的注册制改革准备在2015年年底推出。“注册制”作为证券发行制度的最高级形式，是一国证券市场实现市场化的标志，也是一国证券市场真正成熟的表现。我国的证券发行制度经历了“审批制”“核准制”两个发展阶段，目前发展到第三个阶段，准备实施“注册制”。前两个阶段都是非市场化的证券发行制度。在这样的发行制度安排下，不仅证券的发行速度和规模人为地受政府控制，更重要的是政府需要站在投资人的角度，对公司价值做出实质性判断。换句话说，政府成为证券市场风险的最大承担者。非市场化的证券发行制度导致了三大不良后果：一是证券价格不能真实地反映公司的价值。政府人为地控制证券的市场供给，证券的市场需求呈刚性，结果肯定是股票价格上涨。中国上市公司的市盈率普遍高于全球任何一个证券市场，其根本原因就在于我国的证券发行制度是非市场化的制度安排。二是导致大量寻租行为的产生，即产生腐败。由于人为地设置市场准入的高门槛，为了过独木桥，上市公司、证券中介服务机构、证券发行审查部门都有可能滋生腐败。三是人为控制发行规模和发行速度，阻碍了资源配置的优化，使很多创新企业得不到资本市场的支持，阻碍了中国创新经济地发展。为了让资本市场快速适应中国创新经济发展的要求以及整个经济结构化转型地需要，真正体现金融为实体经济服务的宗旨，证券发行制度的市场化改革刻不容缓、势在必行。问题是：如何改？最佳路径是什么？花多长时间达成目标，我们付出的机会成本到底有多大？

根据证监会已经公开的信息，目前的注册制改革方案大致是：①今年年底率先在交易所市场推行；②把对企业的审批权由原来的证监会下放给交易所；③发行速度和规模依然要做到有效地控制。

目前这个方案符合中国惯有的改革方式——渐近式改革，即“摸着石头过河”。注册制改革的“渐近式”表现在，审批和监管权力的下放不是一步到位，而是分成三步走：第一步，先把对企业的上市审批权由证监会下放到交易所；第二步再由交易所下放到证券中介服务机构；第三步，真正实行市场化的“注册制”证券发行制度。前两步，政府仍然需要对发行速度和发展规律进行控制。第三步，完全按照市场需求发行证券，政府监管方式发生根本性变化。对于交易所本身的注册制改革方案，我们认为这样做是符合交易所市场的现实情况的。

但从整个多层次资本市场体系的改革效率来看，注册制改革以交易所市场作为切入点是不是最佳，是值得商榷的。笔者认为，交易所市场推行注册制改革可能不是最佳的市场切入点，主要基于以下两个方面的考虑：其一，交易所市场所推行的注册制改革，由于是在原来的制度框架和业务系统里的修修补补，因此它是一种维持性创新。新的制度和新的业务系统要想在原有的业务系统和制度框架内取得成功，需要在实践中慢慢摸索，必然要用相当长的时间来试错，改革才会取得成功。这种试错的时间短者三五年，长者十年八年都有可能。如果我们回过头去看看中国证券市场发行制度的改革。“审批制”大概经历了十多年时间，“核准制”原本是一种过渡性的发行制度安排，有三五年的时间也就足够了，但我们同样也走过了十年的漫漫长路。因此，我们对即将要推进的注册制改革，到底需要多少时间才能真正实现市场化的注册制，我们并不抱多大乐观的态度。但中国目前的整体经济改革向纵深推进，经济结构的调整和转型需要有一个真正市场化的资本市场来优化资源配置，以互联网和信息技术为代表的第三次工业革命席卷全球，“创新经济”成为全球经济的主旋律。而创新经济更需要一个创新型资本市场与之相适应。如果整体资本市场体系的改革还像以往那样“老牛拉破车”，拖个十年八年，那么我们是无法来分享第三次工业革命的丰厚果实的。简言之，交易所市场推行注册制改革，试错时间太长，机会成本太高。其二，交易所市场的主要市场主体券商和上市公司都呈非市场化特征，改革会触动他们自身的利益，他们没有激励和动力来推动改革，甚至会成为改革的绊脚石，阻挡改革，改革的难度很大。因此，我们认为，交易所市场的注册制改革不是最佳的改革切入点，注册制改革的路径需要调整。

一个可以探讨的改革路径就是先在新三板进行注册制改革的试点，成功后直接在交易所市场复制，以增量市场的改革来带动存量市场的改革。这样做的理由有以下三个方面：其一，从破坏式创新的理论角度看，新三板是真正的破坏式创新。其业务系统简单便捷，没有什么历史包袱，操作起来简单方便，易于成功。因此，从操作层面来讲，在新三板推行注册制要比交易所市场推行难度要小得多。其二，新三板目前的证券发行制度从形式上看虽然仍旧是核准制，但大部分内容其实是注册制了，证监会核准的程序和内容已不像交易所市场那样复杂，对到新三板挂牌公司的核准也是有条件的核准。比如说，如果公司向特定对象发行股票后股东累计不超过 200 人的，或者在 12 个月内发行股票累计融资额低于净资产 20% 的，豁免向证监会核准。换言之，如果向特定对象发行股票后股东累计人数超过 200 人，以及在 12 个月内发行股票累计融资额高于净资产的 20%，才会向证监会申请核准。从监管角度看，新三板对挂牌公司的监管方式已经发生了实质性变化。对挂牌公司的监管基本上由证券中介机构来负责。主办券商制度和主办券商的持续督导制度要求券商督导挂牌公司完善公司治理和履行持续信息披露义务。股转系统对中介机构采取自律监管的原则，对挂牌公司的信息披露采取事后审查的原则。从新三板的监管方式来看，其核心的监管内容新三板已经实施了注册制了。既然从内容上都已经是注册制，为什么我们不能让它的形式名副其实呢？其三，新三板肩负着中国科技产业化的使命，肩负着中国经济结构转型的重任，是中国创新经济的金融市场基础。从 2013 年 1 月揭牌营运以来，新三板制度创新层出不穷，把新三板真正建设成为一个完全市场化的资本市场一直是监管当局努力的方向和目标。证券发行制度的市场化改革是证券市场有效的基本前提。如果证券市场发行制度没有市场化，其他市场化的措施都不可能真正落地实施。新三板代表了中国创新经济和资本市场的未来发展方向，基于证券发行制度的市场化改革是新三板完全市场化的基础和前提。所以，从改革的重要性来看，新三板也应该率先实行注册制改革。

另外，为了兼顾交易所市场和新三板改革的统筹性和合理性，还可以有另外一种可供选择的路径，那就是在交易所和新三板同步推进注册制改革。不过，推进的方向和路径应该有所区别：交易所市场就按一种渐近式的改革路径来往前推进，按三步走策略，边走边总结，边总结边完善；但新三板一开始就完全按照市场化的方式来推进注册制改革，即一步到位。因为新三板具备了完全市场化的条件，即没有历史包袱，业务系统简单便捷，监管权力已经下放给中介机构。根据目前中国多层次资本市场的现状和未来的发展趋势，这可能是一个最优的注册制改革方案。

二、新三板退市制度的思考

一个健康的资本市场，既要有市场化的准入制度，同样也需要市场化的退市制度，这样才能保证整个市场的质量和品质。新三板的准入制度是符合创新型企业的基本特征的，但新三板目前还没有较为完备的退市制度安排，这是新三板核心制度安排方面的最大不足。虽然在 2013 年发布的

《全国中小企业股份转让系统业务规则（试行）》（以下简称《业务规则（试行）》里有关于挂牌公司终止挂牌的相关规定，但相比成熟证券场外市场的退市制度，新三板的退市制度无疑还有很多地方需要完善。

（一）新三板目前有关退市的规定

在《业务规则（试行）》第五节“终止与重新挂牌”的内容里，作了如下规定：①中国证监会核准其公开发行股票并在证券交易所上市，或证券交易所同意其上市；②终止挂牌申请获得全国中小企业股份转让系统的同意；③未在规定期限内披露年度报告或半年度报告，自期满日起两个月内仍未披露年度报告或半年度报告的；④主办券商与挂牌公司解除持续督导协议，挂牌公司未能在股票暂停转让之日起三个月内与其他主办券商签署持续督导协议的；⑤挂牌公司经清算组或管理人清算并注销公司登记的；⑥全国中小企业股份转让系统规定的其他情形。从以上内容可以看出，以上的终止挂牌只是定性的规定，并没有量化的标准。严格地说来，这并不是一个完善的退市制度安排。

（二）美国纳斯达克的退市制度

我们先看看其他成熟证券场外市场，特别是美国纳斯达克（NASDAQ）的退市制度安排，以供我们参考。纳斯达克证券交易所分为若干子市场，包括纳斯达克全球精选市场（Nasdaq Global Select Market）、纳斯达克全球市场（Nasdaq Global Market）和纳斯达克资本市场（Nasdaq Capital Market）。

在纳斯达克全球精选市场和纳斯达克全球市场的已上市企业，如要继续挂牌，必须达到下列（表4－1）三组条件中的至少一组，否则该企业将被退市。

表4－1　纳斯达克全球精选市场和纳斯达克全球市场退市条件要求

	股东权益标准 基于纳斯达克上市规则5450（a）、5450（b）（1）	市值标准 基于纳斯达克上市规则5450（a）、5450（b）（2）	总资产/总收入标准 基于纳斯达克上市规则5450（a）、5450（b）（3）
股东权益	1000（万美元）	无	无
股票市值	无	5000（万美元）	无
总资产和总营业收入（最近一财年数据，或者最近三个财年中的两年）	无	无	总资产5000万美元，并且总收入5000万美元
公众持股数量（万股）	75	110	110
公众持股的市值（万美元）	500	1500	1500
每股价格（30个连续交易日）	1	1	1
总股东数量（家）	400	400	400
做市商数量（家）	2	4	4
公司治理标准	要求	要求	要求

在纳斯达克资本市场上市的企业，如要继续挂牌，必须达到下列(表4－2)三组条件中的至少一组，否则该企业将被退市。

表4－2　纳斯达克资本市场退市条件要求

	股东权益标准 基于纳斯达克上市规则5550（a）、5550（b）（1）	市值标准 基于纳斯达克上市规则5550（a）、5550（b）（2）	总资产/总收入标准 基于纳斯达克上市规则5550（a）、5550（b）（3）
股东权益	250（万美元）	无	无
上市证券市值	无	3500（万美元）	无
来自持续经营的净利润（最近一财年数据，或者最近三个财年中的两年）	无	无	50（万美元）
公众持股数量（万股）	50	50	50
公众持股的市值（万美元）	100	100	100
每股价格（30个连续交易日）	1	1	1
总股东数量（家）	300	300	300
做市商数量（家）	2	2	2
公司治理标准	要求	要求	要求

从纳斯达克所有子市场的退市制度安排上看，有以下几个特征：一，以量化的标准为主。量化标准主要以挂牌公司在证券市场的表现为主，主要的指标包括：公司市值、公众持股数量、公众持股市值、每股价格，以及做市商数量。同时也有经营上的指标要求，如对挂牌公司净利润的要求。二，也有定性方面的指标要求。定性的指标一方面有对公司治理结构的要求，包括年报、中报的报送。独立董事，内部审核委员会、股东大会、投票机制、征集代理表决权机制，以及避免利益冲突等。另外一方面也有对公司合法规范经营方面有要求。三，有一个特别值得注意和研究的两个指标是“总股东数量”以及“公众持股数量”。之所以在这方面有严格规定，主要是基于挂牌公司是公众公司的角度来考虑。如果股东数量或公众持股数量满足不了公众公司的基本要求，也需要退市。四，在市场量化的指标上，在三个子市场里面，都有“一美元退市”的制度安排。“一美元退市”的实质是公司市值已经低于公司净资产，即公众认为该公司已经没有任何投资价值了，所以不管采取何种衡量标准，都必须退市。“一美元”退市规则反映了美国资本市场上“价值为王”的资本市场理念。

（三）新三板退市制度构想

建立新三板的持续上市标准，一方面我们需要学习成熟证券场外市场的退市制度的经验，但也需要结合新三板的市场现状。在安排和设计新三板退市制度的时候，至少需要考虑到以下几个基本事实：首先，从总体上看，目前新三板处于起步阶段，也是新三板大扩容阶段，退市标准不应过于严格，过于严格的退市标准不利于新三板规模的迅速扩大；其次，需要考虑到目前新三板传统行业所占的比重较大，新兴行业所占的比重较小这一现实。新三板需要加大引导力度，传统行业如果在证券市场表现不尽如人意，需要按照严格的退市标准淘汰落后产业，把资源配置到新兴行业的新兴企业里面；再次，退市制度的安排和设计需要考虑到市场的分层管理，即不同的子市场需要设计不同的退市制度，不能搞“一刀切”。目前新三板还没有实施市场的分层管理。因此，退市制度的推出时机，最好和市场分层管理制度同步推出；最后，要考虑到新三板挂牌公司治理结构的现实状况。到新三板挂牌的公司，虽然从法律性质上讲已经是“公众公司”，但从目前挂牌公司的股东人数分布来看，大多数公司依然是私人公司，并没有达到公众公司的基本要求。为了积极引导挂牌公司完善公司治理结构，一方面在市场准入标准方面需要严格把关，比如股东人数需要在5人以上才能挂牌，另外在退市制度的安排和设计上，对股东人数以及公众持股股东要有明确的要求。

三、新三板市场分层制度构想

新三板定位于创新创业型企业，此类企业大多数处于起步和发展阶段，相对于成熟企业，创新创业型企业的总体特征是：企业规模较小，市场风险较大，团队风险、财务风险和公司治理结构的风险也比较大。对于一个高风险的市场，投资人需要有足够的风险识别能力和风险承受能力才能进行股票的投资。因此，新三板对投资人的风险识别能力和风险承受能力要求较高。市场分层制度管理的目的在于：①提高投资人的风险识别能力，从而提高整个市场的流动性；②有利于企业在不同的发展阶段吸引不同风险偏好的投资人；③通过市场分层管理，提高整体市场质量，有利于市场健康持续发展。

（一）美国证券场外市场分层制度的经验

根据企业挂牌条件的难易程度，美国证券场外市场分为三个层次：场外交易所市场（OTC Markets）、场外柜台交易系统（OTCBB）和纳斯达克市场（NASDAQ）。

1. 场外交易所市场（OTC Markets）

OTC Markets 将分散在全国的做市商联系起来，是美国场外市场的初级报价系统，为场外市场的初级发展阶段。场外交易所集团（OTC Markets Group），原名“粉单市场”，于 1913 年由美国国家报价局（National Quotation Bureau）建立，为那些选择不在交易所或 NASDAQ 挂牌上市，或者不满足挂牌上市条件的股票提供交易流通的报价服务。公司定期将上市企业股票报价印制在粉色的清单上发布，并因此而得名。2008 年，公司改名为 OTC Markets Group。目前，在 OTC Markets 交易的证券近 10000 种，包括 3000 种美国存托凭证（ADRs），1100 家小微企业股票，900 家中小型企业股票，700 家社区银行等，日成交量超过 780 万美元。

按照挂牌企业财务指标和信息披露频次的不同，OTC Markets 又可细分为 OTCQX、OTCQB 和 OTC Pink 三个层次，三者的区别见表 4 – 3。

表 4 – 3　OTC Markets 市场分层管理

<table>
<tr><th>市场分层</th><th>要求</th><th>共同点</th></tr>
<tr><td>OTCQX
The Best Marketplace</td><td>财务要求相对较高
定期或不定期的披露公司信息
既有跨国企业也有本土企业</td><td rowspan="3">1. 对公司上市没有财务要求
2. 不需要发行人进行定期或不定期地信息披露
3. 不受美国证监会（SEC）的监管</td></tr>
<tr><td>OTCQB
The Venture Marketplace</td><td>上市要求低于 OTC QX
没有财务标准
每年需通过 OTC Markets 的认证</td></tr>
<tr><td>OTC Pink
The Open Marketplace</td><td>没有上市要求
部分企业不公开信息或信息不全
包括部分处在破产边缘的企业</td></tr>
</table>

2. 场外柜台交易系统（OTCBB）

由于在 OTC Markets 上市报价的证券大多存在资质欠缺，信息不对称，信息披露不及时等风险。为了加强场外交易的透明度，1990 年美国交易商协会建立场外柜台交易系统（OTCBB），并将一部分 OTC Markets 的优质股票转到了 OTCBB 市场。OCTBB 市场具有上市标准低，挂牌审批简便，上市费用低廉等第三层次市场的特征。

作为 OTC Markets 主要竞争者，OTCBB 试图在挂牌企业质量上取得竞争优势。在 OTCBB 上市的企业需要满足除市值、最低股价、公司治理以外的 SEC 监管要求，因此其挂牌企业的资质普遍优于 OTC Markets 企业，吸引了部分风险偏好较高的小基金和个人投资者。然而，在美国证券交易委员会加强了对 OTCBB 挂牌企业的监管后，更多优质企业选择将 OTCBB 市场作为登陆交易所的跳板，一旦满足相关条件后便转板至纳斯达克交易所、纽约交易所等交易所市场，OTCBB 市场挂牌企业逐年下降。2014 年全年，OTCBB 市场日均成交量为 587.6 万美元，低于 OTC Markets。

3. 纳斯达克市场（NASDAQ）

纳斯达克市场的建立初衷在于规范美国的场外市场，一度被视为纽约证券交易所（NYSE）的补充。然而，随着纳斯达克的全面化和国际化发展以及向交易所转型，纳斯达克市场保留了其上市标准灵活的特点，因此众多的高科技企业选择到纳斯达克市场挂牌上市，孕育了包括苹果、微软、谷歌在内的美国大型企业，而非美国科技企业也将纳斯达克市场视作他们境外上市的首选。纳斯达克市场逐渐成为全球高科技企业和创新型企业成就梦想，实现价值的摇篮。

目前，按照挂牌企业市值、财务要求等指标的不同，纳斯达克市场内部存在三个不同的层次：纳斯达克资本市场，纳斯达克全球市场和纳斯达克全球精选市场。

（1）纳斯达克资本市场

纳斯达克资本市场（NASDAQ Capital Market），原名纳斯达克小型资本市场（NASDAQ Small Cap Market），致力于为纳斯达克市场上的市值小于 20 亿美元的公司提供融资服务。虽然纳斯达克交易所对挂牌企业的公司治理标准均有严格的要求，包括年报披露、独立董事会制度、审计委员会等，但纳斯达克资本市场的上市标准相对于其他两个层次更低，汇集了大批处于发展早期阶段的新兴企业。在纳斯达克资本市场上市的企业，可以在股权标准、市值标准和利润标准中任选其一，满足后即可申请挂牌上市。纳斯达克资本市场上市挂牌标准参见表4－4。

表4－4 纳斯达克资本市场上市挂牌标准

	股权标准	市值标准	利润标准
股东权益（万美元）	500	400	400
公众持股市值（万美元）	1500	1500	500
经营历史（年）	2		
流通股市值		5000	
年持续经营净收入（万美元）			75
公众持股数量（万股）	100	100	100
持有100股以上的股东人数	300	300	300
做市商数量（家）	3	3	3

当这些初创的公司在纳斯达克资本市场的帮助下快速发展壮大后，往往会选择转至纳斯达克全球市场或纳斯达克全球精选市场，因而纳斯达克资本市场又被视为优质企业的孵化器。截至2014年年底，纳斯达克资本市场上市企业达606家，为更高层次的市场提供了充足储备的同时，也为部分风险偏好较高的投资者提供了充分的投资空间。

（2）纳斯达克全球市场

纳斯达克全球市场（NASDAQ Global Market）于2006年由纳斯达克全国市场（NASDAQ National Market）分立而来，汇集了美国本土以及来自35个国家的大型企业，包括新浪、携程、去哪儿等。截至2014年年底，纳斯达克全球市场上市企业达627家，公司市值在20亿～100亿美元之间。在纳斯达克全球市场上市的企业，可以在股权标准、市值标准、收入标准和总资产/总营业收入标准中任选其一，满足后即可申请挂牌上市。纳斯达克全球市场挂牌上市标准参见表4－5。

表 4－5　纳斯达克全球市场挂牌上市标准

	收入标准	股权标准	市值标准	总资产/总营业收入标准
扣税前持续收入标准（万美元）	100			
股东权益（万美元）	1500	3000		
流通股市值（万美元）		7500		
上年总资产/总营业收入（万美元）				7500/7500
公众持股数量（万股）	110	110	110	110
公众持股市值（万美元）	800	1800	2000	2000
持有 100 股以上股东人数	400	400	400	400
做市商数量（家）	3	3	4	4
经营历史（年）		2		

纳斯达克全球市场的上市标准较纳斯达克资本市场有显著提高，更注重企业资产的质量和规模。纳斯达克全球市场的挂牌企业均为经历过早期发展激烈竞争的大型企业，在各自的细分领域有一定的市场地位，在登陆纳斯达克后吸引了更多的市场关注，有利于企业进一步发展壮大，形成良性循环。

（3）纳斯达克全球精选市场

纳斯达克全球精选市场（NASDAQ Global Select Market）是纳斯达克市场的最高层次，除了需要满足最严格的财务标准和公司治理标准外，还对公司股票的流动性等提出了更高的要求。

纳斯达克全球精选市场汇集了大量全球著名的高科技企业，如苹果、谷歌、微软、亚马逊、特斯拉等。截至 2014 年年底，纳斯达克全球精选市场上市企业达 1549 家，公司市值均在 100 亿美元以上，被视为世界知名企业的俱乐部。纳斯达克全球精选市场挂牌上市财务标准参见表 4－6。纳斯达克全球精选市场挂牌上市流动性标准参见表 4－7。

表 4-6　纳斯达克全球精选市场挂牌上市财务标准

	标准 1	标准 2	标准 3	标准 4
税前持续经营收入（美元）	前 3 个财年总和大于 1100 万美元，且每年均大于 0，且前 2 个财年每年均大于 220 万美元			
现金流		前 3 个财年总和大于 2750 万美元且每年均大于 0		
总市值（美元）		前 12 个月平均市值大于 5.5 亿美元	前 12 个月平均市值大于 8.5 亿美元	1.6 亿美元
营业收入（美元）		前一个财年大于 1.1 亿美元	前一个财年大于 9000 万美元	
总资产（美元）				8000 万美元
股东权益（美元）				5500 万美元

表 4-7　纳斯达克全球精选市场挂牌上市流动性标准

流动性要求	IPO 及衍生企业	再融资企业	联营企业
持有 100 股以上股东人数	450	450	450
或	或	或	或
股东总人数	2200	2200	2200
或		或	或
股东总人数及 12 个月月均成交量（美元）		550 万及 150 万	550 万及 150 万
公众持股数量（万股）	125	125	125
公众持股市值（美元）	4500 万	11000 万	4500 万
或			
公众持股市值及股东权益		1 亿及 1.1 亿美元	

说明：纳斯达克全球精选市场挂牌上市要求需满足任意一个。

（二）新三板市场分层制度管理具备的条件

首先，目前新三板挂牌公司的总数已经达到2400多家。根据目前的发展速度及制度完善后带来市场规模的大幅度增长，到2015年年底，预计会达到4000家，明年会达到7000家，后年会突破10000家。随着挂牌公司数量的快速增加，投资人队伍不断扩大，只有数量的增长而没有质量提高的市场不是一个健康可持续发展的市场。因此，市场流动性的提高是一个亟待解决的难题，也是市场发展的内在必然要求。

其次，随着市场规模不断扩大，挂牌公司品质参差不齐，表现出明显的差异，主要表现在：一是财务指标分化。Wind数据显示，新三板企业经营状况及财务指标分化较大。根据2014年年中报，新三板公司中营业收入排名前十位的公司平均营业收入为182404.69万元，平均净利润为651.28万元，而营业收入排名后十位的公司平均营业收入为24.83万元，平均净利润为－774.75万元；新三板公司中营业收入排名前五十位的公司平均营业收入为69397.81万元，平均净利润为2381.54万元，而营业收入排名后五十位的公司平均营业收入为106.74万元，平均净利润为－345.25万元，两者相差巨大，财务指标分化十分严重。二是流动性分化。截至目前，通过协议转让的新三板挂牌公司共计1917家，月成交量为2.33亿股；而有做市商的新三板挂牌公司共有205家，月成交量为2.93亿股，在投资标的显著较低的背景下，做市股的交投相对更加活跃。做市商制度的实施有效提高了新三板的成交量，但做市股和协议转让股流动性的显著分化使得分层管理的需求更加突出。三是市值分化。由于新三板上市门槛较低，公司经营水平高低不一，在经过一段时间的发展后，新三板挂牌企业市值出现显著分化，差异水平显著高于沪深两市挂牌企业。

表 4-8　新三板企业市值差异与沪深两市企业市值差异对比

	前十家平均	后十家平均	差异倍数
新三板	96.07	0.06	1715.50
沪深交易所	10539.33	16.35	644.79
	前五十家平均	后五十家平均	差异倍数
新三板	38.31	0.15	261.66
沪深交易所	3640.91	19.71	184.72

最后，新三板的主要制度框架已经建立起来了，特别是股票交易制度的制度创新为实施市场分层管理奠定了制度基础。根据目前新三板的股票交易，股票交易制度分为三种交易方式，即协议转让、做市商交易，以及即将要推出的集合竞价交易制度。三种交易方式的制度安排就是针对具有不同品质的企业设计的，为新三板实施市场分层制度创造了制度条件。

（三）新三板的市场分层制度设想

参照美国场外市场分层管理经验，结合新三板的市场现状以及未来发展方向，我们认为新三板可以尝试分为四个层次：

第一层，协议转让市场。协议转让市场与 OTC Markets 类似。目前，新三板挂牌企业大部分通过协议转让交易，其数量占新三板企业总数的90%以上。通过协议转让的企业，其规模普遍较小，盈利能力较弱，流动性较差。这也充分体现了新三板服务小微、初创和高科技企业的特点。将协议转让公司分隔出来可以有效地保护处于起步阶段的企业，同时也为做市商提供了充足的做市企业储备，有利于发挥做市商的价值发现功能，还有利于满足那些高风险偏好的投资人（包括机构投资者与个人投资者）进行高风险的投资。

第二层，做市转让市场。引入做市商制度是新三板交易制度的一大突破。目前，拥有两家以上做市商的新三板挂牌企业即可通过做市转让系统交易，不仅可以有效地预防单一做市商对公司股票价格的操纵，还有利于引入竞争，降低交易成本。从美国市场经验来看，将做市转让公司分隔出来，可以更好地发挥做市商的价值发现，维护股票价格稳定，改善市场流动性，吸引更多投资者和上市企业等功能。我们认为协议转让公司的价值被市场和做市商充分挖掘后转入做市转让市场，可以提高企业的流动性和知名度，符合挂牌企业自身的利益。同时，投资者也能利用做市商给出的报价和披露的信息对公司进行合理的估值。

第三层，竞价转让市场。相对于做市商制度，连续竞价制度有利于降低交易成本，可以充分反应股票信息，防止股价操纵，更好地保护投资者的权利。从资本市场的发展历程来看，做市商制度发展成熟后一般会向连续竞价制度转变，同时场外交易市场也将会向交易所转变。

第四层，新三板全球市场。考虑到我国资本项下开放的路径选择，我们不妨考虑设计一个新三板全球市场。让全球优秀创新企业也到新三板来挂牌融资。这个市场的交易制度可供考虑的市场选择是做市商交易和集合竞价交易制度。市场的准入门槛相对于国内企业的准入门槛可以适当地提高。

四、新三板的“转板制度”构想[①]

目前，市场对于新三板“转板制度”的推出可谓翘首以盼，呼声不绝于耳，监管部门也在多次表示，要择机推出新三板的“转板制度”。全面正确认识新三板的“转板制度”，对于挂牌公司通过“转板”而实现融资具有重要意义。为此，我们需要认识和了解的是：“转板”的内涵是什么？新三板推出“转板制度”的必要性和重要性是什么？美国证券市场“转板制度”对新三板的借鉴意义有哪些？新三板“转板制度”实施的前提条件是什么？挂牌公司“转板”设定的具体条件应该是什么？

① 此处的“转板”，严格地讲，是指从证券场外市场转到交易所市场上市的一种证券上市制度安排。

（一）“转板制度”的内涵

“转板”是指企业作为资本市场的融资需求方，根据自身的发展情况和证券市场挂牌上市的具体要求，自主地选择或者被迫地在不同层次资本市场上进行流动转换。“转板”的最大特点，就是不再通过首次公开发行股票的方式到交易所上市，其具体含义是指，已经在“新三板”挂牌的企业，当其已经符合更高层次资本市场的上市条件时，若不涉及股票发行，即可自愿向交易所提出上市申请，经由交易所审核并满足上市的其他条件之后，无需经过证监会发审委的审查程序，就可在申请的交易所上市交易。因此，新三板的“转板”特指从较低层次的资本市场转到较高层次的资本市场。“新三板”的“转板”是从场外交易市场转入场内交易市场，从只能公开转让和定向发行股票并且设有投资者适当制度的市场转入可以向所有社会投资者公开发行的场内交易所，作为转板主体的企业从非上市公众公司转板成为上市公众公司。

（二）新三板推出“转板制度”的必要性和重要性

首先，转板机制的存在是多层次资本市场发展的内在要求。多层次资本市场存在的内在机理在于为处于不同发展阶段的企业提供相应的融资平台，满足企业的融资需求。对于同一企业而言，不同的发展阶段需要有不同的融资平台与之相对应。当企业处于初创阶段，可以到场外市场去融资[①]，当企业成长到一定规模，能够达到场内市场标准的时候，可以到场内市场去公开发行上市融资。转板机制的建立，就是为企业在不同发展阶段到不同的市场融资建立起一种机制，这种机制的建立会降低企业的融资成本，包括显性的财务成本和隐性的机会成本。因此，转板是企业成长对

---

① 场外市场包括私募股权资本市场。

资本的一种内生性需求。从宏观层面看，允许企业转板，场内市场的发展才有了源源不断的市场资源，场外市场的发展才会有强大的动力，并发挥其作为交易所上市公司“后备军”和“孵化器”的作用。

其次，转板制度可以弥补我国证券发行制度非市场化给企业上市带来的高成本和高风险。从中国目前现实的证券发行制度安排来看，企业到交易所市场上市融资是一个极其复杂的系统工程，时间太长，程序复杂，面临极大的不确定性，IPO 的风险太大。对于那些急于想融资发展的中小型企业而言，严重影响企业的发展。挂牌公司经过了“新三板”这个全国性场外交易市场的培养，通过公开转让和定向发行的审核，已经具备了明显的公众性，能够规范地按照公开市场的规则运行，因而在实质上更接近符合高层次资本市场的要求和标准。因此，在企业通过挂牌“新三板”发展成熟并符合交易所的上市条件时，可免去 IPO 的复杂程序，无需证监会的发行审核，即可直接向交易所申请转板上市。这样一套发展路径，符合企业在不同阶段的发展需求，并能够借助“新三板”的力量，解决发展过程中的现实资金需求，追寻未来到交易所上市的美好前景，真正发挥多层次资本市场对于企业成长的促进作用。

最后，转板制度有利于提高市场主体参与新三板的积极性。

严格意义上的新三板，由于发展时间不长，各方面的制度安排还不是很完善，因此从根本上还没有解决市场的流动性问题。不管是拟挂牌公司，还是投资人，以及市场各方参与主体，都还在对未来市场的发展持观望态度。转板制度的推出，有利于打消市场参与各方的顾虑。主板市场具有更高的股价和市盈率，转板制度的建立，会给企业带来将来直接上市的预期，增加了企业到新三板挂牌的积极性。并且，转板制度也给投资者创造了通过主板上市进行套利的机会，较好的投资前景和高回报也能够激发创业投资者进入新三板市场的热情，提高新三板的活跃度，带来新三板市场的繁荣。

（三）美国证券市场的“转板制度”对新三板的启示

美国资本市场作为全球最发达的证券市场，由于其完善的制度安排和设计为全球资本市场所效仿。在转板制度方面也不例外。美国资本市场的转板制度包括两个方面：一是从 OTCBB 转板至 NASDAQ；二是纽交所的转移上市规定。

1. 从 OTCBB 转板至 NASDAQ

OTCBB 的挂牌条件：对于资产和收入没有提出要求，有健全的财务报表；申报文件和财务报表须经律师、会计师审定并签名；至少有一家做市商为其报价；上市前公司需要有一定的股东基础和向 NASD 和 SEC 进行财务披露。该市场是登记制，不存在行政审核门槛。

纳斯达克资本市场的首次上市标准有三个：资产标准、市值标准和净利润标准。以上三个标准比较，有以下相同要求：公众持股量 100 万股以上；股东（包括持 100 股以上的批量持股股东）300 人以上；3 家以上做市商；投标价格 4 美元以上或者收盘价格 3 美元以上。以上三个标准，其不同要求有：资产标准——符合公司治理要求，股东权益（净资产）500 万美元以上，公众持股市值 1500 万美元以上，运营年限 2 年以上；上市股票市值标准——股东权益（净资产）400 万美元以上，公众持股市值 1500 万美元以上，运营年限无要求，上市股票市值 5000 万美元，根据解释，该标准适用于转板的企业，该标准的注释特别强调：对于只能够满足此股票市值标准的企业，必须符合上市股票市值达到 5000 万美元，且上市前连续 90 个交易日满足投标价格要求；净利润标准——股东权益（净资产）400 万美元以上，公众持股市值 500 万美元以上，运营年限无要求，持续经营所得净利润（最近的财政年度或者最近 3 年之内的 2 个财政年度）75 万美元。

通过以上的比较，可以初步总结出：其一，转板上市前的市场——

OTCBB 没有财务要求，挂牌条件较低；其二，企业转板上市前必须通过在 OTCBB 市场达到一定的公众持股量和股东人数，获得投资者的认同；其三，转板上市的要求与 NASDAQ 本身的上市条件一样，并未降低要求，但比较灵活。比如，若持续经营满 2 年，且股东权益又能达到 500 万美元和 1500 万美元，就不再有净利润的指标；若已在其他全国交易所上市，就仅有上市股票的市值要求，而没有经营期限和净利润的要求。

2. 纽交所的转板规定

纽交所对于其他市场挂牌交易的股票申请转移至纽交所上市有专门规定。其《上市规则》将“转板”称为“Companies Listing in Connection With a Transfer or Quotation”（以下简称转移上市）。在转移上市的程序上，申请前述股票在纽交所上市交易，必须先向美国证监会进行注册，以满足《1934 年证券交易法》关于公开转让股份的注册要求（不同于股票承销发行的注册）。注册生效并经纽交所的批准后，相关股票方可在纽交所上市。

在转移上市的条件上，申请以转移上市方式登陆纽交所，发行人需满足上市条件与 IPO 上市基本相当，主要包括股权分布最低要求、公众持股总市值最低要求以及财务指标要求。除上述客观的最低数量标准外，纽交所还会考虑其他相关因素，如公司是否为持续经营企业或持续经营企业的继受实体、公司在美国全国范围的知名度、公司产品的市场特征、公司的相对稳定性和公司在行业中的地位等。同时，纽交所还会关注股东表决权、控制权和关联方交易等公司治理事项。

（四）新三板“转板制度”实施的前提条件

在新三板实施转板制度，不仅仅是新三板的制度创新，它也是中国多层次资本市场体系的制度创新，需要满足一定的前提条件，这些前提条件包括：①突破现有法律上的障碍；②新三板要具备推出转板制度的市场基础；③完善新三板现有的制度框架。

1. 突破现有法律上的障碍

境外成熟资本市场的证券法规都对场外交易市场有所规定，对于转板上市的规定也有所提及。面对场外交易市场大举扩容的现实发展，我国的《证券法》也应当在法律的层面相应增加关于场外交易市场以及转板上市的规定。按照国际惯例的做法，转板制度在交易所股票市场规则里都有相应的对接规定。因此，交易所市场的《上市规则》需要增加关于转板上市的相应规定。新三板转板制度的引入，在法律规则层面的最大障碍在于："《证券法》和深沪交易所的《上市规则》都将股票已公开发行"作为上市条件，但新三板的股票发行不是公开发行，而是定向发行。一种可供考虑的思路是：在现有规则的基础上，对新三板"公开转让"在性质上等同于交易所市场的"公开发行"进行合理的解释。

根据《证券法》第十条第二项的规定，公开发行分为三种情形，"向不特定对象发行证券；向特定对象发行证券累计超过二百人的；法律、行政法规规定的其他发行行为"。非上市公众公司在"新三板"的公开转让，实质上属于老股的存量发行，转让的公开性、转让对象的不特定性、转让可超过二百人这三个之中的任一特征都能够符合公开发行的情形，因此从这个角度讲，可以解释为公开转让符合《证券法》中关于公开发行的认定的情形。按照《非上市公众公司监督管理办法》第三十四条、三十五条的规定，公司向社会公众转让其股票，应申请中国证监会的核准；中国证监会受理申请后，依法对公司治理和信息披露方面进行审核，做出是否核准的决定，并出具相关文件。这样的规定和实践可以得出，视同为公开发行的公开转让，也已经取得了相应的审核，也就符合《证券法》"股票经国务院证券监督管理机构核准已公开发行"的规定。以上解释的核心在于对"公开发行"的界定。一般而言，都认为上市股份的唯一来源就是由企业公开发行获得，强调的是发行的行为，其实不然。若是公司股票通过法定的程序在市场上被公开持有，实质上也取得了与公开发行一样的效果。这就反映为公众持股比例的状态，达到一定的公众持股比例，就具备了股票上市流动在数量和分布上的条件，也就客观上实现了公开发行。但解释能否最终可行，关键在于监管机构的态度；一时的解释，也不能解决根本问题。我们认为，最终的解决办法，可以借鉴境外的做法，在上市条件方面，不再由《证券法》做出具体统一规定，而是由深沪交易所自行做出规定。如此一来，既能赋予交易所的上市审核权，真正落实交易所的独立性，也能使上市更加灵活化和市场化。相应的，深沪交易所的《上市规则》也应当做出修改，“已公开发行”不再是上市的条件，而是通过规定申请上市公司的社会公众持股比例标准来实现，同样能够保证股票上市关于股份数量和分布的要求。

2. 新三板要具备实施“转板制度”的市场基础

新三板实施转板制度的市场基础是：首先，新三板本身要健康发展，良性运行，这是基础，是前提条件。从中国多层次资本市场体系的角度出发，要明确新三板的市场定位，是为创新创业型企业提供资本市场服务的，它不是为成熟企业提供资本市场服务的。它不是交易所市场的附属市场，更不能把新三板完全定位为交易所市场的过渡性市场，它是一个完全独立的证券市场。只有在新三板健康发展的前提下，才可能为交易所市场提供源源不断的市场资源。离开了这个前提和基础，来谈新三板的转板，只能是无源之水，无本之木。其次，挂牌公司要实现转板，需要满足场内市场的挂牌条件，这种条件不仅仅指财务指标，同时也包括流动性、公司治理结构等综合性的要求。但从新三板目前挂牌公司的整体质量来看，能达到要求的企业少之又少。比如在 2014 年的挂牌公司中，能够满足公众公司股东人数 200 个的公司只有 12 家，不到挂牌公司总量的 1%。从 2014 年 1572 家挂牌公司中，股东人数在 50 人以下的公司占了 90% 以上。其中，2 个股东的公司有 146 家，占了 9%；3 人到 10 人股东的公司有 669 家，占 43%；11 人到 50 人的公司 596 家，占 38%。以上数据反映出，新三板挂牌公司的整体素质不高，能够达到转板要求的企业不多。因此，推出转板制度的市场基础还有待进一步夯实。

3. 完善新三板现有的制度框架

新三板的转板制度需要建立在真正市场化的制度框架基础之上。转板制度的目的在于建立一种市场化的通道，满足新三板挂牌企业不断成长对企业资本的需求。从现有框架来看，投资人适当性管理制度的完善迫在眉睫。降低投资人准入门槛，扩大投资人队伍，增加挂牌公司公众的持股数量是帮助挂牌企业完善公司治理结构的必经之路。场内市场对公众持股人数和持股市值有较高的要求，目前新三板挂牌公司公众持股人数和持股市值离场内市场的要求相去甚远。因此，首先要降低投资人的准入门槛，这是解决此问题的必要前提条件。其次，需要尽快推出新三板的退市制度。一个健康持续发展的场外市场，不仅要有低市场准入门槛，而且也应该有市场化的退市制度。资本市场本来就是一个优化资源配置的市场，只有准入机制而没有淘汰机制的市场是与这个市场的基本功能相违背的。退市制度的实施会给挂牌公司施加市场化的压力，迫使挂牌公司不断完善公司治理结构，不断夯实管理基础以适应资本市场投资人对挂牌公司价值创造的要求。这样会整体提高挂牌公司的质量，不断催生创新企业向更高层次的资本市场进军。最后，尽快推出市场分层管理制度，为转板制度奠定市场基础。按照前述市场分层管理制度的设想，新三板分为四大层次的板块：协议转让市场、做市转让市场、竞价交易市场，以及新三板全球市场。为了有效实施转板制度，首先需要在新三板内部的三大板块（协议转让市场、做市转让市场、竞价交易市场）市场之间建立有效的转板机制，真正满足创新企业随着自身不断成长在不同层次市场的融资需求，为企业从场外市场转入场内市场积累源源不断的市场资源。

（五）新三板转板制度构想

新三板的转板制度从两个层面考虑：一是新三板内部的转板，即挂牌公司从较低层次的板块向较高层次的板块转板；二是从新三板转到交易所市场，即从场外市场转到场内市场。第一个层面的转板需要建立在内部分层管理的基础上。我们在此讨论第二个层面的转板。由于新三板的定位是为创新创业型企业提供资本市场服务，因此新三板转板应该首先明确是转到场内市场的哪个板块：一种可供参考的思路是各大板块都可以，只要符合场内市场各大板块的上市条件即可；另外一种思路是只转到创业板，因为这样与新三板的定位相吻合。如果符合场内市场各大板块的上市条件都可以转板的话，其可能的前提条件应该是市场化注册制的真正实施。因为，如果按照目前场内市场各大板块在核准条件下的上市标准，符合场内市场的新三板挂牌企业少之又少，转板制度的实施会失去意义。但目前注册制度的实施还需假以时日，因为，按照目前的注册制改革方案，没有三五年的时间是不能真正落地的。因此第一种思路的可能性不大。可供考虑的思路是在创业板特设一个板块，为新三板转板企业开设一个专门的证券市场，为转板找到一个有效的切入点，这也符合新三板和创业板的市场定位。从具体的设定标准来看，新三板的转板制度需要考虑到以下几个方面：一是需要满足创业板上市的财务标准；二是需要考虑到对转板企业的公司治理结构要求；三是要考虑到对转板公司的流动性要求。根据以上设定标准，我们可以把新三板的转板制度作如下构想：

（1）发行人是依法设立且持续经营 3 年以上的股份有限公司，有限责任公司按原账面净资产折股整体变更为股份有限公司的，持续经营期限可以自有限责任公司成立之日起计算。

（2）转板前需要至少两年连续盈利，且两个会计年度的盈利需要达到 1000 万元以上；或者，转板前一个会计年度的盈利至少需要达到 500 万元以上；或者，最近一个会计年度的营业收入至少达到 5000 万元以上，且最近两年营业收入的增长率不低于 30%。

（3）最近一期净资产不低于 2000 万元，且不存在未弥补亏损。总股本不低于3000万股，流通股不低于总股本的25%。

（4）股东总人数不低于300人，公众持股人数在100人以上。

（5）公司总市值不低于3亿元，公众持股市值不低于7500万元。

条件1、2、3是财务标准，条件4是对转板企业公司治理结构方面的要求，条件5是对转板公司流动性的要求。

第五章

企业到新三板挂牌的作用

一、证券化公司价值

评估公司价值的方法很多，最常见的有两大类：一是投资价值法，或市场价值法，简称市值法；二是账面价值法。不同的评估方法运用不同的市场融资环境。投资价值法运用证券化融资，即企业进行私募股权融资、新三板挂牌或 IPO 融资时运用①。账面价值法一般运用于商业银行债权融资，即商业银行通过对企业可供抵押担保资产的价值评估，以此确定企业账面价值的高低，从而确定债权融资规模的大小。但在以间接融资为主的金融市场环境里，企业即使进行股权融资，人们也习惯于用此价值评估方法来评估公司价值。一般说来，账面价值法很难真实反映公司价值。

投资价值法是证券市场的投资人通过对企业未来价值的预期以此来确定企业价值的大小，也就是证券市场的投资人对企业未来价值的预期。很明显，投资价值法关注企业的未来，即企业未来能够给投资人产生多大价值。具体计算方法是：公司价值 = 净利润 × 市盈率（P/E）。净利润有两种衡量方法：一是以企业在融资前的上一个会计年度已经实现的净利润为估值基础；二是企业在未来一定时期内预期可以实现的净利润。运用第一种方法计算出来的公司价值叫投资前估值，运用第二种方法计算出来的公司价值叫投资后估值。一般说来，较为成熟的公司在进行私募和公募融资时

① IPO 是企业首次公开发行股票的英文缩写，即 Initial Public Offerings。

用投资前估值，而较为早期的公司在进行私募和公募融资时用投资后估值。用预期利润对公司进行估值，能充分体现公司价值和创业者的价值。大多数创业公司在融资时偏好用这种方法。

一家创业公司在2014年经审计后的净利润是800万元人民币，预计2015年预期净利润能达到2000万元人民币。如果投资人投资2000万元，应占多大的股权？很明显，如果这家企业在2015年上半年进行融资时用2014年已经实现的净利润为基础来进行估值的话，公司的价值有可能被低估，创业者的价值也不能得到充分体现。这时，创业者更愿意用预期净利润来进行估值。如果这家企业计划在2016年上半年（第一季度）到新三板挂牌，新三板的平均市盈率（P/E）为25倍。这家企业在2015年第一季度进行私募融资，在此用不同的净利润为基础进行估值。如果用2014年已经实现的净利润为基础进行估值，投资人可以接受的市盈率大概为12倍，其结果是：800万元×12＝9600万元。9600万元为投资前估值，投资人所占的股权比例为：2000/（9600＋2000）＝17.2%。如果用2015年预期的2000万元净利润来估值，投资人可以接受的市盈率大致为7倍，其结果是：2000万元×7＝14000万元。14000万元为投资后估值，投资人所占的股权比例为：2000/14000＝14.3%。两种结果相比较，创业者当然更愿意用预期净利润进行估值。但预期净利润具有不确定性，投资人会采取相应措施来降低投资风险。通常的做法也就是用“可调整股权”的方法，即所谓采取和融资方签订“对赌条款”来降低风险。如果融资方2015年经审计的净利润实现了预期，就按照14000万的公司价值股权比例保持不变。如果没有达到预期的2000万元净利润，就要对估值进行调整，即投资人要么提高股权比例，要么降低投资款。

市盈率又称股份收益比或本益比，是股票市场价格与每股收益的比值，其计算公式是：市盈率＝（当前每股市场价格）/（每股税后利润）。如一只股票的价格为10元，而每股收益是0.5元，那么这只股票的市盈率为20倍。在此，我们需要搞明白市盈率的经济含义。市盈率的经济含义有三层：其一，表明投资回收期时间的长短。由于市盈率把股票的市场价格与企业盈利能力联系起来，所以，在企业股票价格不变的情况下，企业盈利能力越强，市盈率会越低。这表明投资人收回投资的时间会越短，反之则长。其二，表明投资人认可公司持续发展时间的长短。在股票价格一定的情况下，企业每股收益越低，投资回收期的时间就会越长，投资人所面临的投资风险也就越大。因此，如果一家公司具有很好的成长潜力，投资人就愿意花高成本来购买公司的未来。其三，表明风险的高低。市盈率越高，投资回收期时间越长，未来的不确定性因素也就越多，面临的风险也就会越高，反之则低。

账面价值法，是投资人根据企业过去经营所形成的总资产或净资产的多少来对公司进行估值。账面价值法是一种会计的方法，是一种历史的方法，关注的是企业的过去，即看企业过去经营所形成的资产。由于中国的金融市场结构是以间接融资为主的，直接融资所占比重较低①，因此企业家对直接融资渠道不太了解，在对企业融资和投资的时候，往往习惯于采取账面价值法对企业进行估值。但“投资”不是投过去，不是投现在，而是投企业的未来，即企业未来能给投资人带来多大的价值。简言之，我们过去往往在用衡量企业账面资产的方法来衡量企业未来的价值。这种价值评估方法没有看到“投资”的本质，没有看到货币的时间价值以及所对应的风险，不能真正体现创业公司和创业团队的价值。

在2013年12月举办的一次新三板论坛上，在问答环节，有位企业家朋友曾经问我两个问题：其一，他的朋友要给他的企业投资5000万元，占多大股权比例；其二，如果这个价格不合适，采取什么方法把企业卖一个

---

① 金融市场的融资方式分为两大类，一是直接融资，二是间接融资。直接融资是指企业通过证券市场进行融资的方式，间接融资是指企业通过银行进行融资的方式。在目前的中国金融市场结构中，间接融资所占的比重较大，在70%～80%之间，而直接融资的比重只有20%～30%。

好的价格。经过了解，我们得知这家企业做LED照明产品，自己拥有一定的技术开发能力和生产能力，并且市场做得不错，现在要进一步扩大产能，但企业自己的资本不足，要进行融资。他的一个做房地产的朋友想给他的企业投资5000万元，并希望占49%的股权。这家企业2013的基本财务数据如下：净利润可以达到1000万元，净资产5000万元左右。他朋友给他投5000万元占49%的依据是这家企业的净资产5000万元，如果他投资5000到企业，企业的净资产就达到10000万元，新的投资就占50%。考虑到他朋友是企业创始股东，让创始股东控股。因此，投资人投资5000万元占到49%的股权。像这种投融资估值的方法，不是个别现象，而是普遍现象。这是典型的用账面价值法来对企业未来价值进行评估。作者当时给这位企业家朋友给了如下建议：企业融资时机很重要。如果他不是特别着急用钱，就不要在这个时候融资。先让企业到新三板挂牌，然后再让他的朋友在企业定向增发的时候，把钱投到企业。那么此时他朋友投5000万元，能占多大的股权比例呢？如果按照新三板2013年的平均市盈率20倍来对企业进行估值，其企业价值为：1000万元×20＝20000万元。投资人投资5000万元所占比重为：5000/（20000＋5000）＝20%。以上结果差距很大。如果按账面价值法进行估值，投资人要占49%。如果企业到新三板挂牌后再让投资人投资，只占20%。如果按投资价值法估值，在2013年年底进行融资的话，投资人可以接受的市盈率大致为10倍。因此，公司投资前估值为：1000万元×10倍＝10000万元。那么投资人投资5000万元，所占比重为：5000/（10000＋5000）＝33.3%。

通过对两种不同的公司价值评估方法的了解，以及通过案例比较两种不同的融资方法，可以看出，传统的账面价值法极大地低估了公司价值，没有反映出公司的真实价值。而只有投资价值法才具有价值发现的能力，真正体现了公司价值，同时也体现了创业者的价值。之所以出现这样的情况，是因为中国的金融市场结构长期以间接融资为主，大家对传统的账面价值法比较了解，对以直接融资为主的投资价值法不熟悉。因此，错误地用账面价值法来对企业未来的价值进行评估。企业通过走进新三板，或资本市场，证券化公司价值，使企业价值得以体现，真正体现创业者价值，更能激发创业者的创业积极性，激发全民的创新意识，有利于实现李克强总理提出的“全民创新，大众创业”的目标。

二、提高公司股权的流动性

新三板作为专门为创新创业型企业服务的证券市场，是一个公众的股权交易场所，是一个公共的股权交易平台。到新三板挂牌的企业是公众公司。公众公司意味着企业资本来源于公众化、治理结构完善、管理规范以及财务透明。企业到新三板挂牌，是在一个全国性的股权交易市场进行股权交易，股权交易的对象和范围扩大了，股权交易成功的概率增大了。企业通过股权交易，一方面实现了企业融资，解决了企业的资本需求问题，另一方面提高了企业股权的流动性，降低了投资人股权流动性的风险。股权的流动性是指股权变现的快慢和强弱。股权流动性增强，股权的流动性风险降低，会给企业带来什么好处？投资人在给创新企业投资的时候，关注三个方面的问题：一是投资的安全性，即投资能否如期收回，这是首要的问题；二是流动性，流动性是指股权变现能力的强弱，即股权是否能够及时变现；三是收益性，即投资收益的高低。变现能力强弱直接关系到投资风险的大小和投资收益的高低。企业到新三板挂牌，降低了投资人的流动性风险，具体的含义是指：其一，企业到新三板挂牌，为投资人提供了便捷的退出通道。PE 投资人把资本投入到企业，退出方式主要有以下几种：一是上市（IPO）或挂牌，即企业通过上市（IPO）或到新三板挂牌实现股权的变现退出；二是大股东回购。通过大股东把投资人的股权买回去以让投资人的股权实现退出；三是股权转让，即被其他的投资人并购实现退出；四是管理层收购（MBO）；五是清算。在这几种方式里面，对投资人来讲，吸引力最大的，或者投资收益最高的退出方式无疑是上市或挂牌。以前没有推出新三板的时候，PE 投资于创新企业，创新企业需要到中小板或创业板上市才能实现退出。由于交易所市场的证券发行制度实施核准制，上市需要排队，企业上市就犹如千军万马过独木桥。于是，企业就通过各种正当或非正当的手段上市。对于 PE 投资人来讲，场内交易市场没有一个较为便捷的退出通道。新三板基本实行市场化的证券发行方式，以信息披露为主的准入制度为创新创业型企业进入资本市场提供了方便，为投资人实现股权转让和退出提供了便捷的通出通道。其二，投资人投资退出时间短，流动性大大提高，投资风险降低。根据目前新三板交易制度安排，除了公司的最大股东（实际控制人）对股票的禁售有“两年三批”① 的转让限制外，其他投资股东的退出目前是没有任何限制的。从理论上讲，PE 投资人在公司启动新三板挂牌时或在股份制改革时把风险资本注入到创新企业，挂牌当天就可以转让股权，这个时间长度最短的只有半年的时间。如果创新企业表现良好，有转板的预期，投资人可能会选择在交易所市场一个比较好的时间退出，这个时间差不多也就三年的时间。相对于交易所市场的退出通道和时间，新三板流动性大大增强了。由于企业到新三板挂牌，公司股权的流动性增强，投资人的流动性风险大大降低，投资人就愿意在企业挂牌前把风险资本投入到企业里面，解决企业挂牌前的融资需求。

以上是从微观企业角度看企业到新三板挂牌提高股权流动性，从而给企业带来的好处。如果从整个宏观市场的角度来看新三板，新三板的推出为私募股权资本提供了有效的退出通道，成为推动私募股权资本市场发展最重要的市场和制度因素。以往中国的风险投资业不能得到很好的发展，

---

① 实际控制人在公司挂牌当天可以转让持有股份的三分之一，满一年以后再转让所持股票的三分之一，满两年以后再转让所持股票的三分之一。简言之，实际控制人可以在两年的时间完成退出。

不能有效地对创新企业提供资本支持，其中一个最重要的因素就在于没有为创新资本提供市场化的退出通道。美国的风险投资之所以在全球最发达，是因为美国的NASDAQ为创新资本提供了有效的退出通道。由于风险资本退出通道比较通畅，对创新企业进行投资的私募股权资本市场就会迅速扩大，科学技术的产业化就有了金融市场基础。到目前为止，虽然新三板还有这样或那样的不足，但它的制度创新能力已经得到市场的初步验证，许多风险资本已经开始大规模地进入新三板。在不远的将来，我们深信，新三板将会成为聚集中国风险资本的最佳资本市场。

三、完善公司治理结构

企业到新三板挂牌，可以通过强制性的外部市场力量帮助企业完善公司治理结构，真正建立起现代企业制度。现代企业制度的核心含义就是指企业具备较为完善的公司治理结构。

当企业是小作坊和小规模的时候，老板既是投资人，同时也是管理人。“投资人”和“管理人”合二为一是中国民营企业在创业阶段的显著特征。企业在此阶段，老板有动机和激励来管理好公司，不存在公司治理结构问题。因管理幅度不大和管理难度不大，老板在此阶段也有能力管理好公司。但当企业走过创业阶段，发展到一定程度和规模的时候，两大问题会凸显出来：一是企业的资本不够用，需要引进外部投资人；二是自己的管理能力不够，需要引进专业或职业的管理团队。当外部两股力量进入公司，又会存在两大突出问题，一是如何重新配置公司权力？二是如何重新分配公司利益？公司小规模的时候，老板一个人做决策，不仅仅形成了固有的思维习惯和决策习惯，而且也习惯了自己一个人拥有全部公司权力，所有大大小小的决策都由自己说了算。现在企业要做大做强，自有资本不足，需要引进外部资本，引进外部资本就需要与外部投资人一起分享公司权力，即采取共同决策或民主决策的方式。但对老板来讲，改变思维方式和决策方式不是件容易的事情，甚至是极其困难的事情，对那些商业认知不足，不知道什么叫现代企业制度的老板而言，犹如进行一场真正的革命。另外，当企业发展到一定程度和规模的时候，管理的幅度和难度增加，企业家的管理能力已经不能适应企业发展的要求。要想做大做强企业，需要引进专业或职业的管理团队。当专业或职业的管理团队进入公司，一方面需要对他们进行有效的监督约束；另一方面，仅有监督和约束还不能完全解决全部问题，需要对管理团队进行高效的激励。简言之，科学的决策机制、有效的监督约束机制和高效的激励机制是企业做大做强的基本前提。公司的顶层制度安排和设计对创新企业的发展壮大是至关重要的。但企业家惯有的思维方式和决策方式、对权力的控制，以及其自身知识、视野及管理能力的不足，很难处理和解决好公司的权力配置和利益分配问题。曾经有一个调查得出结论，中国的民营企业是短命的。第一次调查得出的结论是，中国民营的平均寿命不到3年，第二次调查得出结论是，中国民营企业的平均寿命不到5年，最近一次的调查得出的结论是中国民营企业的平均寿命又不到3年。有的经济学家和管理学家认为是民营企业家的管理能力不够。笔者认为，管理能力不够是其中一个方面的原因，但更深层次的原因是公司顶层制度安排和设计的认知、能力的不足。首先，民营企业家并没有认识到个人决策在公司发展到一定程度会对公司未来发展造成阻碍。决策的思维和行为惯性会使企业家即使在企业发展到一定程度和规模的时候依然沿用小作坊式的决策和管理方式，其思维模式和决策模式不会随着环境的变化而做出相应的调整。其次，中国的传统文化本质上是“皇帝文化”。在一个组织里，人人都喜欢当拥有最高权力的人，即“皇帝”，因为皇帝受人崇敬和崇拜。中国传统文化里没有民主决策的基因，没有形成协商的文化氛围。因此，在一个组织里，一旦谁拥有了最高权，他就很难再适应民主的思维方式和决策方式。最后，大多数民营企业投资人和管理人合二为一的特征显著，这导致企业家专业化和职业化的管理能力不够，投资人对管理团队的监督约束机制和激励机制不能很好地进行安排和设计。

根据制度经济学的理论，一旦一个人或组织的思维和行为驶进了某种轨道，就会形成固有的思维或行为惯性，具有“路径依赖”的特性，自己很难做出改变。除非有一种外部力量，让他意识到非改变不可的地步，因为不改变就会付出极大的成本。对于企业来讲，这种成本有可能导致企业做不下去直至企业倒闭为止。在当下民营企业融资举步维艰的今天，民间借贷或高利贷市场已经让众多创业者知道了“不借高利贷是等死，而借了高利贷是找死”这句话的深刻含义。在创业企业还没有达到银行贷款融资的条件下，走规范的股权融资道路就是企业必然的选择，当然也是最为明智的一种选择。企业走进资本市场融资，想让投资人买企业的股票，必须向投资人证明两件事情：一是要让投资人看得明白公司。要做到这一点，其前提就是企业的管理必须规范，财务要透明，这是公众公司的基本要求。二是企业具备长期、持续、健康发展的能力。企业要具备这样的能力，就需要企业具备较好的管理基础，这也同样需要企业管理规范。“规范”是企业走进资本市场的基本前提。企业依靠什么来规范？得靠制度和机制。公司治理结构就是公司的顶层制度安排和设计，其作用是解决公司股东和股东之间，股东和管理层之间的权力和利益的分配。企业通过走进新三板，借助外部的市场力量强制自己完善公司治理结构，构建科学的决策机制、有效的监督约束机制和高效的激励机制，以真正建立起现代企业制度，为企业长期、持续、健康发展奠定制度基础。

企业到新三板挂牌，在帮助企业完善公司治理结构，构建现代企业制度等方面迈出了重要的一步。新三板对企业公司治理结构有以下基本要求：首先，要求企业必须按照现代企业制度建立“股东会—董事会—管理层”的三层结构并按三层结构规范运行，以及要求监事会行使对董事会和管理层的监督职能；其次，实施主办券商持续督导制度。主办券商制度最重要的内容就是要求券商实施对挂牌公司的终身督导。这是新三板在帮助企业完善公司治理结构方面最重要的制度创新，因为这一制度安排符合中国民营企业的公司治理结构现状，找到了一条帮助创新企业建立现代企业制度的最佳路径。

但新三板作为证券场外交易市场，相对于交易所市场对企业 IPO 的要求而言，对公司治理结构的要求又宽松得多，表现在：①在股权结构上并没有要求企业一定要达到 200 人以上，从而要求企业的股权结构呈较为分散的状态。②在董事会的成员构成上，并没有要求董事会成员一定要有一定比例的独立董事。企业如果在交易所市场上市，要求董事会成员至少要有三分之一以上的独立董事，以保护中小投资者的利益。③在对管理团队的股权或期权激励问题上，采取了较交易所市场更为宽松和灵活的政策措施。允许企业对高管团队成员在挂牌前实施股权或期权激励，而并不会影响企业股权稳定性。在挂牌后也没有限售要求，仅对实际控制人所持股权有“两年三批”限售的规定。

在作者看来，新三板在帮助企业完善公司治理结构，构建现代企业制度方面的作用，远远大于企业到新三板挂牌获得融资的作用。从这个意义上讲，企业到新三板挂牌，“规范”的意义要大于融资的意义。只有规范的企业，才有可能获得投资人的资本。不规范的企业，没有建立制度基础的企业，一方面投资人看不明白，不敢投，二是投资人如果看不到企业具备长期、持续、健康发展的前提和基础，也同样不敢投，不能投。基于以上理解，作者把新三板比喻成两座桥梁：一是企业由小作坊成长为现代公司的桥梁；二是企业由小公司成长为大公司的桥梁。前者是从规范的意义上讲的，后者是从规模的意义上讲的。不管从规范的意义上讲还是从规模的意义上讲，只有建立起以制度为管理轨道的企业，才有可能成长为具备持续健康发展的能力。

四、规范公司经营管理

企业要想在资本市场上获得投资人的青睐，其前提和基础都是企业要规范，只有规范的企业才具备长期创造价值的能力。企业用什么来规范，用制度来规范，用机制来规范。制度包括两个层面的含义：一是解决公司权力配置和公司利益分配的公司治理结构；二是公司的日常经营管理制度，包括生产制度、财务制度、营销制度、人力资源制度、营运制度等。公司治理结构是公司的顶层制度安排与设计，解决公司的权力配置和利益分配问题，而公司的日常经营管理制度是维持公司正常营运的轨道，解决公司管理的效率问题。制度经济学有一个经典论断，“有什么样的制度，就会有什么样的行为”，即，一个组织有什么样的制度安排，其成员就会有什么样的行为。如果这个理论运用到企业，那就是企业有什么样的制度和机制，员工就会有什么样的行为。在《基业长青》这本书里，作者阐明了企业基业长青的秘诀。对于那些基业长青的公司，总经理换了无数届，董事长换了无数届，股东换了无数个，但唯有一样基本没有变，那就是维系公司生存和发展的基本制度基础没有变。因此，制度对于构建公司长期、持续和健康发展的能力意义重大。

规范的日常经营管理，意味着企业管理目标明确、基本管理制度和流程完善、管理团队成员具备高素质，这样企业才会取得良好的管理绩效。要想让企业持续地高效率运转，需要有一种机制，让管理团队成员不断地提高管理水平和管理能力。这种机制就是让企业走进资本市场，即企业到新三板挂牌或让企业到交易所市场上市。企业一旦挂牌或上市，成为公众公司，就会受到资本市场投资人的监督和约束。如果管理团队管理水平和管理能力下降，就会导致企业经营绩效下降。经营绩效下降反映到资本市场上，就是公司的股票价格下降。股票价格下降会引起公司的总体价值缩水。这时候，有两类收购者对这样的目标公司非常感兴趣：一类企业是公司的同行业竞争对手；另一类收购者就是并购基金。第一类收购者的收购目的是基于公司自身战略布局的需要，会采取敌意收购策略来整合行业资源。敌意收购者采取的收购策略是：先在二级市场上收购目标公司股票，等目标公司的股票被收购到一定程度，比如占公司总股本的5%，就向其他股东发出“要约收购”，即高于股票市场价格收购目标公司股票。此时。一些寻求流动性的未上市流通股票和二级市场的股票持有人就会把股票出售给收购方。当敌意收购者把股票收购到一定程度，达到了控制公司的目的，就会停止收购。此时，为了提升公司业绩，新的股东就会整顿原有的管理团队，不合格的管理团队成员就会被清除管理队伍。第二类收购者是并购基金。此类收购者的收购策略与敌意并购者类似。不同的是，当并购基金收购的目标公司的股票到达完全控制公司的时候，并购基金大都会让目标公司退市。目标公司退市以后，并购基金也会重整原有管理团队。不合格的原有管理团队成员将会被清除管理团队。在一个成熟的资本市场上，并购就是市场优化资源配置的表现。做得好的企业就能获得资本，做得不好的企业，得不到资本的支持，最后就得被市场淘汰掉。也正是因为存在这样的市场机制，实现了资本市场资源配置的功能，即管理不好的公司就会被收购，管理好的公司就会成为资源的整合者。这种机制会对公众公司管理团队成员形成日常经营上的压力。管理团队即使不为股东的利益考虑，从自己的职业声誉考虑，也会不断地提高其管理水平和管理能力，好好地管理好公司。因此，从这个意义上讲，资本市场上市场化的机制会促使管理团队规范经营管理，不断提高管理绩效。企业到新三板上市，这种机制会更加明显。因为新三板挂牌和融资分开，挂牌的最终目标无疑是为了融资。企业要想真正融到资金，管理团队需要拿出经营业绩证明来给投资人看，融资的市场压力会迫使管理团队规范经营管理。

五、提升公司品牌

企业到新三板挂牌后，由原来的私人公司变成了公众公司。私人公司意味着企业的品牌知名度不高，了解企业的公众范围有限。同时也意味着企业管理不够规范，没有建立起完善的管理制度和管理流程，财务不透明。更为重要的是，私人公司意味着公司治理结构不完善，还没有建立起现代企业制度。而公众公司刚好相反，意味着企业的资本来源公众化，公司治理结构完善，管理规范，以及财务透明。企业到新三板挂牌后，企业的主要利益相关者和各方面的合作伙伴会比以前更加关注公司经营管理各方面的变化，因为这些变化和他们的利益直接相关。投资人会更加期待企业经营绩效地不断提高，因为经营绩效的提高意味着投资人会获得更大的投资回报。商业银行会更愿意贷款给挂牌公司，因为挂牌公司财务规范透明，资产负债率降低，资本结构得到优化，企业的信用能力得到增强。政府会更加关心企业是否比以前多缴了税收，因为挂牌公司财务规范，不能再偷税，会降低政府的税收的监管成本，增加政府的税收。客户会期待挂牌公司不断地提高产品质量和服务水平。员工会迫于市场和绩效的压力会更加努力的工作。甚至竞争对手也会随时关注挂牌公司是否有重大竞争策略的调整。各种媒体也会较以前更加关注公司的发展变化，这也等于无形中做了广告宣传。如果从广告的收益和成本的角度考虑，新三板的广告成本很低，但收益很大，因为其广告的成本——挂牌费用也就只有 150 万左右。企业到新三板挂牌，即使其他任何好处都没有，仅就挂牌给企业所带来的品牌价值而言，新三板恐怕称得上是中国最有价值的广告平台了。

六、增强信用能力

在一个成熟的资本市场中，企业的信用能力是企业融资能力的重要体现，特别是企业债权融资能力的重要体现。企业的信用越好，企业的债权融资能力就越强，企业就能方便地获得低成本的债权资本。企业到新三板挂牌，成为公众公司后，其完善的公司结构、规范的经营管理，以及透明的财务，会使信用评级机构调高其信用评级，这样会增强企业的信用能力，从而可以便捷、低成本地获取商业银行的贷款支持。另外，企业在挂牌前易于获得风险资本，挂牌后可以通过实施定向增发，获得股权资本。这样的融资方式会降低企业的资产负债率，优化企业资本结构，提高企业的信用能力，商业银行更愿意贷款给企业。正是看到了新三板作为资本市场通过外部的市场力量对挂牌企业的规范作用，新三板与多家商业银行签订了战略合作协议，其主要内容就是看到企业到新三板挂牌后，可以享受商业银行的股权质押贷款服务。

七、有利于企业筹集资本

企业到新三板挂牌的最终目的是为了融资。新三板作为一个公众的资本服务平台，相对于交易所市场，不管是股权融资还是债权融资，其融资工具丰富多彩，有利于创新型企业获得足够的发展资本，以尽快实现规模的扩大和品牌的提升。

（一）股权融资工具

首先，从股权融资的角度看，有三种融资渠道可供企业利用：一是挂牌前的私募股权融资（VC、PE）；二是挂牌时和挂牌后的定向增发融资，即挂牌公司通过发行股票获得资本；三是可以发行优先股获得发展资本。

1. 挂牌前的私募

如果创新型企业有计划到新三板挂牌，在公司挂牌前有融资需求，这时可以通过吸引风险资本，进行私募股权融资。因为企业到新三板挂牌，降低了股权投资人的流动性风险，投资人的资本可以通过新三板这个公共的股权交易平台在较短的时间内实现有效退出。从股权流动性来看，对于那些真正具有创新能力的优质企业而言，其流动性要好于交易所市场，即风险资本退出时间较短，退出比较方便，即新三板是风险资本理想的退出通道。因此，有利于企业在挂牌前吸引风险资本。挂牌前的私募融资，今后应该成为创新型企业的主要融资渠道之一。

2. 挂牌时和挂牌后的定向增发

“定向增发”融资是企业到新三板挂牌时和挂牌后进行股权融资的主要渠道，即挂牌公司通过向符合《投资人适当性管理制度》的投资人发行股票进行融资。2013 年挂牌公司通过定向增发获得 10 亿元的股权资本，2014 年由于在 5 月实施新的交易制度以及 8 月实施做市商交易制度，在 2013 年的基础上现爆炸式增长，获 130 亿元的股权资本。我们深信，随着新三板各种制度安排的到位和对原有制度不足的改善，新三板的流动性会从根本上得到改善。以目前的发展现状和发展趋势预测新三板未来三年的定向发行总量来看，2015 年定向发行总额应该在 500 亿元以上，2016 年大致在 1000 亿元以上，2017 年可能会达到 1500 亿元到 2000 亿元之间。

3. 优先股融资

根据新三板的股票发行制度安排，在条件合适的时候，还要推出优先股这个新的金融工具。优先股是相对于普通股而言的，它指的是购买优先股的投资人具有两个方面的优先权：一是股息固定并优先；二是在公司清算的时候，相对于普通股股东，其资产的清偿顺序，优先股股东排在债权投资人之后，但排在普通股股东之前。优先股兼具股权与债权性质，是较普通股风险较小的投资工具，这样的金融工具安排有利于扩大挂牌公司股权的出售对象，从而提高公司股权流动性。2014 年 9 月，中国证监会制定并发布了非上市公众公司发行优先股相关的信息披露文件，包括《非上市公众公司信息披露内容与格式准则第 7 号——定向发行优先股说明书和发行情况报告书》《非上市公众公司信息披露内容与格式准则第 8 号——定向发行优先股申请文件》，明确了试点期间优先股的发行主体、豁免核准、转让场所等问题，规范了优先股定向发行环节信息披露的内容、格式及申请文件。两个配套文件的制定主要遵循以下原则：一是坚持“放松管制”的市场化改革方向，简化行政许可程序，将非上市公众公司定向发行优先股主要交由全国中小企业股份转让系统自律审查，证监会豁免核准，仅在公司优先股和普通股人数合并累计超过 200 人、注册在境内的境外上市公司境内发行优先股时由证监会核准；二是秉承“适度、客观、弹性”的信息披露监管理念，大幅简化披露内容，突出重要信息，减少主观性分析，鼓励公司结合实际情况自主披露，降低公司合规成本。2015 年 2 月 13 日，全国股转系统发布《关于发布证券指数及挂牌公司非公开发行优先股证券编码规则的公告》，明确了挂牌公司非公开发行优先股编码规则。该规则包括挂牌公司非公开发行优先股证券代码首三位代码为 820；挂牌公司非公开发行优先股证券简称首四位字符原则上从公司全称中选取，后四位字符为“优先”；若该发行人再次非公开发行优先股，首四位字符编码规则不变，最后四位字符根据发行次数依次为“优 2”“优 3”等。

（二）债权融资工具

1. 公司债

公司债券的发行范围一般仅限于管理较为规范的股份公司。可以参照的法律依据是《公司债券发行管理暂行办法》。到新三板挂牌的公司不仅是股份公司，而且是公众公司，其治理结构完善、管理规范、财务透明。

但凡能够获得股权融资的优秀挂牌公司，都有条件发行公司债券。从目前交易所市场公司债券的发行情况来看，公司债券的发行成本大约在7%（年息）左右，低于商业银行贷款，这对于广大急需融资的中小型企业而言，无疑是一个低成本获取资金的最佳融资平台。

2. 中小企业私募债券

这是2012年5月23日上海证券交易所和深圳证券交易所专门为了解决中小企业融资难问题而推出的一个债券融资工具。发行方式采取备案制，即直接到两个交易所备案。由券商、律师事务所、会计师事务所等证券中介服务机构专门组织企业发行债券。发行条件是：一是在中华人民共和国境内注册的有限责任公司或股份有限公司；二是债券的发行利息不超过商业银行同期贷款利率的三倍。对发债企业净资产的要求，各大券商要求不一样，一般说来，品牌券商或大的券商要求比较高，可能在一个亿以上，中型的券商大概在七八千万元，而小型的券商则有可能要求企业的净资产在三千万元以上即可。企业的发债规模是其净资产的70%，发行后的资产负债率（即资本结构）要符合对企业风险控制的要求。这个金融工具是专门针对中小型企业推出的一个金融工具，对于中小企业而言，有三个方面的好处：一是一个债权融资工具，不会稀释企业的所有权和削弱企业的控制权，和商业银行的贷款性质一样，到期连本带息还给投资人。因为大多数老板在融资的时候，只要谈到用股权去换取资本，心里就纠结，不愿意稀释自己的股权，更不容易去和投资人共享其控制权。二是融资期限长，期限为一年到三年，是一个长期金融工具。商业银行为中小企业提供贷款的期限都比较短，一般是流动资金，期限在一年之内。三是融资成本低。低的可低到7.5%，最高的不会超过12%，平均成本大概在10%左右。相对于小额贷款公司发放的贷款，其成本可以低40%甚至50%。对于那些利用民间资金（高利贷，至少月息三分，月息四分五分也是常见的）的企业而言，这样低成本的资金简直就是福音。新三板为了提高整个市场的流动性，真正解决创新创业型企业的资金需求问题，在2014年10月，与两大交易所签订了合作备忘录，到新三板挂牌的企业可以直接发行中小企业私募债券。从目前的发行情况来看，到新三板挂牌后再发行私募债券，其利息成本要低于不到新三板挂牌的企业，平均成本不到8%。对于广大创新型企业而言，这是一个低成本的债权融资工具。

3. 可转换债券

这也是新三板即将要推出的新的债权融资工具。“可转债”的全称是可转换债券，对于那些既不愿意冒高风险，但同时要想分享企业高成长所带来收益的投资人，这是一个比较合适的金融工具。在企业发展前景不明朗风险比较高的时候，投资人先以债权的方式把资金投给企业。当企业在既定的期限之内完成了既定的经营目标，投资人觉得风险可控的前提下，就把原来的债权资本转换成公司的股权资本。“可转债”涉及三个要素：一是可转债的期限是多长；二是可转债的利息成本是多少；三是可转债的权利一般给予投资人，即到了既定的期限后，是不是转换成公司的股权由投资人来决定，即赋予投资人选择权（期权）。“可转债”考虑到了投资人的低风险偏好，同时又考虑到了投资希望获取高收益的投资心理，是一个创新型的金融工具。新三板把“可转债”这一金融工具作为既定的融资工具安排，同样也是为了有效地解决中小企业的流动性问题。

4. 股权质押贷款

2014年6月，新三板与中国工商银行等商业银行签订了新三板挂牌公司与商业银行合作的备忘录，到新三板挂牌的公司可以获得商业银行股权质押贷款。股权质押贷款相对于抵押担保贷款，更符合中小企业的发展阶段及资产特征，即大多数中小企业在发展的早期和中期，没有多少资产可以供银行抵押担保，因此很难从银行获得贷款。股权质押贷款更多的是看企业未来的发展前景，着重于企业股权价值的大小，而不是看企业目前有形资产的多少。股权质押贷款的推出，有利于创新型企业在初创期和发展期从商业银行获得低成本的债权资本，有助于优化创新创业型企业的资本结构。截至 2014 年 11 月已经发生了 127 笔股权质押交易，远超 2013 年全年的 39 笔。从行业分布来看，信息技术和工业两大行业进行股权质押公司数量占比达到 66% 以上；从质押方资产规模来看，轻资产公司占比高达 85.5%；从质权人分布来看，银行、担保公司和券商是主要质权人，三者占比分别为 50%、25% 和 10%。股权质押贷款对于创新企业而言，是一个理想的债权融资工具。

八、有利于企业转变资源配置方式

中国的金融市场是以间接融资为主的金融市场体系，即企业的资本来源以商业银行为主，直接融资只占很小的比例，也就在 20% 左右的比例。这样的金融市场结构对微观企业产生了较大的不良影响。首先，企业在初创期和发展期，可供商业银行抵押担保的资产有限，不能满足商业银行的贷款要求，企业主要以自有资本为主。自有资本不足是制约中小型企业发展的最大瓶颈。由于自有资本不足，为了及时抓住获发展机遇，大多数企业最后被迫走上民间金融或地下金融的道路，即借高利贷。目前，高利贷市场成本月息大致在三分至五分，也就是差不多一年 50% 左右的成本。任何一种技术或产品，都不可能承受如此高的融资成本。中国金融市场民间借贷盛行，并且有着庞大的市场规模，这与中国的金融体系不健全、企业金融压制多年有着天然的联系。民间曾流传这样一句话："不借高利贷等死，借了高利贷找死。"这是中国目前民间金融最真实的写照。对于创新型企业来讲，如果走上了这样一条融资之路，基本上等于走向了不归路。企业熬过最艰难的创业期，发展到一定程度和规模到了发展期，在可以向商业银行获取贷款的条件下，企业资本来源又过分地依赖商业银行贷款，因为没有多少企业可以通过发行股票来进行股权资本的融资。这样导致微小企业的资产负债率较高，资本结构不合理。因此，中国企业在传统的金融市场体系下，基本上是以自有资本、银行债权资本以及高利贷资本形成的不良资本结构。其次，在传统的金融体系下，以银行抵押担保贷款为主的金融市场往往会诱导企业普遍重视有形资产的积累，而形成重资产结构的商业模式。重资产结构的商业模式在外部市场环境快速变化的条件下，往往会使企业陷入经营困境和财务困境，企业抵抗外部市场风险的能力很差。这就是中国传统金融体系的不足，由此给企业带来的不良影响。宏观金融市场环境直接决定了微小企业的融资方式和资本结构，而这样的融资方式和资本结构又会直接导致宏观金融市场的系统性风险。

中国金融市场改革的方向和目标就是要调整这种以间接融资为主的金融体系向以直接融资为主的金融体系的转变。中国的资本市场体系经过二十多年的建设，虽然存在诸多不足，但毕竟已经建立起了以上海证券交易所和深圳证券交易所为主的证券场内交易市场。但证券场内市场最初就是为国有企业解困而设立，其市场主体不管是券商还是上市公司，都是以国有大中型企业为主，其市场准入门槛很高，广大中小型企业根本就不可能有机会进入到交易所市场融资。再加上中国的改革路径向来是一个渐近式的改革方式，因此交易所市场虽然经过多次改革，像2004年建立中小企业板块，2009年建立创业板，都是这种改革的尝试。但由于是在原来的市场和制度框架内的修修补补，并不能建立起一个有效的创新型资本市场来满足广大中小企业的融资需求。新三板作为中国多层次资本市场体系的有机组成部分，作为全国统一性的证券场外市场，是专门为创新创业型企业搭建的融资平台。新三板的推出，不仅为创新创业型企业提供了直接的融资平台，更为重要的是，为风险资本提供了直接有效的退出通道，有利于私募股权资本市场长期持续健康发展，从而为创新企业提供资本支持。创新创业型企业，可以在初创期和发展期充分利用风险资本度过创业初期的融资。风险资本属于股权资本，不用抵押担保资产，也不用还本付息，对处于初创期和发展期的企业而言，这是最合适的金融工具。更为重要的是，风险资本对创业项目和创业团队有一种市场筛选机制，让那些优秀的项目和团队得到资本的支持。这样通过市场机制来实现资源的最优配置。企业发展到一定程度和规模，当满足商业银行贷款要求的时候，就可以充分利用商业银行的债权资本。当企业符合新三板挂牌或者交易所市场上市的时候，挂牌时或挂牌后可以通过定向增发，再募集股权资本。当企业到新三板挂牌后，除了通过定向增发募集股权资本外，还可以发行公司债、中小企业私募债券、优先股，以及可转换债券等多种金融工具。当企业到新三板挂牌满一年后，如果满足交易所市场的要求，可以通过转板到交易所市场公开发行股票募集更大的股权资本。企业上市搭建资源整合平台后，通过整合产业链上下游资源，即通过并购的方式来实现资源地整合，从而提高了企业的发展速度，快速地做大做强企业。如果企业通过走向资本市场来募集资本，形成的资本结构就是初创时的自有资本、发展期时的风险资本，以及成熟期时的公众资本和商业银行的债权资本，这样企业就会形成一种优良资本结构。这样一种发展道路的选择，有利于企业优化资本结构，及时抓住机遇，增加企业抵抗风险的能力。更为重要的是，增强了企业整合整个产业链的能力。企业通过走进资本市场，是企业资源配置方式的重大转变。

第六章

新三板挂牌实务

一、适合到新三板挂牌的企业

新三板定位于创新创业型企业。“创新”有两层含义，一是指具有科技创新能力的技术类企业，二是指有创新商业模式的企业。“创业”指的是所有中小微企业，并没有排除传统企业。具体来讲，适合到新三板挂牌的企业有以下几大类。

（一）想融资发展的创新型企业

新三板的市场定位就是创新创业型企业，因此创新型企业是新三板的主要服务对象。哪些行业的企业是创新型企业，我们按两大标准来理解：一是代表经济未来发展趋势和发展方向的产业；二是国家产业政策鼓励和支持的行业。目前，国家大力提倡发展七大战略性新兴产业：一是节能环保产业；二是新一代信息技术产业，特别是移动互联网和物联网；三是生物、医药和健康产业；四是高端装备制造业；五是新能源；六是新材料；七是新能源汽车。以上七大产业，既是与世界技术发展潮流和经济的发展趋势相吻合的，也是国家在未来相当长的时间内大力鼓励和支持的产业。具有创新能力的中小型企业，由于所处的发展阶段具有高风险的特征，以及没有足够的可供抵押担保的资产，商业银行的债权资本很难进入企业，这个阶段最合适的金融工具就是股权融资工具。股权融资工具包括两大类金融工具，一是私募股权融资，二是公开发行股票。新三板由于是场外交易市场，虽然不具备公开发行股票进行融资的条件，但可以通过定向增发进行融资，且挂牌公司的股票能够公开转让，因此从实质而言，具备公开发行的性质，只不过投资人要具备一定的风险识别能力和风险承受能力。创新型企业首先通过私募股权融资，解决挂牌前的资本需求问题，然后再上新三板通过定向增发进行股权融资，解决较大规模的资本需求。如果企业经营良好，还可以“转板”上市，通过公开发行股票而进行更大规模的股权融资。今后新三板各项制度安排到位，流动性会得到根本性改善，也有可能不通过转板就能实现较大规模的融资问题。除股权融资外，还有一些债权融资工具，如公司债、私募债、可转债，以及股权质押贷款等。这些综合性金融工具的利用，可拓宽创新企业的融资渠道，降低融资成本。

（二）想马上“转行”的传统企业

中国传统行业经过二三十年的发展，大部分已经走到了尽头。其总体市场特征是竞争激烈，利润空间较小，到了需要进行行业资源整合的阶段。当企业有一定市场基础（全国性甚至是全球性的市场）、品牌影响力以及相当的技术实力的时候，可以通过走进资本市场，借助资本市场的力量快速做大做强。当企业只是一个区域性的品牌和区域性市场的时候，进一步做大面临诸多瓶颈，存在的主要问题可能是：企业规模不大，品牌影响力不够，资本实力不足，技术不够先进。面对这样的传统企业，企业家不想再在此行业做下去，想转行进入其他行业，但面临的问题是：把企业卖给谁？到哪去卖？卖一个什么价格比较划算？解决这些问题的最好办法是到新三板挂牌。新三板是一个公众的股权交易平台。企业到新三板挂牌成为公众公司后，以下几个方面的因素有利于企业把自己卖给并购方：一是由于企业是公众公司，管理规范了，让并购方看得明白；二是股权交易的对象和范围扩大了，把企业卖出去的可能性增加了；三是可以投资价值的估值方法把企业卖出去，卖一个好价格，充分体现企业的价值以及企业家的价值；四是企业对并购方可能存在一定的价值，如技术、市场或渠道等方面的资源能为并购方带来价值。在一个成熟的资本市场中，并购的发生是一种经常的现象。资本市场也正是通过并购来进行资源的优化配置，这也是资本市场的一大基本功能。正是从这个意义上来讲，资本市场又叫“控制权市场”，意即争夺公司的控制权。企业做得好，就买人家的企业。企业做不好，就把企业卖给人家。或者，通过两者的并购使双方资源都得到优化。

（三）想进一步发展的传统企业

不管未来信息技术和互联网如何发展，有些传统产业是不可能完全被互联网和信息技术所取代的，传统企业依然会大量存在。但很多传统企业需要通过走进资本市场来获得新生。一般来说，这类企业所面临的问题是：企业规模不大，只是区域性的市场；品牌知名度不高，只是区域性品牌；企业无核心竞争能力，其核心竞争能力有待进一步培育。这类企业到新三板挂牌的意义在于：首先，企业需要通过借助互联网和信息技术来重构企业的商业模式，以符合资本市场投资人对企业未来价值创造能力的预期，从而获得资本的大力支持；其次，企业通过借助到新三板挂牌的机会，完善公司治理结构，规范公司日常经营管理，重塑企业管理基础，并进一步提升公司品牌；更重要的是，企业通过并购快速整合行业或产业的资源，不仅提高了企业的发展速度，而且解决了企业的规模问题，因为规模对于传统企业的生存和发展意义重大，规模经济是传统企业竞争的制胜之道。

（四）等待发展机会的传统企业

有的传统企业市场呈“刚需”状态，并且经营状态良好，企业的现金流很充裕，企业“不差钱”。这类企业到新三板的目的就是规范企业的经营管理，等待发展机会。规范企业的经营管理：首先，让投资人能够看明白公司，投资人才会把钱投给企业；其次，通过规范，真正夯实企业经营管理的各个方面，为进一步迅速发展奠定管理基础。企业如果不挂牌，不上市，没有规范的压力和动力，也不知道何谓规范，不知道规范的标准是什么。企业通过到新三板挂牌，不管是法律层面，还是财务税收方面，以及企业的日常经营管理层面，一是知道规范的必要性和重要性，二是知道规范的标准是什么。企业一旦挂牌，规范了企业的经营管理，如果有好的发展机会（比如并购），就更容易抓住机会。因为，一方面扩张的管理基础具备了，另一方面也能够迅速地通过定向发行股票来解决企业的资本需求问题。

（五）IPO 受阻的企业

由于交易所市场的证券发行制度是核准制，企业 IPO 需要排队等候很长时间，这一方面会导致企业上市成本太高，另一方面能不能成功上市，依然具有不确定性，企业上市面临很大的风险。企业的上市成本高昂主要表现在：一是时间太长，机会成本太高，即会错过最佳的投资时机；二是合规性成本太高，即企业要达到上市财务审计的要求，需要补交很多以前该交但没有交的税收，排队等候上市，也会增加企业的合规性成本。企业在交易所市场上市，犹如千军万马过独木桥，很多企业在上市的路上就倒下了。IPO 受阻企业规避以上风险的最好办法就是到新三板挂牌。新三板挂牌时间短，机会成本低。新三板由于不设财务门槛，因此能够把企业的合规性成本降到最低。新三板的监管原则是“事后”监管，因此具备 IPO 的企业完全具备到新三板挂牌的条件。再加上马上要推出转板制度，品质较高的企业可以在新三板挂牌一年后实现转板，进行大规模的融资，这比直接到交易所排队等候上市，路径更佳，时间更短。当然，当新三板的流动性得到根本性改变后，企业即使不转板，也能在新三板实现大规模的融资。

（六）找不到接班人的家族企业

在大多数家族企业里，核心团队成员基本上都是由家族成员组成的，团队带头人也是由家族成员来传承的。在大多数家族企业里，第一代创业者年事已高，不再适合继续带领团队前进，但其子女又不愿意接手家族企业，因此，家族企业领导人的传承问题就成了困扰大多数民营企业的问题。在以前资本市场没有开放的商业环境下，这个问题找不到很好地解决方案。如今，资本市场开放了，企业可以通过走进资本市场来得到解决。企业如果到新三板挂牌，由私人公司变成了公众公司，可以起到以下三方面的作用：一是可以让行业里的高级人才都知道行业里有这么一家公司，并且能够通过公开的信息了解到企业的经营管理情况。由于管理规范，优秀人才愿意加盟到管理规范的公司里来。公众公司解决了企业人才的信息不对称问题；二是公众公司有利于解决优秀人才的发展舞台问题。公众公司整合行业或产业资源的能力较强，能够通过并购快速的发展企业，给高级管理人才提供了一个更加宽阔的发展舞台，能够充分地让其管理能力得到充分发挥，有利于吸引优秀人才加盟到公司里；三是挂牌公司很好地解决了激励问题。挂牌公司可以通过股权或期权的激励机制来吸引行业里最优秀的高级技术人才和高级管理人才加入到公司。如果一家公司不挂牌或不上市，高管人才的激励问题很难得到有效解决，对高级人才没有足够的吸引力。新三板在对高管持股的制度安排上，相对于交易所市场而言有足够的制度优势，主要表现在新三板对高管的持股比例没有限制。场内市场对高管的持股比例上限是不能超过总股本的10%，且每人不能超过1%。综上所述，家族企业可以通过公司挂牌来解决家族企业的传承问题。

（七）企业想分红，但又想少交税的企业

新三板为了鼓励创新企业到新三板挂牌，出台了税收优惠政策，于

2014年6月27日颁布，并于2014年7月1日开始执行。根据财税〔2014〕48号《关于实施全国中小企业股份转让系统挂牌公司股息红利差别化个人所得税政策有关问题的通知》的规定，个人持有全国中小企业股份转让系统（简称全国股份转让系统）挂牌公司的股票，持股期限在1个月以内（含1个月）的，其股息红利所得全额计入应纳税所得额；持股期限在1个月以上至1年（含1年）的，暂减按50%计入应纳税所得额；持股期限超过1年的，暂减按25%计入应纳税所得额。上述所得统一适用20%的税率计征个人所得税。对于那些想分红又想少交税的企业来讲，这是一个合理合法的避税措施。

（八）想消除“原罪”的企业

中国企业的税赋太高这是人所共知的事实。在这样的税收环境下，企业如果老老实实交税，很有可能难以度过创业最艰难的时刻以及企业的发展期。因此，大多数企业为了求得生存和发展，能少交就少交，尽可能的不交，并不是采取合理合法的手段来进行避税。企业有关税赋违法的问题一直萦绕在企业家的心头。另外，企业在与政府打交道的过程中，也有可能存在很多说不清道不明的事情，寻租现象大量存在。有的企业一直游走在法律的边缘。企业做到一定程度后，很多企业家已经意识到原始积累过程中存在的问题需要解决。还有，一些政府及政府官员不遵纪守法，在为企业提供服务的过程中，提出过分要求，甚至明目张胆地索贿，企业经营的政策法律环境很差。为了解决上述问题，规避企业相关的风险，企业最好走公众公司发展的道路。通过挂牌上市，与企业原来存在的问题划清界限，“重新做人”“从良做人”。成为公众公司以后，一些不守法守纪的政府官员就会老老实实地为企业提供公共服务，不会随便以各种借口去找企业的麻烦。

二、企业挂牌的条件、流程与成本

（一）企业挂牌的条件

从新三板的市场准入条件上讲，企业挂牌没有门槛。但在实际操作过程中，并不是没有门槛，而是门槛越来越高。这种门槛表现在：①对行业有所选择；②对企业规模有所要求；③对企业品质有所要求。以上三种门槛不是新三板制度安排上的门槛，而是受市场的约束，即受证券中介服务机构和投资人对挂牌企业的选择。

首先，目前新三板挂牌企业大致分布在50多个行业中。除了房地产行业属于政府宏观调控的行业，禁止房地产企业到新三板挂牌外，原则上其他任何行业的企业都可以到新三板挂牌融资。在实际操作过程中，如果企业是传统行业，中介机构，特别是券商，就会考虑再三，是不是应该承接这样的项目到新三板挂牌。新三板前两年处于起步阶段，券商做市场需要规模来支撑，因此什么行业的项目都会承接。但目前新三板已经为大多数企业所了解，想到新三板挂牌的企业越来越多，券商就会对项目有所选择。这种选择首先表现在对企业所处行业的要求。如果企业所处传统产业，未来没有太大的增长前景，投资人对企业未来发展的预期不好，企业挂牌后虽然有融资需求，但投资人并不看好企业未来的增长，融资成功的可能性并不大。因此，券商可能就不会承接传统产业的传统企业。

其次，对企业规模的要求。目前新三板企业的平均规模较小。2014年券商在承接项目的时候，基本是对企业的规模是没有要求的。但随着市场的发展，越来越多的企业想到新三板挂牌，水涨船高，券商的团队有限，因此大多数券商对企业的规模有所要求了。如果是传统企业，多数券商要求净利润规模在1000万元左右，有的甚至在1000万元以上。如果是新兴行业的新兴企业，对规模的要求较低一些，大致在300万~500万元之间。有的券商要求企业至少盈利，有的券商对净利润没有要求。

最后，对企业品质的要求。不管是传统企业，还是新兴企业，对企业品质的要求是根本的。如果一家企业只是挂牌，而企业没有很好的发展前景，没有融资的需求，没有转板的可能性，也没有并购的需求。像这样的企业券商是不愿意推荐企业挂牌的。因为如果仅仅是依靠挂牌来获取收入，对于券商来讲，赚钱很少，甚至赚不到钱。因此，大多数券商在选择目标企业的时候，都会从自身价值获取的角度来看企业，特别是现在挂牌企业越来越多的情况下更是如此。因此，市场的约束是最大的约束。

（二）挂牌的流程

企业到新三板挂牌的流程相对于交易所上市，要简单得多。新三板挂牌的基本流程包括：中介机构尽职调查；股份制改造；券商内核并制作报备材料；证监会核准，或股转系统核准。

1. 尽职调查

尽职调查是指主办券商遵循勤勉尽责、诚实信用的原则，通过对拟挂牌企业进行调查，有充分理由相信企业符合试点办法规定的挂牌条件以及推荐挂牌备案文件真实、准确、完整的过程。

在整个挂牌流程中，中介机构对企业的尽职调查是第一个环节，也就是全面深入地了解企业，这需要一至两个月的时间。

主办券商针对拟挂牌企业设立专门的项目小组，至少包括注册会计师、律师和行业分析师各一名，并确定项目小组负责人。项目小组制定项目方案，协调其他中介机构及拟挂牌企业之间的关系，跟进项目进度。资产评估机构、会计师事务所、律师事务所等中介机构完成相应的审计和法律调查工作后，项目小组复核《资产评估报告》《审计报告》《法律意见书》等文件，根据《主办券商尽职调查工作指引》，以财务、法律和行业三个方面为中心，开展对拟挂牌企业内部控制、财务风险、会计政策稳健性、持续经营能力、企业治理和合法合规等事项的尽职调查，发现问题，梳理问题，理顺关系，与拟挂牌企业、中介机构通力合作，彻底解决拟挂牌企业历史上存在的诸如出资瑕疵、关联交易、同业竞争等问题，建立健全企业法人治理结构，规范企业运作，协助企业制定可行的持续发展战略，帮助企业家树立正确的上市和资本运作观念，把握企业的盈利模式、市场定位、核心竞争力、可持续正常潜力等亮点，并制作《股份报价转让说明书》《尽职调查报告》及工作底稿等申报材料。

2. 企业改制（股份制改造）

挂牌的第二个环节是对企业进行股份制改造。这是整个挂牌过程中的核心环节。根据《公司法》和新三板的相应法规和规章，企业要到新三板挂牌，必须是股份公司。如果原来是有限责任公司的，就要改制成股份有限公司。对于想上新三板的企业，改制并不仅仅是法律或形式上的要求，更重要的是，企业通过改制，完善公司治理结构，真正建立起现代企业制度。对于中小型企业而言，其实不应该叫“改制”，更应该叫“建制”，即建立现代企业制度，它是公司的顶层制度安排和设计。具体说来，企业改制的目标有以下几个方面：①确定公司的独立法人财产权，有效地实现公司的出资人所有权与法人财产权的分离。②建立规范的公司治理结构。通过建立“股东会—董事会—管理层”三层结构，从而建立起科学的决策机制，有效的监督约束机构和高效的激励机制，以解决企业的权力分配和利益分配问题。③建立有效的管理架构、基本的管理制度与管理流程，规范和促进公司管理。④梳理与规范企业的历史瑕玼问题，消除风险隐患，按照挂牌上市要求，夯实企业进入资本市场的管理基础。⑤让公司合法合规的改制成股份公司，符合企业走进资本市场的法律规范。

3. 券商内核并制作报备材料

券商在对企业尽职调查和股份制改造以后，需要全面评估企业是否具备挂牌条件，这个全面评估的过程就是券商的“内核”过程。这个过程需要1～2个月的时间。这是新三板挂牌的重要环节。主办券商为了把好挂牌公司的质量关，需要成立专门的内核小组对挂牌企业进行内核。我们可以从券商内核小组的工作职责中看看券商内核的重要性。根据《新三板推荐挂牌项目内核工作规则》的规定，内核工作小组的职责是：①对备案文件进行审核，确定是否存在重大法律、政策、财务等实质性障碍。②对备案文件的质量进行把关。③对项目质量和推荐挂牌风险进行实质性和综合性判断评估。④在履行上述审核职责后，做出是否推荐的决议。⑤定期对推荐挂牌项目人员进行风险教育，开展有关国家法律法规以及专业知识的培训，不断提高执业人员的水平。券商内核委员会对项目小组完成的《股份报价转让说明书》《尽职调查报告》等相关备案文件进行审核，出具审核意见，关注项目小组是否已按照《尽职调查工作指引》的要求对拟推荐企业进行了勤勉尽责的尽职调查；发现拟挂牌企业存在的仍需调查或整改的问题，提出解决思路；同意推荐目标企业挂牌的，向协会出具《推荐报告》。

4. 证监会（新三板）备案审查

根据《非上市公众公司监督管理办法》以及《全国中小企业股份转让系统有限责任公司管理暂行办法》等规章，股东人数未超过200人的公司申请到新三板挂牌，须经全国中小企业股份转让系统审查同意，中国证监会豁免核准，纳入非上市公众公司统一监管。备案审查过程差不多需要2个月的时间。股东人数未超过200人的拟挂牌公司其审查程序如图6－1所示。

申请挂牌时股东人数超过200人的股份公司，直接向证监会递交申请材料，由证监会公众公司部负责审核，经审核同意后，企业向全国中小企业股份转让系统提交申请材料。全国股转系统公司主要对公司申请文件的齐备性和完整性进行审查。审查完成后直接履行签批核准程序，出具同意挂牌的函，不做重复审查。取得全国股转系统出具同意挂牌的函后，申请

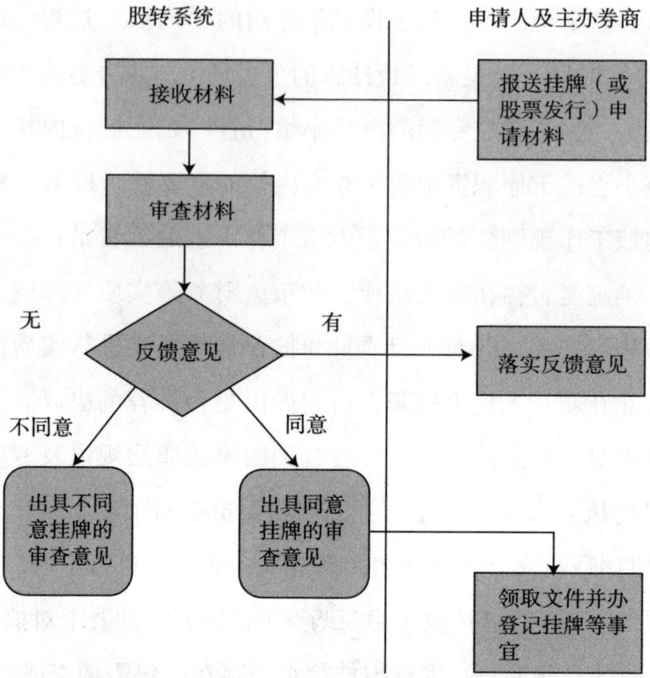

图 6-1　股东人数未超过 200 人的拟挂牌公司其审查程序

挂牌公司凭同意挂牌函办理信息披露、股份初始登记等手续。

（三）公司挂牌成本

企业到新三板挂牌，相对于交易所市场而言，其成本较低。挂牌成本包括四大成本：一是直接的挂牌费用；二是合规性成本；三是机会成本；四是挂牌后的维护费用。

1. 直接的挂牌费用

企业到新三板挂牌，需要聘请的中介机构包括券商、律师事务所、会计师事务所，以及资产评估机构提供程序性的服务。目前四家机构的总挂牌费用在 150 万元左右，一般作如下分配：券商在 100 万元左右，律师事务所在 20 万元左右，会计师事务所（包括资产评估机构在内）在 30 万元左右。这个费用目前已经呈现上涨的趋势，2015 年总的费用有可能上涨到

180万元，甚至有可能到200万元。目前很多地方政府为了鼓励当地企业走进资本市场，出台了很多补贴性政策，其规模大概在100万元左右。如果把补贴考虑进去的话，企业挂牌的成本也就在50万元左右。这个成本对于全球任何一个证券市场而言，都是极其低成本的。更何况，现在很多券商在收费方式上也进行了创新，挂牌费用通过收取企业股权的方式来解决。券商如此创新，一方面降低了企业直接的挂牌成本，更为重要的是，把券商的利益和企业的利益直接绑在一起，这样企业也有积极性和动力到新三板挂牌，走进资本市场。

2. 合规性成本

合规性成本指的是企业为了达到审计的标准，补交以前应该上缴但未上缴的税收。企业到新三板挂牌，相对于交易所市场而言，其合规性成本可以降到最低。究其原因，一是因为新三板挂牌的准入门槛没有财务指标上的要求，企业不必通过财务造假来达到挂牌的目的。这与交易所市场有较大区别。交易所市场由于实行核准制，上市标准太高，致使很多企业敢于以身试法，最终通过多交税来达到上市对企业规模的要求。新三板由于没有财务指标的要求，企业可以根据以往的实际税收来确定挂牌前两个会计年度的净利润水平，补交的税收规模相对较小，挂牌以后根据审计要求体现净利润；二是可以用时间来换取合规性成本的降低。企业到新三板挂牌，要求挂牌前必须有两个完整的会计年度。企业启动挂牌的时候，如果完全用启动前的两年会计年度作为挂牌审计的完整会计年度的话，补交的税收可能会很高。为了有效降低合规性成本，一个可选择的路径是：考虑只用最近一个完整的会计年度，再加上目前正在进行的会计年度。对于所在会计年度的税收处理，企业就老老实实地交税。这样就只补交一年的税收，企业用时间换取了合规性成本的降低。

3. 机会成本

新三板挂牌的机会成本相对交易所市场而言，要低很多。这个机会成本指的是企业申请挂牌时间的长短，以及因为挂牌时间长而使企业丧失掉的有利投资机会。企业到新三板挂牌，如果其财务税收比较规范，所用的时间只有六到八个月的时间。而企业到交易所市场上市，就目前的状况来看，两到三年是很正常的一个时间，有时时间会更长一些，可能会有三到五年的时间。现在对于很多行业，特别是很多新兴行业，别说两年到三年时间，企业有钱与没钱是两种完全不同的竞争策略和竞争格局，可能决定行业竞争格局的也就只有三个月到半年左右的时间。因此，挂牌或上市时间的长短对于企业来说意义重大。新三板因为简便高效的挂牌流程及挂牌成功较大的确定性因素深受中小企业的欢迎。

4. 挂牌的维护费用

挂牌的维护费用包括两部分，即挂牌初费和挂牌年费。申请挂牌公司应当在挂牌日前缴纳按照挂牌首日总股本计算的挂牌初费，同时缴纳挂牌当年的挂牌年费。挂牌年费按照挂牌首日的总股本和实际挂牌月（自挂牌日的次月起计算）予以折算，即：挂牌当年年费 = 挂牌日总股本对应的年费标准。

表 6－1　挂牌初费及挂牌年费明细

收费项目	总股本	收费标准
挂牌初费	2000 万股（含）以下	3 万元
	2000 万 ~5000 万股（含）	5 万元
	5000 万 ~1 亿股（含）	8 万元
	1 亿股以上	10 万元
挂牌年费	2000 万股（含）以下	2 万元/年
	2000 万 ~5000 万股（含）	3 万元/年
	5000 万 ~1 亿股（含）	4 万元/年
	1 亿股以上	5 万元/年

三、企业挂牌中常见的财务税收问题[①]

（一）新三板拟挂牌企业常见的财务问题

财务税收问题是企业挂牌中常见的问题，也是难以解决的问题，这些问题总的概括起来有以下几方面：①收入成本的确认问题；②会计政策、会计估计中的常见问题；③税收问题；④关联交易问题；⑤出资、存货、往来账、资产权属等方面的其他财务问题。

1. 收入、成本的确认问题

（1）存在的问题

新三板拟挂牌企业中，收入成本确认经常存在以下问题：收入确认按收付实现制；收入确认以开票时点确认；以发货时点为收入确认时点；收入提前或者滞后，存在跨期等情形；收入确认原始凭证不完整；大额退货处理不及时和不正确；成本不配比结转；多计或者少计成本，调节毛利率。

（2）收入和成本需要具备的基本要点

真实的收入需具备以下几个基本要点：要有购销合同；要有发票（增值税、营业税发票等）；要有资金回款；要有验收或运费单据；要有纳税申报表；要缴纳相应的税款。真实的成本需具备以下几个基本要点：要有配比的原材料购进和消耗（含包装物）；购进原材料需开有增值税发票；对重要和紧俏的原材料需预付款；购销业务付款周期正常；要有仓管签字的有数量金额的入库单据；要有直接费用和间接费用的分配比例和实际支付凭证。

① 此部分内容是由 GGR 团队中专业的财务人员撰写的。

（3）审计对策

核实企业的收入确认原则，是否满足企业会计准则的要求和符合企业自身情况；检查销售合同，合同条款是否与企业的收入确认原则矛盾，是否账务处理存在和合同不一致的情况；独立发函，函证交易额；重新检查成本的计算过程，成本计算是否合理、真实；进行分析性复核，检查毛利率与同行业相比差异情况，以及毛利率历史变动情况；截止测试；结合应收账款审计，检查回款情况；检查出库单、发货单、销售发票、记账凭证是否一致；检查销售退回情况，结合存货盘点情况；结合销售内部控制制度，核实收入是否存在重大风险；查询前十大客户的工商税务资料以及经营情况，必要时走访。

2. 会计政策、会计估计中的常见问题

（1）常见问题

会计政策、会计估计中常见的问题是：折旧摊销方法、年限、残值率不当或经常变更；利息资本化不符合准则要求；在建工程转固时点不当；固定资产后续支出资本化依据不足；开发支出资本化依据不足或者条件不充分；资本性支出与收益性支出划分不准确；商誉、无形资产减值测试不正确；试生产成本计算随意性；申报期变更会计政策或者会计估计。

（2）审计对策

检查董事会关于会计政策和会计估计的审核批准文件，是否符合企业会计准则的要求；重新计算折旧销、减值准备等金额；取得相关文件证明资本化起止时点，重新核实账面记录是否正确；实地观察在建工程情况，并询问监理、生产车间人员等确定在建工程是否达到可使用状态；检查内部关于开发支出的真实性和合理性，并判断企业资本化时点是否恰当。

3. 税收问题

（1）常见问题

拟挂牌企业常见的税收问题有：避税甚至是偷税；账外账；转移利润

形成小金库；所得税扣税与税法不一致；个人所得税未代扣代缴；税收优惠不合法；向关联方转移利润。

（2）审计对策

其审计对策有：核实企业产能，并根据车间生产记录结合存货盘点情况确认真正产销量，重新计算流转税并进行补退税；结合成本费用的付款情况重新计算成本费用的真实性，还原真实的利润情况，补退所得税；检查税收优惠的审批文件，检查是否合法合规；检查职工薪酬重新核实个人所得税的代扣代缴情况；向关联方采购销售的，检查关联方采购销售价格的公允性和交易的合理性。

4. 关联交易问题

（1）常见问题

拟挂牌企业在关联交易方面经常存在以下问题：目的及动机不当，不是正常的交易行为，存在调节利润；交易依据不充分，缺相关合同及确认；定价不公允；关联方界定不完整；会计处理不当；交易程序不规范；实质关联方非关联化。

（2）审计对策

针对以下问题，其审计对策有：获取关联方清单，实际控制人为个人的，获取该个人的近亲属名单以及工作或者任职的企业等详细情况；获取关联方交易的合理性说明及合同；对关联方交易的公允性进行核实；与律师等其他中介机构讨论潜在关联方；结合内控制度检查关联交易的程序合规性；检查关联交易账务处理是否正确。

5. 其他财务问题

（1）常见问题

其他财务问题包括出资、存货、往来账、资产权属等，具体说来，有以下几个方面：历史出资瑕疵；存货账务不符的问题；往来账项无法核对一致，常年呆账、死账等；长期股权投资入账混乱，没有按照2006年新的企业会计准则调整或者追溯调整；资产权属存在重大问题。

（2）审计对策

其审计对策有：取得历次出资股东会决议、验资报告、银行进账单或者产权转移证明等；对存货进行盘点、产权检查、计价测试；重新检查往来账项形成的原因，历史结算情况，并与债权债务方核对；检查对外投资股东会决议，被投资单位验资报告、工商税务变更资料、公司章程、审计报告等资料，确认长期股权投资的金额及核算方法，并检查账面处理是否正确；检查重大资产的取得是否合法、合规，产权权属关系是否清晰。

（二）新三板审计时的关注点

1. 持续盈利能力

能够持续盈利是企业挂牌的一项基本要求，从财务会计信息来看，盈利能力主要体现在收入的结构组成及增减变动、毛利率的构成及各期增减、利润来源的连续性和稳定性等三个方面。

从公司自身经营来看，决定企业持续盈利能力的内部因素——核心业务、核心技术、主要产品以及其主要产品的用途和原料供应等方面。从公司经营所处环境来看，决定企业持续盈利能力的外部因素——所处行业环境、行业中所处地位、市场空间、公司的竞争特点及产品的销售情况、主要消费群体等方面。公司的商业模式是否适应市场环境，是否具有可复制性，这些决定了企业的扩张能力和快速成长的空间。公司的盈利质量，包括营业收入或净利润对关联方是否存在重大依赖，盈利是否主要依赖税收优惠、政府补助等非经常性损益，客户和供应商的集中度如何，是否对重大客户和供应商存在重大依赖性。

2. 收入

营业收入是利润表的重要科目，反映了公司创造利润和现金流量的能力。公司的销售模式、渠道和收款方式。按照会计准则的规定，判断公司能否确认收入的一个核心原则是商品所有权上的主要风险和报酬是否转移给购货方，这就需要结合公司的销售模式、渠道以及收款方式进行确定。销售循环的内控制度是否健全，流程是否规范，单据流、资金流、货物流是否清晰可验证。这些是确认收入真实性、完整性的重要依据，也是审计中关注重点。销售合同的验收标准、付款条件、退货、后续服务及附加条款。同时还须关注商品运输方式。收入的完整性，即所有收入是否均开票入账，对大量现金收入的情况，是否有专门内部控制进行管理。

3. 成本费用

成本费用直接影响企业的毛利率和利润，影响企业的规范、合规性和盈利能力，其关注点如下：首先应关注企业的成本核算方法是否规范，核算政策是否一致。对历史遗留问题，一般可采取如下方法处理：对存货采用实地盘点核实数量，用最近购进存货的单价或市场价作为原材料、低值易耗品和包装物等的单价，参考企业的历史成本，结合技术人员的测算作为产成品、在产品、半成品的估计单价。问题解决之后，应立即着手建立健全存货与成本内部控制体系以及成本核算体系。费用方面，应关注企业的费用报销流程是否规范，相关管理制度是否健全，票据取得是否合法，有无税务风险。对于成本费用的结构和趋势的波动，应有合理的解释。在材料采购方面，应关注原材料采购模式，供应商管理制度等相关内部控制制度是否健全，价格形成机制是否规范，采购发票是否规范。

4. 税务

税务问题是企业的重点问题。在税务方面，发行人依法纳税，各项税收优惠符合相关法律法规的规定，发行人的经营成果对税收优惠不存在重大依赖。企业执行的税种、税率应合法合规。对于税收优惠，应首先关注其合法性，税收优惠是否属于地方性政策，且是否与国家规定相符，税收优惠有没有正式的批准文件。对于税收优惠属于地方性政策，且与国家规定不一致的情况，纳税申报是否及时，是否完整纳税，避税行为是否规范，是否因纳税问题受到税收征管部门的处罚。

5. 资产质量

企业资产质量良好，资产负债结构合理是企业上市的一项要求。其主要关注点如下：应收账款余额、账龄时长、同期收入相比增长是否过大。存货余额是否过大、是否有残次、周转率是否过低、账实是否相符。是否存在停工在建工程，固定资产产证是否齐全，是否有闲置、残损固定资产。无形资产的产权是否存在瑕疵，作价依据是否充分。其他应收款与其他应付款的核算内容，关注大额其他应收款是否存在以下情况：关联方占用资金、变相的资金拆借、隐性投资、费用挂账，或有损失、误用会计科目。关注大额“其他应付款”是否用于隐瞒收入，低估利润。

6. 现金流量

现金流量反映了一个企业真实的盈利能力、偿债和支付能力，现金流量表提供了资产负债表、利润表无法提供的更加真实有用的财务信息，更为清晰地揭示了企业资产的流动性和财务状况。现金流量主要关注点有以下几个方面：经营活动产生的现金流量净额直接关系到收入的质量及公司的核心竞争力。应结合企业的行业特点和经营模式，将经营活动现金流量与主营业务收入、净利润进行比较。经营活动产生的现金流量净额为负数的要有合理解释。关注投资、筹资活动现金流量与公司经营战略的关系。例如，公司投资和筹资活动现金流量净额增加，表明企业实行的是扩张的战略，处于发展阶段。此时需要关注其偿债风险。

7. 会计基础工作

会计基础工作规范，是一条基本原则。拟改制企业，特别是民营企业，由于存在融资、税务等多方面需求，普遍存在几套账的情况，需要及时对其进行处理，将所有经济业务事项纳入统一的一套报账体系内。会计政策要保持一贯性，会计估计要合理并不得随意变更。如不随意变更固定资产折旧年限，不随意变更坏账准备计提比例，不随意变更收入确认方法，不随意变更存货成本结转方法。

8. 独立性、关联交易与同业竞争问题

（1）独立性

独立性是指挂牌公司的资产独立、人员独立、财务独立、机构独立以及业务独立。资产独立是指挂牌公司资产应独立完整、权属清晰，控股股东、实际控制人不得占用、支配公司资产或干预公司对资产的经营管理。人员独立是指挂牌公司人员应独立于控股股东。挂牌公司的经理人员、财务负责人、营销负责人和董事会秘书在控股股东单位不得担任除董事以外的其他职务。控股股东高级管理人员兼任挂牌公司董事的，应保证有足够的时间和精力承担挂牌公司的工作。财务独立是指挂牌公司应按照有关法律法规的要求建立健全的财务、会计管理制度，独立核算。控股股东应尊重公司财务的独立性，不得干预公司的财务、会计活动。机构独立是指挂牌公司的董事会、监事会及其他内部机构应独立运作。控股股东及其职能部门与挂牌公司及其职能部门之间没有上下级关系。控股股东及其下属机构不得向挂牌公司及其下属机构下达任何有关挂牌公司经营的计划和指令，也不得以其他任何形式影响其经营管理的独立性。业务独立是指挂牌公司业务应完全独立于控股股东。控股股东及其下属的其他单位不应从事与挂牌公司相同或相近的业务。控股股东应采取有效措施避免同业竞争。

（2）关联交易

挂牌企业应尽量减少关联交易。对于不可避免的关联交易，必须遵守公开、公平和公正的原则，并着重关注以下几个问题中：关联交易的决策是否按照公司章程或其他规定履行了相关决策程序？交易定价是否公允？有无明显损害公司利益？与市场第三方价格是否有较大差距？来自关联方的交易收入占目标公司总收入的比重？向关联方采购额占关联方采购总额的比重是否较高？对关联方的应收、应付余额分别占公司应收、应付余额的比例是否较高？关联交易的真实性及对关联方应收账款的可收回性有多高？关联交易带来的利润占公司总利润的比例是否较高？

（3）同业竞争

企业在挂牌过程中，同业竞争是一个比较常见的问题。如果实际控制人或其他主要股东与企业存在同业竞争问题，通常解决的方式有：股权转让、注销或收购相关业务或资产，以及签订买断销售协议等。具体说来，做如下安排：以股权转让的方式把同业竞争公司转为拟挂牌企业的子公司；注销同业竞争公司，这种情况多发生在同一实际控制人之下有两个或两个以上的同业竞争公司，注销同业竞争企业不对实际控制人产生影响；拟挂牌企业回购同业竞争的业务或资产。此外，根据企业具体情况，以协议买断销售，以市场分割协议解决和充分论证同业但不竞争也可以解决同业竞争问题。

9. 内部控制

企业应按照相关要求，建立健全内部控制并严格执行。

四、企业挂牌中常见的法律问题[①]

（一）企业挂牌中法律审核及披露的主要内容

企业在挂牌中关于合法合规性地审查，主要由律师尽职披露。律师出具《法律意见书》应当紧紧围绕企业挂牌条件展开。因此，律师关注拟挂牌企业的法律问题主要针对如下几点发表合法合规性意见，可以有瑕疵披露，客观陈述法律风险，但须尽职尽责，如实披露。

1. 依法设立且存续满两年

（1）存续时间是否合乎要求

存续两年是指存续两个完整的会计年度，其中若有限责任公司按原账

① 此部分内容为 GGR 团队中朱俊耀律师所写。

面净资产值折股整体变更为股份有限公司的，存续时间可以从有限责任公司成立之日起计算。

（2）公司设立的主体、程序是否合法、合规

民营企业设立大多不存在程序瑕疵问题，应重点关注国有企业设立的内、外部程序是否适当，是否有相关行政部门的批复文件；外商投资企业是否有商务主管部门出具的设立批复文件等。

（3）公司股东的出资合法、合规，出资方式及比例应符合《公司法》相关规定

重点关注出资是否合法、属实、到位，是否存在出资瑕疵。尤其是以实物、知识产权、土地使用权等非货币财产出资的，应当评估作价，核实财产，明确权属，财产权转移手续办理完毕。

（4）公司改制合法合规，涉税规范

公司在改制中，采用资本公积转股股本较为普遍，尤需注意涉及自然人股东、法人股东的纳税问题是否合乎规范。

2. 业务明确，具有持续经营能力

新三板挂牌没有对拟挂牌企业提出利润要求，必须对公司的主营业务及持续经营能力判断充分。

（1）业务明确

重点考察其商业模式的创新度与成熟度；公司的关键资源要素构成应尽力做到全要素匹配；公司经营取得应有的资质、许可或特许经营权；公司业务遵纪守法，符合国家产业政策与方向。

（2）具有可持续经营能力

重点审查公司营运是否具有持续性，是否依赖偶发交易，公司战略规划是否合理，公司是否存在解散或破产情形等。

3. 公司治理机制健全，合法规范经营

公司治理结构合理是对公众公司一个最基本的规范要求，但基于公司

经营管理的复杂性，在该条审查中关注事项较多。

（1）公司治理机制健全，“三会一层”（股东会、董事会、监事会及管理层）制度完备，并能有效运行

对上述制度的考察应围绕是否对公司经营有保障，对股东利益有保障，来判断治理结构机制的合理性和有效性。

（2）公司依法开展经营活动，不存在重大违法违规行为

公司经营是否遵守法律法规，是否存在违法违规行为，有无受到有关行政监管部门的行政处罚等。

（3）依照许可或资质要求合法经营

需要审查公司经营是否需要前许可或资质，公司经营是否超越经营范围以及超越资质许可范围，许可与资质是否持续有效，是否通过年检或复查。

（4）控股股东、实际控制人合法合规，最近24个月内不存在重大违法违规行为

需要关注控股股东、实际控制人是否受到过行政处罚、刑事处罚，是否被立案侦查；以及其实际控制的其他公司是否有重大违法违规行为等。

（5）现任董事、监事和高级管理人员应具备和遵守《公司法》规定的任职资格和义务，不应存在最近24个月内受到中国证监会行政处罚或者被采取证券市场禁入措施的情形

（6）公司报告期内不应存在股东包括控股股东、实际控制人及其关联方占用公司资金、资产或其他资源的情形。

重点要审查实际控制人有无随意挪用公司财产的情形，是否不当干预公司作出对大股东担保等决策，是否有突破公司人格否认的行为等。

（7）公司和控股股东、实际控制人之间原则上不应存在同业竞争情形

同业竞争是控股股东（实际控制人）侵害公司利益的典型表现，应重点审查是否存在此情形。

（8）公司和控股股东、实际控制人之间的关联交易不能显失公允

关联交易一般应尽量避免，但在实践中，关联关系甚至较为复杂，需要尽职判断关联交易是否公允，是否侵害公司权益。

4. 股权明晰，股票发行和转让行为合法合规

拟挂牌公司在设立及存续过程中，诸多因素会导致股权发生变更。股权变更行为必须符合公司法等相关规定，公司改制前尤需注意股权权属是否存在瑕疵。

（1）股权结构清晰，权属分明，真实确定，合法合规，不存在权属争议或潜在纠纷

需要关注股权是否符合内部程序及外部程序（如有），是否合法有效；股东之间或者股东与非股东之间是否存在股权纠纷；如涉及国有股权，是否符合国资管理规定；如涉及外资股权，是否符合商务部门规定等。

（2）公司股票发行和转让行为合法合规

对此应审查最近36个月内是否存在未经法定机关核准，擅自公开或者变相公开发行过证券的情形；股东超200人的股份有限公司是否经中国证监会核准确认；在区域股权市场及其他交易市场进行权益转让的公司，在新三板挂牌前的发行和转让等行为应合法合规。

（二）常见法律问题及解决思路

我国中小企业在存续与运营期间，普遍存在财务、涉税、治理、社保、用地、股权、经营独立性等问题，上述问题具有共性，其普遍发生的原因在于我国中小企业主的规范意识差，股东认知弱，管理水平低，且常有逃避监管，逃避税收的主观故意，在成为公众公司之前，有公司自身的“信息黑箱”。因进入资本市场的企业需求不断扩大，随之产生的合乎监管的规范意识逐步得到提升，这有助于企业在申请挂牌过程中不断加以规范和完善。常见的法律问题有：

1. 主体资格之一：股份代持问题

（1）问题描述

股份代持即股权代持、委托持股、隐名投资或假名出资。是指实际出资人与他人约定，以该人名义代实际出资人履行股东权利义务的一种股权或股份处置方式。

（2）基本判断

其一，法律认可股份代持行为的有效性。我国《公司法》司法解释（三）第二十五条规定："有限责任公司的实际出资人与名义出资人订立合同，约定由实际出资人出资并享有投资权益，以名义出资人为名义股东，实际出资人与名义股东对该合同效力发生争议的，如无合同法第五十二条规定的情形，人民法院应当认定该合同有效。""前款规定的实际出资人与名义股东因投资权益的归属发生争议，实际出资人以其实际履行了出资义务为由向名义股东主张权利的，人民法院应予支持。名义股东以公司股东名册记载、公司登记机关登记为由否认实际出资人权利的，人民法院不予支持。"因此，法律实际上认可了实际投资人事实上的股东权利。

其二，企业挂牌时不允许股份代持。股权清晰是企业挂牌的明确条件。股份代持行为可能导致股权权属不明，易产生股权纠纷，进而可能使公司陷入不稳定。从股份代持的原因来看，可能基于股东 200 人上限而采用少数股东代持形式，亦有可能隐藏违法违规、腐败等真实行为，因此，股份代持使上述行为脱离监管，必须加以规范。

（3）解决思路

代持行为通常比较隐蔽，需要律师做充分的尽职调查并妥善解决。解决的思路有：①恢复和明确实际出资人的股东权利。通过企业内部股东会程序，确认实际出资人的股东身份，并到工商部门登记。②实际投资人退出。实际投资人恢复实名股东出现不适合的状态时（国家的法律、政策以及纪律要求不允许时），建议实际投资人以股权转让方式退出。③要求企业股东出具承诺，承诺不存在代持问题或已经完全解决，若承诺不实，承担由此造成的一切后果和责任。

2. 主体资格之二：股东人数上限问题

（1）问题描述

股份有限公司股东200人上限问题一直被重点监管。2006年12月，国务院发布《国务院办公厅关于严厉打击非法发行股票和非法经营证券业务有关问题的通知》，规定严禁变相公开发行股票。向特定对象发行股票后股东累计不超过200人的，为非公开发行。非公开发行股票及其股权转让，不得采用广告、公告、广播、电话、传真、信函、推介会、说明会、网络、短信、公开劝诱等公开方式或变相公开方式向社会公众发行。严禁任何公司股东自行或委托他人以公开方式向社会公众转让股票。向特定对象转让股票，未依法报经证监会核准的，转让后公司股东累计不得超过200人。

（2）基本判断

股东人数超200人不再是根本性法律障碍。企业在进行IPO时，该问题往往是上市的实质性法律障碍。但新三板的监管要求从政策上趋于放松。2013年《国务院关于全国中小企业股份转让系统有关问题的决定》第三条明确规定了将挂牌公司依法纳入非上市公众公司监管，股东人数可以超过200人。但是，股东人数超过200人的股份公司申请在股转系统挂牌，需要由证监会核准，这给企业挂牌进程带来很大的影响。

（3）解决思路

股东人数超出200人上限的原因通常是职工（员工）持股所致。解决此问题通常有两种思路。一是按照新的要求，如实报证监会核准。对于本方案，存在两个风险，其一证监会可能不予核准，其二增加了核准审批程序，无疑增加了挂牌中更大的工作量，效率会有损失。二是尽可能将股东控制在200人以内，绕开核准程序，提高效率。此方案以前常用的方法是通过持股会或壳公司持股，但在挂牌审查中存在风险，证监会的监管要求，股权明晰应当量化到实际持股人，量化后股东不能超过200人。因此，应尽可能通过股权转让或股权回购等方式实际减少股东认识，但此间的合法合规性审查尤为重要，股权转让或回购是否基于真实意思进行，程序是否合法，内容是否有效。

3. 出资瑕疵：无形资产出资问题

（1）问题描述

出资瑕疵是企业设立及存续期间常有的问题之一。货币出资瑕疵主要有虚假出资、抽逃出资等表现，在公司改制前通常可以补足出资得以解决。但非货币资产出资中的问题更多，且解决难度更大。一般实物出资主要涉及是否评估及公允，而无形资产出资问题是其中的最大难点。无形资产出资主要存在的问题有：一是无形资产存在权利瑕疵。无形资产尤其是在知识产权上可能存有争议。其表现为股东出资技术与原单位存在权属争议，或与公司实际拥有的技术存在权属争议。二是无形资产价值高估。若无形资产入股时未予以评估而在股东间协议作价，可能存在价值高估情形，进而影响股东权益甚至债权人利益。三是无形资产财产权利是否转移到公司名下。四是用于出资的无形资产对公司经营没有价值或价值极其低下。

（2）基本判断

出资瑕疵构成企业挂牌中的实质性障碍，其影响到公司利益、其他股东利益以及债权人利益，必须给予解决。

（3）解决思路

对于出资不实的问题，如果能用货币出资不足的，最为便利与快捷。针对无形资产的权利瑕疵，应当审慎对待，解决权属争议，并将无形资产的所有权和财产权明确到公司名下。针对价值高估的情形，应通过专业机构评估，确认其价值，其高出股权出资部分，应列为公司所有，对低于认缴出资部分，应以货币形式补足出资。对于无形资产占股比例问题，应当符合《公司法》等规定，必要时向有关监管部门书面说明情况。

4. 公司独立性：同业竞争与关联交易问题

（1）问题描述

拟挂牌企业应具有独立性，实务中对于公司的独立性审查也比较严格。独立性主要表现为公司应在资产、人员、机构、财务、业务五个方面独立于控股股东、实际控制人及其控制的其他企业。关于公司的独立性方面，主要涉及关联交易和同业竞争问题。同业竞争是指挂牌企业所从事的业务与其控股股东（包括绝对控股与相对控股）或实际控制人或控股股东所控制的其他企业或实际控制人所控制的其他企业所从事的业务相同或近似，双方构成或可能构成直接或间接的竞争关系。关联交易是指公司或是其附属公司与在本公司直接或间接占有权益、存在利害关系的关联方之间所进行的交易。《全国中小企业股份转让系统挂牌公司信息披露细则（试行）》第三十一条规定：挂牌公司的关联交易，是指挂牌公司与关联方之间发生的转移资源或者义务的事项。《深圳证券交易所股票上市规则》第10.1.1条规定，关联交易是指在上市公司或者其控股子公司与上市公司关联人之间发生的转移资源或者义务的事项。

（2）基本判断

其一，应尽量杜绝同业竞争。同业竞争几乎是实际控制人侵害公司利益，侵害其他股东权益的代名词，对此应予以严苛要求。其二，关联交易不可避免，必要而公允的关联交易是允许存在的，但应尽量减少和规范。

（3）解决思路

对于同业竞争，应杜绝。如存在该情形，应进行剥离、停止。对于关联交易，围绕保证公司独立性不受影响，体现交易公平，价值公允。可以减少和规范的方法有：一，主体非关联化。可将产生关联交易的公司股权转让给非关联方，对关联交易事项进行重组和并购，对已经停止经营、未实际经营或者其存在可能对拟挂牌公司造成障碍或不良影响的关联企业进行清算和注销等。二，严格内部程序，对关联交易的交易价格等内容进行审议和表决。三，如实披露。因关联交易涉及股东利益和公司利益，在公司及关联人涉及的关联关系及关联交易应作最充分的披露和严格的审查。

5. 涉税问题

（1）问题描述

拟挂牌企业在规范挂牌过程中，面临的最大合法合规性就是补缴税款。财务内外两套账，不规范、不透明的原因就在于避税动机。涉税问题是会计师重点审查的内容之一，也是律师关注的重点之一。通常，在企业挂牌收益较为明确时，企业本身愿意补缴税款。但是，在股权转让、改制时资本公积转增股本等过程中，多会产生缴纳个人所得税的情形，缴税义务人是股东，其纳税意愿较低，而公司作为纳税扣缴义务人，其间负有较大的责任和风险。

（2）基本判断

不论是公司或股东负有缴税义务时，公司都将承担较重的法律责任，应妥善处理完税。

（3）解决思路

对公司自身涉及的税务问题，应根据公司实际经营收入与利润以及税务规定按章纳税。该问题主要由会计师事务所牵头解决，不再赘述。此处重点关注涉及股东缴税的情形，其一是审查在公司存续过程中，历次股权变更和转让是否完税，对股东以溢价转让方式退出的，由于公司失去对股东实际的影响力，可能还要以扣缴义务人身份承担其后果，但应尽力协助税务机关征缴，以减轻公司责任和后果。其二是在改制中动用资本公积转增股本的情形，应敦促自然人股东或法人股东完税，避免公司承担相应责任及后果。

6. 公司规范运行问题

（1）问题描述

公司规范运行方面可能面临的问题有：公司“三会一层”是否有效运行；公司各项制度是否健全，内部控制制度是否有效实施；企业用工是否规范，社会保障是否合规；公司经营是否存在重大违法违规问题，是否遭受行政处罚等。

（2）基本判断

上述问题在中小企业存续经营期间较为普遍，多多少少都存在规范性问题，在挂牌前均应通过调整、改进和提高管理水平，以实现规范运营，清除挂牌障碍。

（3）解决思路

其一，针对三会问题，涉及公司治理的基本框架。重点从程序上去完善三会制度的规范性严谨性，从内容上增强其科学性和有效性。要审查夫妻企业、家族管理等问题；要规范历次股东大会、董事会及监事会的召集和召开程序，出席会议人员的资格、召集人资格、会议议案的提出和审议及会议表决程序和表决结果等事宜，均要符合《公司法》等法律、法规、规范性文件及《公司章程》的规定，会议内容合法、有效。

其二，对公司守法经营情况进行内外部调查，敦促企业重视，不能有重大违法违规行为，特别是不能受到相关行政管理部门的行政处罚。对控股股东、实际控制人以及董事、监事、高级管理人员的资信充分调查，对其公司经营管理行为乃至个人社会行为均要进行审查，以便将其对公司合法合规经营造成的不利影响降至最低。

其三，针对企业用工及劳动保障问题，应审查和指导拟挂牌企业规范用工。对企业劳动合同关系进行梳理，判断公司是否面临劳资纠纷及风险，敦促企业按照相关法律法规执行工时、加班工资、劳动保护、职业病防治等制度；依法足额为全体员工缴纳五险一金。

以上重点选取了新三板拟挂牌企业常见的六大法律问题，其他问题不一而足。从律师工作角度来说，首先应尽到忠实披露义务；其次应积极给予辅导改进，使公司经营合法合规；再次应提供全面准确程序性的法律服务；最后律师在提供服务的过程中，要提高发现和解决法律上的“疑难杂症”的能力，以期为拟挂牌企业提供更高品质的法律服务。

五、关于聘请证券中介服务机构问题

企业到新三板挂牌，需要有证券中介服务机构提供相应的程序性服务，这些证券中介服务机构包括：券商（证券公司）、具有证券从业资格的会计师事务所、律师事务所（不要求具有证券服务资格），以及资产评估机构。企业到新三板挂牌，首先要与这些证券中介服务机构签订正式的服务协议，没有这些中介服务机构提供的相应程序性服务，企业不能自行到新三板挂牌。因为这些中介服务机构对企业的规范性要求会提高公众公司的品质，降低投资人的投资风险，会对整个市场健康发展有好处。

（一）主办券商

1. 主办券商的作用

（1）企业申请到新三板挂牌的条件之一为“主办券商推荐并持续督导”。企业申请挂牌须经主办券商推荐，双方签署《推荐挂牌持续督导协议》；主办券商应完成尽职调查和内核程序，对公司是否符合挂牌条件发表独立意见，并出具推荐报告。

（2）主办券商在企业改制挂牌中将起主导规范作用。在企业改制过程中，主办券商负责协调、指导企业规范历史遗留问题，帮助企业完善公司治理结构，改善内部控制制度，提高治理水平；帮助企业规划战略，设计改制方案，总体把握企业改制是否符合规范性要求，是否达到挂牌的基本条件；在改制过程中，牵头协调企业和其他中介机构的工作，把握时间进度；对拟挂牌企业进行尽职调查，指导企业制作申请挂牌的方案及资料；指导企业完成挂牌审核过程中全国股转系统反馈意见的回复工作，指导企业完成股份登记、托管、挂牌等事宜。

（3）负责公司挂牌后的持续督导。主办券商持续督导公司诚实守信，规范挂牌公司履行信息披露义务，完善公司治理机制，

公司挂牌是否需要聘请财务顾问机构。主办券商对所推荐挂牌公司信息披露文件进行事前审查。

（4）主办券商对所推荐挂牌公司资本运作能起重要作用。企业在新三板挂牌，是企业走进公开资本市场的第一步。挂牌之后的定向增发融资、发行债券、做市交易、并购重组等业务将会频繁发生。这些业务与主办券商有着天然的业务关系，将会在持续的资本运作中起到重要作用。

2. 主办券商在新三板执业

新三板实行主办券商推荐并持续督导制度。主办券商在新三板开展业务，必须进行备案并取得主办券商业务资格。在新三板备案的主办券商包括推荐挂牌业务、经纪业务和做市业务。各主办券商的业务资格及执业情况，详见全国中小企业股份转让系统网站 www. neeq. com. cn 或 www. neeq. cc。

3. 如何评价和选择主办券商

（1）企业评价主办券商应考虑的主要因素包括：其一，主办券商的规范性，即主办券商经营的合规性，风险防范意识，管理的规范性；其二，主办券商业务的完整性，即主办券商各类业务、历史业绩及未来发展前景；其三，主办券商在新三板的业务开展情况及人员配置情况。

（2）选择主办券商时应遵行的基本原则。企业在新三板挂牌，应当“审慎选择”主办券商；企业在选择主办券商时应当坚持“适合企业发展”的基本原则，而不是盲目地看重券商的规模、排名和费用的高低。

（3）选择主办券商应关注的重点。应当选择与自身发展战略相匹配的券商，尤其要考虑企业在新三板挂牌的资本运作规划与主办券商的匹配性；应当选择企业在新三板挂牌及后续业务（包括做市与定向增发）有一定经验的券商；券商的项目团队与企业有直接关联，应当选择对企业的所属行业、业务和经营模式有一定理解和运作经验的券商项目团队；应当选择对企业诚信服务，具有时间保障的券商项目团队。

（二）会计师事务所

企业到新三板挂牌必须聘请具有证券从业资格的会计师事务所为其到新三板挂牌提供审计服务。会计师事务所需要为申请挂牌公司出具两年一期的审计报告。需要在挂牌审查阶段对股转系统提出的与财务相关问题出具反馈回复意见。注册会计师应按照中国注册会计师的审计准则的规定执行审计工作，遵守职业道德守则，计划和执行审计工作，以及对财务报表存在重大错报发表独立审计意见。各会计师事务所的业务资格及执业情况，详见全国中小企业股份转让系统网站 www. neeq. com. cn 或 www. neeq. cc。

（三）律师事务所

律师事务所的职责是接受企业委托，为其申请股票在全国股转系统挂牌的特聘专项法律顾问。律师事务所应根据有关法律、法规和规范性文件的规定，按照律师行业公认的业务准则、道德规范和勤勉尽责的精神，为企业提供法律服务，就项目过程中的法律问题提供咨询意见，为公司改制起草法律文件，为公司挂牌事宜出具法律意见书。

（四）券商、会计师事务所、律师事务所如何统筹协调

企业在挂牌过程中，企业、券商、会计师事务所、律师事务所组成挂牌项目小组。券商为整个项目小组的牵头人，负责整个项目的挂牌进度，

在重大问题上做出判断，推动挂牌工作顺利进行。企业、券商、会计师事务所、律师事务所需归位尽责，相互配合做好申请挂牌工作。

六、企业挂牌是否需要聘请财务顾问机构

资本运作对于大多数企业家而言，是一个完全陌生的领域。要做好这件事情，一方面需要具备相当的专业知识，另一方面需要拥有相应的资源，以及具备资源整合的能力和意识。更为重要的是，中小型企业在发展过程中，有很多经营管理不规范的地方，表现在财务、税收和法律等诸多方面。作为法定的证券中介服务机构，一般说来只提供程序性的服务，并不能提供咨询顾问服务。这主要是基于它们的角色定位，它们是站在监管者的角度，或者是站在市场第三方的角度，看企业挂牌是否符合作为公众公司的基本规范。为了解决企业在以往过程中存在的财务、税收、法律和管理上存在的诸多问题，顺利推进企业到新三板挂牌，聘请一家专业的财务顾问为企业挂牌提供一揽子的服务，就显得十分必要。当然，这要看企业以往管理规范的程度如何，企业聘请顾问成本的高低，以及由此为企业带来的收益如何等因素，来进行综合权衡。

为了做好这一决策，企业到新三板挂牌，要不要聘请专业的财务顾问机构，企业家需要问自己四个问题：一是企业家是否了解新三板是一个什么样的资本市场。在此基础上，从企业战略层面要搞清楚公司到新三板挂牌要达到的目的是什么。二是企业自身是否有足够的资源可供利用。这里的资源特指证券中介服务机构的资源。市场上中介机构很多，企业要货比三家，挑选完全适合自己的中介机构。另外，新三板挂牌和融资分开，券商是否拥有足够的投资人资源为企业融资，企业也要有所选择；三是企业要有能力甄别中介机构。新三板对大多数中介机构（特别是券商）而言，是一个全新的市场，也是全新的业务。原来做 IPO 的团队不愿做新三板的

业务，因为新三板的业务对他们来讲是不赚钱的业务。因此，中介机构的新三板团队大多数是新建团队。新建团队一般来说存在两方面的问题：一是专业度（投行专业、财务税收专业、法律专业）不够。二是经验不够丰富，对项目的把握度不准。因此，选对证券中介服务机构，对企业能否顺利挂牌成功至关重要。三是企业是否有能力夯实管理基础。企业由私人公司变为公众公司，需要重建原来的管理基础，包括：①制定公司未来三到五年的发展战略，重点在于重构公司商业模式；②完善公司治理结构；③梳理基本的管理制度与管理流程；④打造健康的财务管理体系；⑤构建优秀的管理团队。这是公司走向资本市场需要具备的前提条件。很多中小型企业，由于以往管理不规范，自己没有能力实现企业的管理转型，需要借助外脑来解决以上问题。企业家如果对上面的四个问题回答是肯定的，则完全可以不需要财务顾问机构。如果对上面四个问题的回答是否定的，最好聘请专业的财务顾问机构为其提供一揽子金融服务，花极小的成本推进企业顺利挂牌。

第七章

创新企业金融创新

一、金融创新的必要性与重要性

在北大和清华等知名高校，为企业家讲授资本运作课程过程中，企业家经常问我的一个问题是：企业如何才能成功地进行资本运作？这是困扰企业家的问题。在为创新企业提供股权投资和投资银行服务过程中，经常困扰投资人的问题是：如何改变企业家一些固有的不正确理念，提高企业管理效率，从而提高投资成功的可能性？这其实不是两个问题，而是一个问题的两个方面。这一个问题就是：创新企业如何进行金融创新才能快速有效地走进资本市场。

本人根据自己的资本运作实践和对公司金融的理解，并结合中国资本市场的现状，针对目前中国企业及企业家的实际情况，认为创新企业成功地进行资本运作需要具备两个基本前提条件：一是公司需要具备良好的管理基础。企业不具备良好的管理基础就来进行资本运作，那就是空中楼阁、无源之水、无本之木。企业不能为了做资本运作而进行资本运作。资本运作不是目的，只是手段。资本运作的目的是为了做大做强企业，资本运作是实现公司战略目标的资源配置手段和工具。企业走进资本市场融资，需要向投资人证明公司具备长期持续健康发展的基础，这就要求企业必须具备良好的管理基础。二是企业家需要具备正确的资本运作理念。只有正确的理念，才会有正确的行为。只有正确的行为，才可能会有良好的结果。以间接融资为主的传统金融市场已经走到了尽头，以直接融资为主的金融市场在中国方兴未艾。企业传统的融资方式已经不能适应新的市场环境的发展。为了应对挑战，企业家需要重新认识金融市场。改变传统的融资观念和意识，树立正确的资本运作理念，是企业走进资本市场，成功进行资本运作的第一步。创新企业金融创新的前提是商业认知的创新，是金融意识的创新。在资本运作过程中，企业家需要在以下十个方面树立正确理念：一是要正确理解“资本、资本市场与资本运作”的基本概念；二是要明确资本运作的目标是实现股东价值最大化；三是要深刻地理解资本运作的本质是实现风险共担；四是要清楚认识到资本运作的操作就是买卖企业；五是要充分认识到资本运作是一个系统工程；六是要选择好资本运作的路径；七是要把握好资本运作的时机；八是要完善好公司治理结构；九是要打造好一只优秀的管理团队；十是要构建好独特的商业模式。

二、资本运作十大理念

（一）资本、资本市场和资本运作

在目前和未来的商业环境下做企业，特别是想做“大企业”和“好企业”，离不开资本市场，离不开资本和资本运作。换句话说，我们只有借助资本市场，进行资本运作，充分发挥“资本”的作用，才能做大做强企业。如何正确理解这些基本概念，是做好资本运作的前提，因为我深信：只有正确的理念才会有正确的行为，也只有正确的行为才可能有良好的结果。

1. 资本

马克思在《资本论》里对“资本”有一个经典的定义，即“资本是能够带来剩余价值的价值”。在此我不想再引述传统的金融学教科书里多种关于“资本”的概念。我只想给企业家一个通俗易懂的定义。马克思这个定义具有学术价值，但一般人理解不了。但它给我们提供了一个重新界定“资本”的逻辑方法。运用这样的方法，我给资本重新做了界定，即“资本是能够赚钱的钱”。如果我们修一幢大楼，这幢大楼是企业主自己拿来做办公楼使用，这样不会对企业带来现金流，这幢大楼的投入不是资本性投入，而是资产性投入。如果我们把这幢大楼出租，这样可以为企业带来现金流，这样的投入就是资本性投入。同样的道理，我们买一辆轿车，如果我们自己作消费使用，不会产生收入，因此它就不是资本性投入。如果我们把这辆轿车拿来出租产生了租金收入，购买车的投入就是资本性投入。对于目前中国资本的现状，可以用两句话来概括：中国人多财富，少资本，中国企业多资产，少资本。简言之，一方面，老百姓特别有钱，但找不到有效的投资渠道，另一方面，企业又特别缺钱，找不到有效的融资渠道。出现这种状况的原因在于，没有一根管道把老百姓的钱迅速地导入缺钱的企业里面。这根管道就是资本市场。由于长期金融管制，资本市场没有实现市场化，这根管道堵塞了，但需求呈刚性，当规范的融资渠道解决不了市场需求的时候，民间金融也就堂而皇之地登上了大雅之堂。现在这根管道在迅速地疏通，那就是金融市场的市场化改革业已开始，并呈迅雷不及掩耳之势。我们相信，三五年后，一个市场化的资本市场将会对经济资源的优化配置起到决定性作用，中国创新经济将引导未来的经济发展。

2. 资本运作

“资本运作”就是“买卖企业”。资本运作其实就做三件事情：一是私募，二是公募，三是并购。私募与公募是“卖企业”。“私募”顾名思义就是企业私下募集资本，它是与“公募”相对应的，说得专业一点就是：企业向特定的投资人发行非标准化的证券，也就是平时企业向私募股权投资基金（VC 或 PE）进行股权融资的行为。“公募”是企业向非特定的投资人发行标准化的证券，就是企业向社会公众募集资本，也就是我们平常所说的“上市”（IPO，首次公开发行股票），即企业具备一定法定条件后到证券交易所上市进行股权交易融资。私募与公募相比较，有三点不同：①股权交易对象不同。私募是特定的投资人，通常是VC或PE这类机构投资人。只有具备相当风险识别能力和承受能力的投资人才适合做这类投资人，所以这类投资人是小范围的，是特定的。公募的股权交易对象是公众投资人，企业发展到公募阶段，相对于私募，公募的风险相对而言要小得多，公众具备一定的风险识别和承受能力，因此公募的投资人是大范围，是非特定的。②金融工具不一样。私募是非标准化的金融工具，而公募是标准化的金融工具。企业私募的时候，与不同的投资人交易结构的安排不一样，它是非标准化的。企业在进行公募的时候，在特定时刻，与每个投资人的交易条件是一定的，因此它是标准化的。③交易的市场不同。公募必须在国家指定的交易场所，即证券交易所进行交易。在中国，公募只能在上交所和深交所进行。私募是在证券交易所以外的场外交易市场进行的。为什么要“卖企业”？企业在发展初期有很好的发展机遇，但自身资本不足，银行很难满足企业在这个阶段的融资需求，因为规模小，管理不规范，没有足够的抵押担保资产，银行投资的风险很高。只有那些愿意冒高风险的股权投资人才会把资本投给企业，一旦冒险成功，就会获取高收益。换言之，企业处在这个阶段，只有通过出让股权才能获得外部资本的支持，从而抓住发展机遇，是“不得已而为之”。并购是“买企业”。“并购”就是企业通过兼并和收购其他企业以实现资源的整合。企业为什么要做并购？为什么要“买企业”？一位获得诺贝尔经济学奖的经济学家斯蒂格勒（专门研究企业并购史）曾经说过这么一句话：世界500强企业，没有哪一家企业是做大的，而是买大的。企业是买大的，而不是做大的。为什么要“买”，而不是自己去“做”？答案是，时间与速度。中国的联想和吉利，为什么要进行跨国并购？因为不管是IBM的PC，还是沃尔沃，它们都有以下几个共同点：全球一流的技术及团队、全球的品牌、全球的渠道。通过并购，能有效实现资源的快速整合，从而抢占竞争的战略高地和有利的竞争时机。竞争不等人，如果它们完全依靠自己慢慢去发展，要多长时间才能真正实现国际化呢？答案是不言而喻的。

3. 资本市场

资本市场在经济发展过程中扮演了资源配置角色。市场经济是通过资本市场来实现资源的有效配置的。资本的本质是逐利，哪个行业发展好，资本就流向哪个行业，哪个企业发展好，能为投资人带来收益，投资人就把资本交给谁，资本就流向哪个企业。衡量经济是不是发达，市场是不是好的市场，基本标准就是看其资本市场的资源配置是不是有效率。这是从宏观经济角度来理解资本市场。对于企业来讲，资本市场对企业发展能带来什么好处呢？我们从三个方面来理解这个问题：一是为企业发展筹集资本。企业通过私募和公募从证券市场上募集资本，能够有效地解决企业在发展初期和大发展时期的资金不足问题，这是资本市场对企业发展的第一个基本作用。二是为企业及企业家定价。如果我们把资本运作理解为“买卖企业”，那么资本市场就是为企业的买卖定价的市场。如果我们不私募，不上市，我要问你这个企业值多少钱，大部分企业家可能会以企业的总资产或净资产的多少来回答这个问题。这大大低估了企业的价值，不利于企业家体现他做企业的人力资本，也就是你的“身价”没有得到充分表现。因为资本市场对企业的定价是对企业未来创造价值的定价，也就是加总企业未来若干年每年能赚多少钱的总的价值。所以，我们可以通过进入资本市场来真正体现企业的价值，从而体现创业者的价值。三是企业通过资本市场来构建风险共担机制。企业进入资本市场融资，其定价方式决定了企业卖的是未来。未来是不确定的，不确定就意味着风险。企业未来能不能赚钱，能不能为投资人创造价值，有很多不确定因素。投资人对企业的投资就意味着他要和创始股东一起来承担企业未来的经营风险。因此，进入资本市场，也就意味着为企业构建风险共担机制，这是企业进入资本市场的最根本的理由。如果不深刻领会这一点，就抓不住资本市场的核心。

4. 资本的作用

在目前的商业环境下，资本作为企业的一种资源配置要素，比以往任何时候都显得比其他要素重要得多，我们可以从以下四个方面来理解资本的作用：一是把资本理解为一种竞争手段，并且是一种根本性的，具有颠覆性的竞争手段。我们做企业，有好的技术和产品，能够为市场提供一种比竞争对手更好的产品和服务，这是最基本的竞争手段。如果企业具备一个较低的成本，能做到成本领先，我们可以打价格战，实施成本领先战略，这也是一种竞争手段。但这些手段都不能从根本上战胜竞争对手。目前的商业环境，对企业的速度要求很高，也就是说，你做企业，不能像以往那样，做了一二十年，规模还只是几千万元的销售，或者一二个亿的销售规模。以往的商业环境竞争不激烈，你可以像蜗牛那样慢慢往前爬，但现在你跑都还得看谁跑得快，并且能跑到第一名，第二名才能求得生存和发展，跑得慢的，最终的结果要么是自己破产倒闭，要么被领先者吃掉。企业要想跑得快，就必须有足够的资本，企业进行私募和上市，搭建起资本运作平台后，可以站在行业的制高点，俯视整个产业的发展，哪家企业在哪些方面（不管是技术、渠道或者品牌等）对我有用，企业通过并购，把它“据为已有”，变竞争对手为同盟军。这种竞争手段是具有根本性的。二是资本具有战略先机。私募具有战略先机。对任何一个行业来讲，资源都是有限的。私募投资人在选择项目投资的时候，一般都会投行业内最优秀的企业（前三位或前五位），或者至少通过投资人的投资，你能成为行业内最优秀的企业。谁先私募和上市，就意味着竞争对手少了一分获得资本的机会。没有了资本，企业无法与对手竞争。因此，私募具有战略先机。上市更是如此，谁先上市谁就获得了资源整合的主动权。上市搭建好资源平台后，可以对竞争对手实施并购，国美并购永乐和大中，分众并购聚众和框架传媒就是这方面的经典案例。并购这种资源整合手段，与传统手段比起来，最明显的特点是速度快，能在很短的时间内迅速形成规模，具备规模竞争优势。三是通过资本来构筑竞争壁垒。企业可以通过私募和上市，解决企业在研发方面的投入不足、人力资本投入和激励问题，以及提升企业品牌，构筑竞争壁垒。企业私募和上市后，有足够的资本投入到研发中去，研发核心技术，做行业标准和国家标准，使企业拥有领先的技术水平。如果私募和上市，一方面搭建了很好的平台，可以吸引和保留行业内优秀的人才。上市后企业可以有足够的资本投入人力资本去吸引优秀人才。更为关键的是，上市后的企业可以引入期权等现代激励工具，让激励效果发挥到最大。通过上市，规范化管理，提升品牌和形象。四是资本可以促使商业模式以最快的速度发挥最大的作用。商业模式是企业创造价值的基本方式。私募投资人在投资新兴行业的时候，特别关注企业的商业模式。因为只有你的竞争手段与竞争对手不一样的时候，你才能赚取比行业平均利润更高的利润，也就是赚取超额利润。一个好的商业模式需要资本的支持才能快速实现价值创造。分众传媒的成功，主要是商业模式的成功和资本运作的成功。商业模式的成功就在于它锁定了广告受众，也就是广告的针对性很强，从而不像传统广告那样大量地浪费了广告资源。在写字楼的电梯里投放广告，需要大量投入，因为只有拥有大量的广告受众，广告主才会在它的平台投入广告。这就需要有大量的资本投入才能拥有足够大的广告平台。由于有好的商业模式，分众在 2004 年一年内就进行了三轮私募，在 2005 年在美国纳斯达克实现上市。上市后在接下来的三年内实施了一连串的并购，从而奠定了在该行业的霸主地位。

（二）资本运作的目标是实现股东价值最大化

做任何事情，需要有明确的目标。只有目标明确，行动才会迅速。资本运作也不例外，资本运作的目标是实现股东价值最大化。正确理解这一理念，首先要考察企业的经营目标。关于企业经营目标，基本观点有两种：一种观点认为，企业的经营目标是“利润最大化”；另外一种观点认为，企业的经营目标应该是“股东价值最大化”。两者的基本区别在于是否考虑到股东投入资本的多少。“利润最大化”从财务角度来看，它衡量的是企业管理者（管理团队）的经营绩效，即管理团队在资源既定的前提条件下是否实现了资源的最佳配置，这是一个静态的指标，没有考虑到股东投入资源的多少，不是从投资人的角度来考虑问题的。为了更好地理解这一问题，我们举个例子来说明。有A、B两家企业，在一个财务年度内，都产生了1000万元的税后净利润，如果不考虑股东的投入资本，我们很难衡量两个公司管理者的经营绩效谁优谁劣。但如果把股东的投入资本考虑进去，第一个企业投资了2000万元，而第二个企业则投资了5000万元，那么两者的投资资本收益率显然存在巨大差异，前者是50%，而后者只有20%。因此我们不能用“利润最大化”这一指标作为企业经营的目标，更不能把它作为资本运作的目标。资本运作是为了实现企业资源的最佳配置，它是企业为了实现既定的战略目标而进行的资源配置，它的根本目标是为了最大限度地为股东创造价值。衡量股东投入资本收益多少最直接的财务指标就是“投资资本收益率”。投资资本收益率＝（经营利润/销售收入）/（固定资产/销售收入＋营运资产/销售收入）。经营利润率的高低反映了企业所在行业的竞争格局，利润率低说明企业所处的行业竞争激烈，利润率高说明企业所处的行业竞争不充分；固定资产投入的多少反映了企业的商业模式是“重资产模式”或是“轻资产模式”。固定资产投入越多，投资资本的收益率会越低，“重资产模式”很难被资本市场的投资人认可；企业如果管控没有效率，营运资产就会投入越多。因此，从投资资本收益率来衡量企业绩效，就要考虑到企业的竞争格局、商业模式和竞争地位，它是一个综合性的财务指标，直接反映了企业所处的行业、核心竞争力，以及企业自身营运管控能力的高低。股东承担了企业最大的风险，衡量企业是否经营得好，理应把“股东价值最大化”作为基本的尺度，资本运作的根本目的在于最大限度地创造股东价值。以上说明“高利润率并不等于高资本收益率”。

强调企业的经营目标是实现股东价值最大化，其深层次的原因在于：在现代企业中，管理人的目标与股东的目标不可能完全一致，当然也不是完全不一致的。由于管理人具有对企业的信息优势以及“利己”的本性，有可能做出损害公司股东价值的行为，即存在所谓的“委托代理问题”（公司治理问题）。因此，强调企业的经营目标是实现股东价值最大化，其根本目的是强调管理人对股东的诚信和勤勉义务，要求管理人勤勉尽职，最大限度地为股东创造价值。

强调企业的经营目标是股东价值最大化，也就是强调公司的投资价值最大化。这样做并不仅仅是衡量企业管理者经营绩效的需要，它更重要的意义在于，对于公司的价值评价，已经从传统意义上的账面价值、清算价值与重置价值，转移到评价企业的市场价值或投资价值。企业的账面价值，是对企业过去经营状况的记录，它是一个会计和历史的标准，但并不反映企业未来的价值。在以银行融资为主的金融市场中，这种企业价值的评价标准往往诱导企业重资产的抵押价值，形成重资产结构。重资产结构在企业面临的外部市场环境发生变化的时候，由于资产的专用性，因此抵御市场风险的能力就差。在以证券市场为主的金融体系中，我们往往重视企业的市场价值或投资价值。它看重的不是企业过去形成的价值的多少，而是看企业未来创造价值的能力。投资者对企业的投资，不是投资现在，更不是投资过去，而是投资企业的未来。企业的投资价值，是指企业未来可以预期产生的资本自由现金流的贴现值，是预期未来每年产生现金流的贴现值的总和。企业价值由两部分构成，即债权人价值和股东价值。因为债权人是希望获取企业稳定的现金流量，所承担的风险较小，企业价值根本决定于股东价值，当债权人价值为零时，企业价值即为股东价值。企业价值的高低，取决于企业未来自由现金流的成长性、持续时间，以及所面临的风险。企业的成长性越好，可持续经营时间越长，所面临的风险越小，企业的投资价值就越高。因此，企业的账面价值高并不等于企业的投资价值高。

（三）资本运作的本质是构建风险共担机制

在从事企业家资本运作教育过程中，很多企业家经常向我反映以下现象：一是企业从来都没有向银行贷过款；二是如果项目好就不用找其他人来投资，自己一个人投资；三是企业的现金流很充裕，所以不用上市。以上三种现象可以归纳为一个原因，那就是企业家自己一个人来投资企业，不用外部投资人的资本。第一种现象说明企业家不懂得利用企业财务杠杆充分发挥挖掘企业的价值，即浪费了企业现有资源；第二种现象说明企业家对“投资”没有正确的商业认知，不知道什么叫“投资”；第三种现象说明企业家对上市及资本运作没有正确的理解。用一句话概括，企业家由于对资本市场没有形成正确的商业认知，从而没有深刻理解资本运作的本质。企业资本运作的本质是构建风险共担机制。

做企业要投资，这是人所共知的道理，但问题是由谁来投资？是自己一个人投资，还是找别人来投资？如果自己有足够的资本，自己可以投资，但更多的情况是当企业发展到一定规模后，自己的资本不足以支撑企业发展的时候，我们不得不利用外部资本来进行投资。另外，即使项目好，自认为没有风险，或者风险很低的时候，是不是完全由自己一个人来投资呢？这里，我们首先需要对“投资”有正确的商业认知。投资不是投过去，不是投现在，而是投未来。未来是不确定的，不确定就意味着有风险。只要是投资，就会有风险，那种认为投资项目没有风险的企业家，其本身的商业认知就是最大的投资风险。即使企业家有足够的资本，或者自认为风险很低的时候，我们也不能完全由自己一个人来投资。如果完全由自己一个人来投资，企业家就会承担企业所有未来的经营管理风险。之所以很多企业家会这样想，是因为不愿意稀释企业的股权。很多企业家把企业当作自己的孩子，对企业有相当深厚的感情，通过出让部分股权来利用外部资本，就好比把自己的孩子卖掉一样，难以割舍。做企业对企业有感情可以理解，因为做一个企业不容易，做一个成功的企业更不容易，但我们不要忘记我们做企业的根本目标是实现股东价值的最大化，企业所有的行为都应该围绕这一根本目标。当我们自己没有足够的资本让企业发展壮大的时候，我们就需要通过放弃一部分股权来获取企业发展的资本。即使你把企业当作自己的孩子来看待也没有问题，当我们自己没有能力来抚养孩子成人的时候，我们做父母的给孩子认个干爹干妈让其营养丰富些，从而顺利长大成人，也未尝不可。引进私募股东和公众股东这样的行为就好比企业认干爹干妈一样。在这点上，我们所主张的正确理念是把企业当作商品，根据企业发展需要随时做出买卖企业的决定。当企业经营不下去的时候，如果能找到一个好的东家，在合适的时间，卖个合适的价格，也不失为一种很好的战略选择。当企业有很好的经营基础需要资本进一步做大的时候，企业通过出让股权获取企业发展所需资本，迅速地做大做强企业，蛋糕做大了，即使分的比例小一些，但分得的蛋糕会比自己一个人独享股份要大得多。投资人把资本投入企业，承担了企业未来的投资风险，作为一种对其所承担风险的补偿，投资人需要拥有企业的控制权，也需要分享企业的所有权。资本运作，不管是私募还是上市，企业在本质上都是构建一种风险共担机制，让投资人和创始股东一起来承担未来的投资风险。

目前的商业环境跟以往比起来，发生了本质上的变化。市场的全球化和一体化扩大了企业的市场边界，一方面给企业的发展带来了机遇，但更多的是带来了挑战。全球化的市场竞争更加激烈，现在我们在任何一个地方或一个角落做生意，都要与全球最优秀的企业竞争。中国的市场经济还很不成熟，中国企业的经营管理能力在短时间内还很难与全球最优秀的企业竞争，主要表现在大多数企业没有自主核心技术，小作坊式经营呈常态，公司治理结构不健全，经营管理粗放。但中国经济经过三十年的发展，大多数传统行业已经到了成熟阶段，大多数行业企业规模小、数量多，到了需要进行资源整合的时候了。在这样的商业环境下，如果我们还像以前那样经营企业，只用自己的资本来经营企业，没有学会充分利用外部资本来发展企业，还死守着股权不放，其结果是可想而知的。到一定时间，要么经营不下去，要么成为被并购的对象。当然，如果能够被优秀的企业相中，已经是很不错的结果了。

（四）资本运作的操作就是买卖企业

私募与上市是通过出让股权来获取企业发展所需的资本，是在卖企业。并购是为了整合市场或行业资源从而购买其他企业股权的行为，是在买企业。在这里，我们要探讨以下两个问题：一是为什么要先卖企业，然后才会买企业，即如何理解这两者之间的辩证关系；二是到底我们卖企业是在卖什么，买企业又是在买什么。

1. 如何理解资本运作中“买卖企业”的关系。我们可以借用大家都熟知的“舍得”一词来说明这一道理。“舍得”必须是“先舍”然后才能“得到”。为什么我们必须先“舍去”，是因为企业要发展，但自己没有足够的资本，此时企业又面临很大的风险，债权投资人不愿意在这个时候投资，只有股权投资才会冒这个风险。所以企业就必须先让出一部分股权来换取企业发展所需的资本。出让股权创始股东舍去的是什么，舍去的是创始股东的所有权和控制权。企业如果要进行股权融资，所有权与控制权是投资人要求的两项核心权利。所有权表明创始股东要与投资人按照股权比例分享投资收益，控制权表明创始股东今后对企业进行重大战略决策的时候，要与投资人一起商量来做出，而不再由创始股东一人做出决策。很多老板在进行资本运作的时候，这一步很难迈出去，也就是“舍不得”。这时需要老板进行权衡：如果舍不得出让股权，企业就像蜗牛似的慢慢往前爬，这在目前的商业环境中面临很大的风险；如果通过出让股权，迅速抓住发展机遇，构建风险共担机制，即使今后分得的蛋糕比例小了，但分得蛋糕规模的绝对值大了。通过出让股权，特别是上市，搭建起资本运作平台后，就到了并购其他企业的时候了。当然，没有上市的时候可不可以买企业，进行并购。答案是肯定的，可以，只不过那时比较费劲，所花成本和代价比较大而已，企业所能用的金融工具也不多。上市后，不管是企业品牌的影响力，还是资本实力，以及可用的金融工具方面，操作成功的可能性都比较大。私募和上市，为并购构建了很好的管理基础及搭建了资源整合的平台。所以，企业要进行迅速的资源整合，必须通过出让股权获取企业发展所需的资本，把企业做到一定规模后才有可能成功地并购企业。

2. 资本运作中“卖企业”到底是在卖什么，“买企业”又是在买什么。这个问题其实也就是企业在进行融资的时候，投资人会购买企业的股权，到底企业的哪些方面值得投资人来买，投资人又会从哪些角度来审视企业。从企业的角度来讲，我们需要具备什么样的管理基础，投资人才会对企业感兴趣并进而购买企业的股权。总的说来，企业资本运作中的“卖企业”卖的是以下几个方面：行业、技术、商业模式、管理团队、公司治理结构、公司良好的财务表现及规范的财务管理、公司清晰的战略发展规划，以及创业团队正确的商业认知。

第一，企业要处在一个高增长或者至少是有高增长潜力的行业。中国有句古语：男怕入错行，女怕嫁错郎。这句话对企业来讲是最为贴切不过的了。如果投资了一个处在衰退阶段行业的企业，这个企业即使做得再好，未来也不会有什么发展前景。投资人在考察行业的时候，主要关注以下几个方面：行业的规模、市场结构、行业生命周期、竞争壁垒、主要竞争对手的竞争优势，以及行业是否得到国家产业政策的鼓励和支持。行业的规模要足够大。行业的市场结构要处于垄断竞争阶段，或垄断竞争向寡头垄断过渡的阶段，处在这样的市场结构，企业才会有做大的机会。行业的生命周期要在初创期或发展期以及成熟期的早期，处在这个阶段的企业未来才会有很大的成长空间。行业的竞争壁垒主要是看表现在技术？金融资本？抑或是人力资本？因为不同的竞争壁垒需要企业具备相应的核心资源与核心竞争能力。还要看企业与竞争对手相比是否具有相应的竞争优势。目前，国家七大战略性新兴产业发展规划已经颁布，并且也制定了相应的实施细则。这不仅显示了中国产业的未来发展方向，也代表着当今世界经济的产业发展趋势。作为企业，要在检讨自己产业选择的基础上，做出适当的产业方向调整，因为这关乎企业今后是否能顺利地通过资本运作进行资源的整合。

第二，领先的技术水平。对于技术类企业来讲，技术的领先性是其核心竞争能力。投资人考察企业的技术，主要从以下几个方面来看技术的领先性：一是专利，特别是看企业是否具有原创性的核心发明技术；二是看该企业是否成为行业或国家标准的制定单位或起草单位之一；三是看研发投入的多少，一般说来，真正具有技术领先能力的企业，其研发投入占销售收入的比重大致在3%～5%；四是看技术的研发理念，是以市场为导向，还是以技术本身为导向；五是看技术研发团队的基本情况及与外部的合作模式；六是看市场或客户对技术或产品的认可程度；七是看新的技术或产品是否具有成本优势。

第三，独特的商业模式。商业模式表明企业创造价值、传递价值和获取价值的基本方式。构建一个好的商业模式，可以说企业就成功了一半，另一半就是执行和操作层面的问题。投资人为什么如此看重企业的商业模式？因为商业模式表明了企业的战略选择与竞争对手的不同，也就是平常我们所说的差异化竞争，即企业到底与竞争对手有什么不一样的东西，企业赚钱的独门绝技到底是什么。如果我们在各个方面都与竞争对手没有什么不一样，我们只能赚取平均利润。只有独特的商业模式，企业才能赚取超额利润。

第四，优秀的管理团队。如果你问十个投资人，项目和团队哪个重要？恐怕十个投资人都会回答，团队比项目重要。优秀的管理团队是项目投资成功的保障。投资人关注创业团队成员的商业认知、执行力、经验、专业能力、职业素养，以及创业精神等诸多方面。在这所有的要素中，根据我们的投资经验，我们认为商业认知是决定一个项目投资成功与否的决定性因素。市场前景广阔，技术领先固然是基础，但这并不能完全决定公司是否运作成功。如果团队成员，特别是创始股东是一种小作坊式的经营管理思路，没有现代企业管理的基本理念、素养和知识视野，项目很难运作成功。

第五，完善的公司治理结构。公司治理是投资人对管理团队的管理，公司管理是管理团队对公司资源的配置。良好的公司治理结构是公司管理健康运行的前提和基础。投资人考察项目公司的治理结构，主要关注的是看是否建立起科学的决策机制，是否构建起有效的监督约束机制，以及是否建立起有效的激励机制。前两大机制解决的是公司权力的分配问题，后者解决的是公司利益的分配问题。只有配置好公司权力和分配好公司利益，公司管理才会有效率，才能为投资人创造价值。

第六，公司良好的财务表现及规范的财务管理。虽然投资是投未来，但公司过去的财务表现证明了公司以往创造价值的能力，如果管理团队是稳定的，没有太大的变化的话，以往的财务表现在很大程度上也能够证明公司未来创造价值的能力。公司的良好财务表现是指公司过去两到三年的增长情况如何。一般情况下，投资人在投资的时候，都要求企业过去两到三年和未来三到五年有一个高增长，即公司是高成长的公司。“高成长”的标准是指年复合增长率至少在30%以上，最好是在50%以上。另外，规范的财务管理对于融资会起至关重要的作用。笔者曾在2010年的《经济管理》杂志第四期专门发表过文章来说明这个问题。投资人评估公司价值，是基于公司过去的财务绩效以及对公司未来的预期来评估价值，如果你不能有效证明你过去创造价值的能力，导致投资人对公司的经营情况不了解。投资人最终可能会放弃投资。即使投资，也会基于对风险的控制，对公司估值大打折扣，使公司融资付出很大的成本。因此，规范的财务管理是保证融资成功的基本前提之一。

第七，公司清晰的战略规划。公司在融资的时候，不管是私募还是公募，都要事先制定好公司发展战略。所谓战略规划是指管理团队打算未来如何经营管理公司，达成什么经营目标。如果创始股东或创始团队没有想好未来如何做这个企业，没有一个详尽的商业计划，投资人是不可能把钱投给企业的，因为你根本就不可能充分运用好这个资金，不可能很好地为投资人创造价值。

第八，正确的商业认知。前面几个方面是投资人看得见摸得着的东西，考察管理团队的商业认知是个很难的事情，因为它看不到摸不着，但管理团队商业认知是否到位是决定项目投资成败的关键。商业认知表现在两个方面，一是企业家本身对现代企业制度和现代公司管理的基本看法是否正确，二是企业家如何构建与投资人和谐的合作关系。

并购是企业购买其他公司的股权。并购买企业买的是什么？买企业主要买的是以下几个方面：一是直接买市场，买客户，买渠道。比如对竞争对手的并购；二是买关键资源，比如对产业链上下游相关企业的并购；三是买研发团队和技术；四是买品牌。如果企业自己慢慢成长，可能会耽误了有利的战略时机，通过并购能够迅速地整合相关资源，具有战略先机。至于并购对企业发展的重要意义，我们可以用斯蒂格勒的那句经典来概括，“全球500强企业，没有哪一个企业是做大的，是买大的”。请大家一定记住，企业不是“做”大的，而是“买”大的。

（五）资本运作的常态：系统工程

在投资实践中，我们经常遇到这样的情形，某企业的运营资金突然出了问题，老板急得上火，于是不惜一切代价满地找钱。结果可想而知：要么找不到钱，企业现金断流；要么找到了钱，但花了较高的资金成本。这是由企业没有长期的资本运作规划造成的结果。这一现象不管是在中小企业，还是在大型企业中都较为普遍。这种财务金融资源配置的权宜之策必然导致两种结果：一是企业能及时筹集到资金，但将面临较高的财务成本；二是企业不能及时筹集到资本，将丧失有利的发展机会。最坏的结果，企业有可能破产倒闭。

我们应把企业的资本运作看成是一个系统工程。企业的资本运作涉及企业管理的各个层面，企业家要进行系统规划，“居安思危，未雨绸缪”应该是企业资本运作的基本原则，“头痛医头，脚痛医脚”的权宜之策，不应成为公司资本运作的基本原则。

首先，要制定公司的战略规划。企业家要正确认识公司战略与资本运作的关系。企业的财务金融资源配置应以公司战略为先导，公司的资本运作应配合公司的总体发展战略。企业应该在制定公司总体发展战略的基础上，制定资本运营策略。制定公司战略规划，至少应该包括以下几个基本要素：确立公司愿景，即公司未来的发展蓝图是什么；明确公司使命，即公司为什么存在，公司存在的意义和价值是什么；制定公司发展目标，即公司在未来三到五年的具体发展目标；创新公司商业模式，即公司创造价值的基本逻辑是什么，也就是赚钱的门道与竞争对手有何不同；公司的研发计划和产品计划；公司的营销计划；公司资本配置策略；风险控制手段等。以上我们也可以理解为要制订一个未来可行的商业计划，或者说资本运作第一件事是应该制订公司战略规划，而不能为了资本运作而去做资本运作。

其次，要夯实好企业的管理基础。管理基础包括以下基本内容：①完善公司治理结构，这是资本运作的前提和基础，是保证投资人能够收回投资的核心制度安排，也是公司基业长青的基石；②构建符合公司资本运作的法律框架，如对企业进行股份制改造，解决企业的关联交易问题、股权代持问题、同业竞争问题、客户过于集中的问题、政府补贴过高的问题等。解决上述问题，需要花费很长的时间，是一个循序渐进的过程，不可能一蹴而就；③规范公司基本的管理制度和管理流程。当企业规模较小的时候，制度管理的作用不会很大，甚至会成为创业公司快速发展的绊脚石，但当企业做到相当规模，需要进一步上台阶的时候，制度的重要性便凸显出来了，这时人对企业的管理就应当让位于制度对企业的管理，制度应当成为企业所有员工（包括老板在内）的行为轨道。只有以制度为基础的企业，才会长成参天大树。《基业长青》一书的作者指出，全球的那些百年老店，包括 IBM、福特等，为什么能活到一百年？这些企业的股东换了无数个，董事长和 CEO 换了无数届，企业为什么还能很好地继续发展，他认为就是企业建立了一整套能够适应环境变化的制度和机制。当然，企业的制度有很多，有生产制度、财务制度、人力资源制度、营销制度，等等。在所有的企业制度和机制之中，基本和核心的制度应该是公司治理结构。企业只有解决了公司的权力配置和利益分配问题，公司的管理才有可能健康运行。因此，对于那些想进一步做大做强的企业来讲，规范基本的管理制度和管理流程应该成为夯实管理基础的第一要务。用制度经济学的一句话来讲，制度决定一切，有什么样的制度，人们就会有什么样的行为。④打造健康的财务体系。财务对于企业的重要性，犹如人的血液对于身体的重要性一样。人体的血液一旦流通不畅，人的健康就会出问题。健康的财务体系应该是企业夯实管理基础的一项基本工作。之所以对它如此强调，一是为了保证企业能够健康运行，二是在吸引投资人对企业进行投资时，需要向投资人证明公司创造价值的能力。我们很多企业在融资时，说我这个企业如何如何能够赚钱，但当投资人在进行尽职调查时才发现，企业的财务管理一团糟，老板自己都说不清楚企业赚了多少钱。这样的企业，投资人是不可能进行投资的。⑤组建稳定的管理团队。企业在上市审查时，要求企业的核心管理团队成员在近两三年内能够保持稳定，这是保证企业各项计划得以实施，以及企业的各项政策具有连续性的基本前提。如果一个企业的核心管理团队成员经常变动，我们很难想象这个企业的管理绩效是高效的。以上说明，资本运作不是权宜之策，而是长久之计，要做到“居安思危，未雨绸缪”，只有夯实好企业的管理基础，资本运作才会顺利开展。

（六）资本运作的路径：量体裁衣

企业处在不同的发展阶段，企业不同的资产特性，需要选择不同的金融工具与之相匹配，或者说资本运作需要选择好合适的路径，要做到量体裁衣。金融工具的选择，至少要考虑以下四个基本要素。

1. 企业所处的发展阶段

在企业的发展初期，由于可供抵押担保的资产很少，企业的市场、团队等面临的不确定性因素较大，从而投资风险较大，这个时候用债务融资工具成功的可能性不大，因为债务投资人是希望获得企业稳定的现金流量。比较合适的路径是选择股权投资人，并且最好是找那些正规的风险投资（VC）机构或私募股权投资基金（PE）。对不同的 VC 或 PE 也要有所选择，因为不同的 VC 或 PE 基金都有自己的投资定位，包括投资的行业、投资的阶段、投资的规模，以及对商业模式和管理团队的要求都有可能不一样，等等。一般而言，对于股权融资，企业的资本运营路径依次是风险投资（VC）、私募股权基金（PE）、上市融资（IPO）、后续股权融资、可转换债券，最后通过兼并、收购对行业资源进行整合。

2. 融资项目的资产特性

如果是针对企业特定的资产和项目，则可以用应收账款融资、存货融资、票据贴现、资产典当融资、项目融资（包括 BOT、BT 等），甚至资产证券化等金融工具。这是针对企业资产负债表左侧的融资，它是根据企业资产项目特性的金融工具。对于投资者而言，它是为了获得企业特定项目和资产的局部的、固定的现金流量。这些金融工具，对于那些有相当资产规模的大中型企业尤为重要，目前已成为金融创新的主流。在企业资产负债表右侧，建立在企业整体现金流上的金融工具主要有：贷款、债券、优先股、可转换证券、私募股权融资、公开发行股票。其中，贷款、债券和优先股是投资者为获取企业固定现金流的金融工具，而可转换证券、私募股权融资，以及公开发行股票则是投资者为了获取企业剩余现金流的金融工具。

3. 融资的成本

不同的融资工具成本不同。一般说来，其成本由低到高的金融工具依次是：抵押担保贷款、结构性融资、IPO 融资、VC 或 PE 融资。当然，在既可以内部融资，又可以外部股权和债务融资的前提下，我们需遵循一般的选择顺序，即先内部融资，然后再债务融资，最后才是股权融资。我们在考虑融资成本的时候，需要特别明确一点，即要把融资的时间成本考虑进去。比如就公司 IPO 融资而言，企业在不同的证券交易所上市，所需要的时间是不一样的。

4. 企业的资本结构

资本结构是指企业债权与股权的比重。对于不同企业，或者企业处在不同的发展阶段，债务与股权应该有一个合理的比例，也就是企业需要一个恰当的资本结构。如果企业债务过多，企业就面临很大的破产风险。如果企业很少债务，甚至没有债务，大部分或全部是股权资本，说明公司资源没有得到充分利用。我们在从事投资实践中，常常听到两种声音，一种说我这个公司没有一分钱的债，另外一种说我这个公司几乎全是用银行的资金发展起来的。这两种情况都走了极端，都是不正确的金融观。我们在进行融资的时候，需要考虑一个科学、合理的资本结构，以规避企业的财务风险，同时使企业的资源发挥到最大价值。

5. 证券化融资成趋势

中国金融市场未来的发展方向应该是大力发展证券市场，因此直接融资的比重会逐步提高。中国企业要学会充分利用证券市场的资本来发展企业。如果还停留在自我积累和通过银行融资来发展企业这样的思路，一方面企业价值不会得到充分体现，另一方面，会丧失有利的发展机会，在目前和未来的商业竞争中不会占据竞争先机。

（七）资本运作的时机：恰逢其时

在比较成熟或发达的金融市场，按照一般的规律，只要开始做企业，就应该进行资本运作。但由于我们处在一个特殊的发展时期，以往由于金融市场没有完全开放，企业融资工具或渠道比较单一，大部分企业都是通过自身的资本积累或银行贷款来发展企业，没有通过证券市场来融资，对证券市场的规则不了解。大多数企业现在面对证券市场众多的融资工具或渠道，不知从何做起。鉴于此，我们认为，企业要进入证券市场融资，需要把握好一个有利时机，做到恰逢其时。

首先，企业要夯实好自己的管理基础，然后才能进入证券市场融资。没有打好基础就进行资本运作，就好比空中楼阁，缘木求鱼。很多企业家做资本运作时，对这个问题没有正确的商业认知，误把上市作为企业成功的标志，认为只要上市就万事大吉，企业就获得了成功，企业家也就获得了成功。因此，很多企业是为了上市而去做上市，不管企业的管理基础如何，是否达到上市公司的根本要求。更有甚者，有的企业家认为上市就是去“圈钱”，没有真正抱着为投资人负责任的态度去上市。在上述错误理念的误导下，一些不具备上市条件的企业，找那些不道德的中介机构在财务方面弄虚作假，趁市场监管力度不够之机，把企业推向公众市场，结果不但上市没有成为企业发展的助推器，反而成了企业破产倒闭的催命符。另外，有的企业由于没有清晰的战略规划和相应的管理基础，不知道上市融到的资金如何去花，就把从投资者那里融得的资金去炒二级市场的股票。有些企业由于上市心切，没有解决好企业的一些基本管理问题，就花大量的时间精力、人力和财力去做上市，结果耽误了企业扭转失败的最佳时机。有的企业在吸引 VC 和 PE 的时候，在合作之初就对投资机构不诚信，在合作过程中出现本不应该出现的错误，导致投资机构中途离场。不管是私募或上市融资，由于没有清楚地认识到资本运营所要具备的基本条件，把资本运作当作企业成功的充分条件，而不是必要条件，为做资本运作而做资本运作，最后企业做不下去的情况很多。其实，资本运作成功的关键并不在于资本运作本身，而在于企业规范的治理、良好的管理，以及公司清晰的战略发展规划等必备的管理基础。

其次，资本市场深化为中小企业创造了前所未有的发展机遇。中国资本市场的深化从两个方面来理解：一是证券发行制度的改革；二是新型金融工具的出台。中国资本市场改革的制度建设目前主要表现为证券发行制度的改革，即由目前的核准制改革为备案制。证券发行制度改革将会从根本上改变目前资本市场中存在的诸多不足，使资本市场步入良性发展轨道，从而带来证券市场空前的大发展。因此，未来企业的证券化融资将成为常态，企业需要熟悉证券市场的融资规则，改变以前那种只依靠自我积累和银行融资的模式和习惯。目前，资本市场一些新的金融工具的出台为中小型企业（特别是创新型中小企业）的融资提供了良好的发展机遇：一是为未上市的中小型企业推出的私募债券；二是新三板的扩容；三是全国统一的场外交易市场（OTC）。另外，企业私募股权融资业已成为继银行贷款、IPO 后的第三大融资工具，需要企业家对这一新的金融工具给予更多的关注。这些新型工具的推出，在很大程度上将从深层次改变未来中国金融市场的结构。中小企业融资难的问题在不久的将来会得到解决。面对金融市场的本质变化，企业一方面要开阔视野，及时把握金融市场发展的最新趋势，了解每一个金融工具的操作流程和步骤；另一方面要打好企业的管理基础，做好迈入资本市场大门的准备。

（八）资本运作的前提：完善的公司治理结构

公司治理结构是保证投资人能收回投资的基本制度安排，主要解决公司的权力配置和利益分配两大核心问题。当企业处在初创期，同时企业规模比较小的时候，投资人自己管理企业，自己做出管理决策并自己承担决策的责任，在这种情况下，不存在公司治理问题。当企业做到一定规模，老板管理能力不够或不愿意再参与企业的日常经营管理的时候，就引进专业或职业的管理团队。引进职业管理的收益在于有可能实现管理的专业化和职业化，但同时也会给企业带来一定的成本，那就是治理公司问题。公司治理问题是由于老板的利益目标和管理团队的利益目标不完全一致，再加上双方的信息不对称，老板对管理团队监督比较困难，从而管理团队有可能基于自身的利益目标做出有损于公司股东价值的行为。在中国，公司治理问题有别于发达市场经济国家，发达市场经济国家的公司治理问题更多地表现在职业管理团队存在的问题。中国企业的公司治理问题表现在两个方面：一是管理团队的问题，比如因职业操守问题，管理层做出有损于股东有利于自己的行为，过度地在职消费问题等；二是投资人的问题。比如，老板对职业经理团队不信任，老板舍不得放权，老板不知道如何对管理团队实施有效的监督和约束，老板不知道如何有效激励管理团队，或者基于自身的利益考虑，舍不得对管理团队进行股权或期权的激励等。公司治理的所有问题可以归纳为两大问题：公司的权力配置与公司的利益分配。公司治理结构就是为了构建公司基本的制度安排以解决这两大核心问题。解决公司治理问题的制度大体可以分为两大部分，一是基于外部的市场机制，即产品市场、职业经理人市场、资本市场等，外部的市场机制会对管理团队形成约束；二是基于公司内部的制衡结构，即我们通常所说的通过“股东会—董事会—管理层”三层结构来实现对管理团队的约束。具体说来，这些机制或制度包括：一是构建公司的科学的决策机制，以民主决策和集体决策代替以往的个人决策和独裁决策；二是构建公司监督约束机制，解决监督约束的有效性问题；三是构建公司的激励机制，解决激励机制的高效性问题。

VC和PE作为外部财务投资者，由于他们不参与公司的日常经营管理，因此除了按照一般的公司法和相关的法律要求公司达到相应标准外，还需要有一些特殊的制度安排，这主要体现在以下几个方面：①拥有公司董事会上的某些“特殊权力”。投资者会要求创业公司在公司决策机制上做出重大调整，改变原来大股东的决策模式，公司需要设立董事会，或者对原有董事会进行改组，公司重大战略都需要在董事会上集体决策。投资者可能并不按照投资比例派遣董事进入董事会，可能只委派一名董事代表，但在公司一些重大战略决策问题上需要拥有一票否决权以保护自己的权利。这些重大战略决策投资人与公司创始股东需要在事先达成一致，并明确写入投资条款。②健全监督约束机制。投资者可能会要求公司引进必要的管控工具对公司高管团队进行监督约束，从而真正发挥董事会对管理层的监督约束作用，尽最大可能降低公司治理成本。投资人可能会与创始团队签署“雇佣协议”，即投资人会把创始团队当成所聘请的管理团队，当管理团队没有能力继续管理公司，或者管理绩效达不到投资人要求的时候，投资人有权解聘原有的创始管理团队，重新聘用新的管理团队。③健全激励机制。投资者可能会与创业团队签订“股份调整协议”，即“对赌协议”，要求创业团队在既定的时间内达到约定的绩效，否则，投资股份需按约定条款进行相应调整。从我们的投资实践来看，大多数中国民营企业家对以上条款是很难在短时间内愉快接受的。他们认为自身项目很好，投资者的这些要求太苛刻，有的甚至认为是不公平的。VC或PE投资都是股权投资，由于他们不参与公司的日常经营管理，存在信息不对称情况，为了有效地降低和控制投资风险，投资在公司治理结构上经常会采用以上工具，这在成熟国家的投资交易中都是常用的手段，而中国的企业家却认为这样做自己吃了大亏。中国的企业家需要真正了解资本的国际语言，以免错失发展良机。

（九）资本运作的保障：优秀的管理团队

投资人投资一个项目，要考虑诸多因素，但优秀的管理团队无疑是吸引投资者的第一要素。在投资实践中，常常有人问我：项目与团队相比，哪个更重要？如果你问十个投资人，十个人都会告诉你，团队比项目重要，投资就是投团队，投资就是投人。投资人常说，一流的团队能做好二流的项目，二流的团队会做坏一流的项目。衡量一个团队是否优秀，我们一般从以下几个方面来综合考量。

第一，管理团队是否拥有正确的商业认知。所谓商业认知就是管理团队对现代企业制度、现代企业管理以及资本市场的基本看法。我们始终认为，只有正确的意识才会有正确的行为，只有正确的行为才有可能有良好的结果。从投资实践来看，管理团队商业认知的正确与否决定了项目投资的成败。我们今天面对的商业环境较以往发生了本质变化，那种仅依靠机会赚钱的时代已经一去不复返了，企业家需要对现代企业制度、现代企业管理以及资本市场的基础知识有所了解和掌握，更关键是要具备正确的经营管理理念。以往那种小作坊式的经营管理思维与方式已经不适应市场发展的需要，更不能应对未来的挑战，企业家需要开阔商业视野，形成正确的商业认知，真正做到与时俱进。另外，一个优秀的管理团队需要有共同的价值观与文化观，对团队所从事的事业有高度的认同感和崇高的使命感。这种价值观要高于仅从企业的财务目标来考量，大家必须认可企业所从事的一项事业，而不仅仅是为了企业能赚钱。

第二，管理团队是否拥有较强的执行力。一个优秀的管理团队一定是具有较强执行力的团队。看一个团队是否具有执行力，主要从三个方面来考量：一是看团队的带头人，或领导人的思维方式、行为方式，以及领导方式。在上领导力课程的时候，老师常说的一句话：一只狼带领一群羊，最后这一群羊会变成一群狼；如果一只羊带领一群狼，最后这一群狼会变成一群羊。这说的就是团队的带头人对团队执行力的影响。二是看团队是否把制度作为行业的准则。在创业企业中，往往是创始人的人格魅力引领企业的发展，但企业发展到一定规模的时候，这种仅仅只依靠“人治”的管理方式必须让位于“法制”的管理方式。企业员工的行为应该由企业制度来规范与引领。世界企业发展实践证明，有制度的企业才真正具有可持续发展的基础。三是看团队成员的素质。企业发展有了明确的方向和目标，有了好的制度或机制，最后就看团队成员的素质。要想让团队成员有执行力，需要团队成员主动自觉的行为，而不是被动地去执行任何决策。只有那种从内心上认同公司和管理制度与管理文化，并能准确地理解执行目标的团队成员，才会不折不扣地去执行上级团队的决策。

第三，管理团队的知识和专业结构是否合理。现在的企业要学会带领正规部队打阵地战，以往那种带领游击队打游击战的管理方式已经不适应市场发展需要。企业需要拥有技术、营销、财务、营运和生产等各个方面的高级专业管理人才，真正做到专业化和职业化的管理。在决策的思维方式上，企业的高级管理团队要避免同质化，最好形成一种互补的关系，团队里最好有激进派和稳健派，不至于决策的时候听不到不同的声音。

第四，管理团队是否具有丰富的经验。一个优秀的管理团队一定是各个方面经验丰富的团队。这种经验在企业处于低潮，或处理企业危机与创新市场出现时把握市场机会方面显得尤为重要。衡量管理团队的经验主要从以下几个方面：一是看管理团队在所在的行业待了多长时间，一般说来，一个团队在一个行业里如果没有待到三年以上，是谈不上有经验的，对市场的了解和对客户需求的把握都会存在问题。二是看对这个行业未来发展趋势的把握，这种把握在建立在经验基础上的商业嗅觉所能感知的。

第五，管理团队是否具有企业家精神。具备企业家精神的团队一定会成为优秀的创业团队。我们从以下四个方面来看创业管理团队的企业家精神：一是创业团队需要激情。企业在创业阶段，会面临很多困难，如果创业团队没有激情，很难面对困难并战胜困难。激情来源于梦想，来源于创业者对创业企业所寄予的未来美好蓝图和为此而愿意担当的企业使命。二是看创业团队是否具有冒险精神。冒险是企业家的天性，对于创业家来讲，尤其如此。在企业发展初期，市场、技术、产品，以及商业模式和管理团队都具有很大不确定性，如果企业家不具备冒险精神，等什么都清楚了，看明白了才去发展企业，市场机会可能也就没有了。做企业不冒险，只能赚到行业的平均利润，甚至根本就没有机会。只有那些具备冒险精神的企业家，才有可能及时抓住市场机会。三是看创业团队是否具有“坚忍”的精神。创业企业在创业初期，会面临无数困难，当创业面对无数次失败的时候，创业家是否还会坚持原来的梦想，是否还能坚信企业未来的发展方向，他是以什么样的态度和心态来面对这一切。有的可能就会放弃，有的企业家可能会以常人无法想象的耐心来面对困难，并坚持看到曙光的那一刻。四是看创业家的创新精神。创新是企业家的天职，是企业家的灵魂。创新不只是技术和产品的创新，发现一个新的市场，在管理实践中总结出一套新的管理工具和管理方法，这些都是创新。衡量创新的标准只有一个，那就是看这个创新是否可以赢得市场。只有坚持不断地创新，企业才会有持续的生命力，创业管理团队必须具备持续的创新精神和创新能力。

（十）资本运作的关键：商业模式

在资本运作中，商业模式是吸引投资人的关键要素，因为它决定了企业的投资价值。商业模式是企业创造价值、传递价值或获取价值的基本方式。通俗地讲，商业模式讲的就是企业赚钱的方式，即企业赚钱的方式与竞争对手在哪些方面存在差异。如果企业赚钱的方式与竞争对手没有区别，企业只能赚到行业的平均利润，不会超越竞争对手。只有企业创造价值的方式与竞争对手不同，才有可能比竞争对手做得更好。

在目前的商业环境下，创新商业模式是必要的、重要的，也是十分紧迫的。科技进步，特别是信息技术的广泛应用，不仅改变了企业产品的生产和销售方式，对企业成本的影响是巨大的，同时也改变了人们的消费习惯，影响了人们的消费行为。为此，企业面对新的市场、新的客户和新的需求，企业的价值主张、市场定位、客户关系和渠道通路等都应做出适当调整，创新商业模式势在必行。市场全球化和一体化的发展，扩大了企业的市场边界，一方面为企业提供了新的市场机会以及新的整合行业资源机会，但同时也给企业带来了风险和挑战。企业如何利用新的市场机会整合产业资源，同时又能有效地控制风险，商业模式的创新就成为必然。在中国目前的商业环境中，资本市场的发展与深化也应成为企业创新商业模式的重要驱动因素之一。新的金融工具或融资渠道的出现，为企业整合资源提供了良好的外部条件，企业需要考虑如何充分利用资本市场工具来创新商业模式。另外，企业本身因应对竞争，需要不断创新商业模式以求得更大的生存空间和抓住有利的发展机遇。

考量或评价一个商业模式，我们一般从九大要素来看：一是价值主张。企业为客户提供了什么产品和服务，解决了客户的什么问题，满足了客户的什么需求，从而体现了企业对客户存在的价值和意义。二是市场定位。企业为哪些客户提供产品和服务。企业的市场定位要精准，定位时要考虑到企业的价值主张、核心资源与核心能力。三是客户关系。消费类产品的客户关系相对来讲比较简单，企业把产品卖给客户以后，客户关系差不多也就结束了。如果企业提供知识解决方案类的服务，客户关系相对而言就比较复杂，企业把方案销售给客户以后，不是客户关系的结束，而是构建紧密客户关系的开始。四是渠道通路。企业通过何种渠道把产品和服务传递给客户，如何帮助客户识别和购买公司的产品和服务，客户获得产品和服务的成本如何，这些都是渠道通路要回答的问题。五是核心资源。企业要为特定的客户实现其价值主张，需要具备一定的核心资源，这种资源要么是固定资产，要么是金融资源，或人力资源，要么是企业的专利、品牌和客户关系等知识资产。不同的商业模式，对企业的核心资源要求不同。六是关键业务。企业为特定的客户实现价值主张是通过关键业务来体现的。免费式商业模式或多边平台式商业模式的关键业务更多的可能是搭建平台，而传统的垂直一体化商业模式的关键业务可能更多地体现在产品的生产制造和销售方面。七是重要的战略合作伙伴。任何企业的资源都不可能完全由自己拥有，为客户提供专业化的产品和服务已经成为企业设计商业模式的重要趋势。为了优化商业模式，或者弥补企业自身资源方面的不足，与重要的资源伙伴结成战略联盟成为必然的选择。八是收入来源。企业靠什么主要业务赚钱，什么业务可能不赚钱，但这种业务与主要业务有必然的联系，能够为主要业务收入来源搭建平台。九是成本结构。为实现企业的收入来源，其成本支出结构如何？企业的市场定位决定了公司的成本结构是价值驱动型还是成本驱动型？实现企业商业模式需要什么样的成本结构与之相匹配？此种商业模式是要求企业实现规模经济还是范围经济？以上都是商业模式的成本结构需要回答的问题。

从商业模式的九大要素出发，我们可以把现存商业模式归纳为以下六类：一是传统垂直一体化的商业模式。这种商业模式在中国传统的制造业里比较常见，即企业在一个产业链上所有环节都做，号称“全产业链”模式，或者做一个产业的几个环节。这种模式在目前专业化分工愈发细密的今天，已经不能适应市场竞争的需要。更为关键的是，这种商业模式固定资产投入很大，投资资本收益率较低，不能有效抵御市场风险。二是非绑定式商业模式。这种商业模式大多是在传统商业模式基础上的重新构建，企业只专注于某类业务，商业模式要么是产品创新型，要么是客户关系管理型，要么是基础设施管理型，而不是企业既要实现产品创新，同时要与客户维系良好的管理，而且还需要大量的固定资产的投入以建立庞大的基础设施。这类商业模式克服了公司不同业务类型需要不同的经济驱动因素、竞争驱动因素和文化驱动因素之间的矛盾。非绑定式商业模式适用于对传统商业模式的改造。三是多边平台式商业模式。这类商业模式是企业为两类或更多有明显区别但又互相联系的不同需求客户搭建平台从而创造价值。苹果公司和一些互联网门户网站是典型的多边平台式商业模式。四是长尾式商业模式。由于科技进步，特别是信息技术广泛应用，大大地降低了生产成本，也使客户接触产品和购买产品的成本降低，同时连接供需双方的搜索成本也大为降低。多产品种类，每种产品种类少量的长尾式商业模式应运而生。对于那些适合网上销售的产品大多可利用这样的商业模式。五是免费式商业模式。对于任何客户而言，免费的东西永远都具备足够的吸引力。对于企业而言，如果要设计免费式商业模式，一定要想清楚企业哪些产品或业务可以免费，而哪些产品或业务必须收费以实现盈利目标，以及有多少免费客户可以转化为收费客户。可能的免费式商业模式是：①一方客户免费，而另一方客户要收费；②基础服务免费，而增值服务要收费；③可能是短期免费，长期收费。六是开放式商业模式。市场的全球化和一体化使企业的市场边界不断扩大，开放式商业模式会成为大多数企业，特别是跨国企业的必然选择。企业开放的目的是在更大范围内整合市场资源。开放式商业模式有两大方向：①企业可以整合市场或产业内其他企业的各种资源为企业本身所用；②企业可以把闲置的资源向市场开放，使企业闲置资源也能够参与到公司价值的创造中来。

由于商业环境的变化，企业需要不断创新商业模式以适应现在和未来的商业竞争。企业创新商业模式可从以下几个方面着手：一是重构企业的价值主张。企业可以根据目前行业的竞争格局、企业自身的战略目标、核心资源与竞争优势，提出与竞争对手或者和企业以前不同的价值主张，从而创新企业的商业模式。二是重新进行市场定位。由于市场边界的扩大、客户需求的变化、企业成本的降低，可以对市场和客户进行重新细分并定位。三是重新确定重要战略伙伴的合作关系。由于市场边界的扩大，企业整合资源的可能性增加，重新发现合作伙伴价值对公司发展的重要意义，资源整合型的开放式商业模式将会成为未来商业模式发展的重要趋势。四是重新界定企业的收入来源。结合外部市场竞争环境的变化，分析各个业务类型对企业收入的影响，重新构建收入来源与结构也是商业模式创新的着眼点之一。五是重构企业的成本结构。企业的成本结构反映了企业商业模式的优劣。企业可以在对行业竞争格局、企业的核心资源、竞争能力和竞争优势充分了解的基础上，重新构建企业的成本结构，以实现商业模式的创新。

附件 1

全国中小企业股份转让系统业务规则（试行）

（2013 年 2 月 8 日发布，2013 年 12 月 30 日修改）

第一章 总 则

1.1 为规范全国中小企业股份转让系统（以下简称“全国股份转让系统”）运行，维护市场正常秩序，保护投资者合法权益，根据《中华人民共和国公司法》（以下简称《公司法》）《中华人民共和国证券法》《国务院关于全国中小企业股份转让系统有关问题的决定》以及《非上市公众公司监督管理办法》（以下简称《管理办法》）《全国中小企业股份转让系统有限责任公司管理暂行办法》等法律、行政法规、部门规章，制定本业务规则。

1.2 在全国股份转让系统挂牌的股票、可转换公司债券及其他证券品种，适用本业务规则。本业务规则未作规定的，适用全国中小企业股份转让系统有限责任公司（以下简称“全国股份转让系统公司”）的其他有关规定。

1.3 全国股份转让系统的证券公开转让及相关活动，实行公开、公平、公正的原则，禁止证券欺诈、内幕交易、操纵市场等违法违规行为。市场参与人应当遵循自愿、有偿、诚实信用的原则。

1.4 申请挂牌公司、挂牌公司及其董事、监事、高级管理人员、股东、实际控制人主办券商、会计师事务所、律师事务所、其他证券服务机构及其相关人员，投资者应当遵守法律、行政法规、部门规章、本业务规则及全国股份转让系统公司及其他业务规定。

1.5　申请挂牌公司、挂牌公司及其他信息披露义务人、主办券商应当真实、准确、完整、及时地披露信息，不得有虚假记载、误导性陈述或者重大遗漏。

申请挂牌公司、挂牌公司的董事、监事、高级管理人员应当忠实、勤勉地履行职责，保证公司披露信息的真实、准确、完整、及时、公平。

申请挂牌公司、挂牌公司及其他信息披露义务人、主办券商依法披露的信息，应当第一时间在全国股份转让系统指定信息披露平台（www. neeq. com. cn 或 www. neeq. cc）公布。

1.6　全国股份转让系统实行主办券商制度。主办券商应当对所推荐的挂牌公司履行持续督导义务。

1.7　主办券商、会计师事务所、律师事务所、其他证券服务机构及其相关人员在全国股份转让系统从事相关业务，应严格履行法定职责，遵守行业规范，勤勉尽责，诚实守信，并对出具文件的真实性、准确性、完整性负责。

1.8　全国股份转让系统实行投资者适当性管理制度。投资者应当具备一定的证券投资经验和相应的风险识别和承担能力，知悉相关业务规则，自行承担投资风险。

1.9　挂牌公司、主办券商、投资者等市场参与人，应当按照规定缴纳相关税费。

1.10　挂牌公司是纳入中国证监会监管的非上市公众公司，股东人数可以超过二百人。股东人数未超过二百人的股份有限公司，直接向全国股份转让系统公司申请挂牌。股东人数超过二百人的股份有限公司，公开转让申请经中国证监会核准后，可以按照本业务规则的规定向全国股份转让系统公司申请挂牌。

1.11　全国股份转让系统公司依法对申请挂牌公司、挂牌公司及其他信息披露义务人、主办券商等市场参与人进行自律监管。

第二章　股票挂牌

2.1　股份有限公司申请股票在全国股份转让系统挂牌，不受股东所有制性质的限制，不限于高新技术企业，应当符合下列条件：

（一）依法设立且存续满两年。有限责任公司按原账面净资产值折股整体变更为股份有限公司的，存续时间可以从有限责任公司成立之日起计算；

（二）业务明确，具有持续经营能力；

（三）公司治理机制健全，合法规范经营；

（四）股权明晰，股票发行和转让行为合法合规；

（五）主办券商推荐并持续督导；

（六）全国股份转让系统公司要求的其他条件。

2.2　申请挂牌公司应当与主办券商签订推荐挂牌并持续督导协议，按照全国股份转让系统公司的有关规定编制申请文件，并向全国股份转让系统公司申报。

2.3　全国股份转让系统公司对挂牌申请文件审查后，出具是否同意挂牌的审查意见。

2.4　申请挂牌公司取得全国股份转让系统公司同意挂牌的审查意见后，按照全国股份转让系统公司规定的有关程序办理挂牌手续。

申请挂牌公司应当在其股票挂牌前与全国股份转让系统公司签署挂牌协议，明确双方的权利、义务和有关事项。

2.5　申请挂牌公司应当在其股票挂牌前依照全国股份转让系统公司的规定披露公开转让说明书等文件。

2.6　请挂牌公司在其股票挂牌前实施限制性股票或股票期权等股权激励计划且尚未行权完毕的，应当在公开转让说明书中披露股权激励计划等情况。

2.7　申请挂牌公司在其股票挂牌前，应当与中国证券登记结算有限责任公司（以下简称中国结算）签订证券登记及服务协议，办理全部股票的集中登记。

2.8　挂牌公司控股股东及实际控制人在挂牌前直接或间接持有的股票分三批解除转让限制，每批解除转让限制的数量均为其挂牌前所持股票的三分之一，解除转让限制的时间分别为挂牌之日、挂牌期满一年和两年。

挂牌前十二个月以内控股股东及实际控制人直接或间接持有的股票进行过转让的，该股票的管理按照前款规定执行，主办券商为开展做市业务取得的做市初始库存股票除外。

因司法裁决、继承等原因导致有限售期的股票持有人发生变更的，后续持有人应继续执行股票限售规定。

2.9　股票解除转让限制，应由挂牌公司向主办券商提出，由主办券商报全国股份转让系统公司备案。全国股份转让系统公司备案确认后，通知中国结算办理解除限售登记。

第三章　股票转让

第一节　一般规定

3.1.1　股票转让采用无纸化的公开转让形式，或经中国证监会批准的其他转让形式。

3.1.2　股票转让可以采取协议方式、做市方式、竞价方式或其他中国证监会批准的转让方式。经全国股份转让系统公司同意，挂牌股票可以转换转让方式。

3.1.3　挂牌股票采取协议转让方式的，全国股份转让系统公司同时提供集合竞价转让安排。

3.1.4　挂牌股票采取做市转让方式的，须有2家以上从事做市业务的主办券商（以下简称做市商）为其提供做市报价服务。

做市商应当在全国股份转让系统持续发布买卖双向报价，并在报价价位和数量范围内履行与投资者的成交义务。做市转让方式下，投资者之间不能成交。全国股份转让系统公司另有规定的除外。

3.1.5　全国股份转让系统为证券转让提供相关设施，包括交易主机、交易单元、报盘系统及相关通讯系统等。

3.1.6　主办券商进入全国股份转让系统进行证券转让，应当先向全国股份转让系统公司申请取得转让权限，成为转让参与人。

3.1.7　股票转让时间为每周一至周五上午 9：15 至 11：30，下午 13：00至 15：00。转让时间内因故停市，转让时间不作顺延。

遇法定节假日和全国股份转让系统公司公告的休市日，全国股份转让系统休市。

3.1.8　全国股份转让系统对股票转让不设涨跌幅限制。全国股份转让系统公司另有规定的除外。

3.1.9　投资者买卖挂牌公司股票，应当开立证券账户和资金账户，并与主办券商签订证券买卖委托代理协议。投资者开立证券账户，应当按照中国结算的相关规定办理。

3.1.10　主办券商接受投资者的买卖委托后，应当确认投资者具备相应股票或资金，并按照投资者委托的时间先后顺序向全国股份转让系统申报。

3.1.11　买卖挂牌公司股票，申报数量应当为 1000 股或其整数倍。卖出挂牌公司股票时，余额不足 1000 股部分，应当一次性申报卖出。

3.1.12　股票转让的计价单位为“每股价格”。股票转让的申报价格最小变动单位为 0.01 元人民币。

3.1.13　全国股份转让系统公司可以根据市场需要，调整股票单笔买卖申报数量和申报价格的最小变动单位。

3.1.14 申报当日有效。投资者可以撤销委托申报的未成交部分。

3.1.15 买卖申报经交易主机成交确认后，转让即告成立，买卖双方必须承认转让结果，履行清算交收义务，本规则另有规定的除外。

3.1.16 中国结算作为共同对手方，为股票转让提供清算和多边净额担保交收服务；或不作为共同对手方，提供其他清算、交收等服务。

3.1.17 投资者卖出股票，须委托代理其买入该股票的主办券商办理。如需委托另一家主办券商卖出该股票，须办理股票转托管手续。

3.1.18 投资者因司法裁决、继承等特殊原因需要办理股票过户的，依照中国结算的规定办理。

第二节 转让信息

3.2.1 全国股份转让系统公司每个转让日发布股票转让即时行情、股票转让公开信息等转让信息，及时编制反映市场转让情况的各类报表，并通过全国股份转让系统指定信息披露平台或其他媒体予以公布。

3.2.2 全国股份转让系统公司负责全国股份转让系统信息的统一管理和发布。未经全国股份转让系统公司许可，任何机构和个人不得发布、使用和传播转让信息。经全国股份转让系统公司许可使用转让信息的机构和个人，未经同意不得将转让信息提供给其他机构和个人使用或予以传播。

3.2.3 全国股份转让系统公司可以根据市场发展需要，编制综合指数、成分指数、分类指数等证券指数，随即时行情发布。证券指数的设置和编制方法，由全国股份转让系统公司另行规定。

第三节 监控与异常情况处理

3.3.1 全国股份转让系统公司对股票转让中出现的异常转让行为进行重点监控，并可以视情况采取盘中临时停止股票转让等措施。

3.3.2 发生下列转让异常情况之一，导致部分或全部转让不能正常进行的，全国股份转让系统公司可以决定单独或同时采取暂缓进入清算交收程序、技术性停牌或临时停市等措施：

（一）不可抗力；

（二）意外事件；

（三）技术故障；

（四）全国股份转让系统公司认定的其他异常情况。

3.3.3 全国股份转让系统公司对暂缓进入清算交收程序、技术性停牌或临时停市决定予以公告。技术性停牌或临时停市原因消除后，全国股份转让系统公司可以决定恢复转让，并予以公告。

因转让异常情况及全国股份转让系统公司采取的相应措施造成损失的，全国股份转让系统公司不承担赔偿责任。

3.3.4 转让异常情况处理的具体规定，由全国股份转让系统公司另行制定并报中国证监会批准。

第四章 挂牌公司

第一节 公司治理

4.1.1 挂牌公司应当按照法律、行政法规、部门规章、全国股份转让系统公司相关业务规定完善公司治理，确保所有股东，特别是中小股东享有平等地位，充分行使合法权利。

4.1.2 挂牌公司应当依据《公司法》及有关非上市公众公司章程必备条款的规定制定公司章程并披露。

挂牌公司应当依照公司章程的规定，规范重大事项的内部决策程序。

4.1.3 挂牌公司与控股股东、实际控制人及其控制的其他企业应实行人员、资产、财务分开，各自独立核算、独立承担责任和风险。

4.1.4 控股股东、实际控制人及其控制的其他企业应切实保证挂牌公司的独立性，不得利用其股东权利或者实际控制能力，通过关联交易、垫付费用、提供担保及其他方式直接或者间接侵占挂牌公司资金、资产，损害挂牌公司及其他股东的利益。

4.1.5 挂牌公司董事会做出的对公司治理机制的讨论评估，应当在年度报告中披露。

4.1.6 挂牌公司可以实施股权激励，具体办法另行规定。

第二节 信息披露

4.2.1 挂牌公司应当按照全国股份转让系统公司相关规定编制并披露定期报告和临时报告；上述文件披露前，挂牌公司应当依据公司章程履行内部程序。

挂牌公司应当按照《企业会计准则》的要求编制财务报告，全国股份转让系统公司另有规定的除外。

挂牌公司发生的或者与之有关的事件没有达到全国股份转让系统公司规定的披露标准，或者全国股份转让系统公司没有具体规定，但公司董事会认为该事件对公司股票转让价格可能产生较大影响的，公司应当及时披露。

4.2.2 若挂牌公司有充分依据证明其拟披露的信息属于国家机密、商业秘密，可能导致其违反国家有关保密法律、行政法规规定或者严重损害挂牌公司利益的，可以向全国股份转让系统公司申请豁免披露或履行相关义务。

4.2.3 挂牌公司应当制定并执行信息披露事务管理制度。

挂牌公司设有董事会秘书的，由董事会秘书负责信息披露管理事务，未设董事会秘书的，挂牌公司应指定一名具有相关专业知识的人员负责信息披露管理事务，并向全国股份转让系统公司报备。负责信息披露管理事务的人员应列席公司的董事会和股东大会。

4.2.4 挂牌公司及其他信息披露义务人应当对其披露信息内容的真实性、准确性、完整性承担责任。

4.2.5 挂牌公司、相关信息披露义务人和其他知情人不得泄漏内幕信息。

4.2.6　主办券商应对挂牌公司拟披露的信息、披露文件进行审查，履行持续督导职责。

4.2.7　全国股份转让系统公司对挂牌公司及其他信息披露义务人已披露的信息进行审查。

4.2.8　挂牌公司出现下列情形之一的，全国股份转让系统公司对股票转让实行风险警示，在公司股票简称前加注标识并公告：

（一）最近一个会计年度的财务会计报告被出具否定意见或者无法表示意见的审计报告；

（二）最近一个会计年度经审计的期末净资产为负值；

（三）全国股份转让系统公司规定的其他情形。

第三节　股票发行

4.3.1　本业务规则规定的股票发行，是指申请挂牌公司、挂牌公司向符合全国股份转让系统投资者适当性管理要求的对象发行股票的行为。

股票发行可以采取路演、询价等方式选定投资者。

4.3.2　申请挂牌公司、挂牌公司股票发行应当符合全国股份转让系统公司有关投资者适当性管理、信息披露等规定。

4.3.3　按照《管理办法》应申请核准的股票发行，挂牌公司在取得中国证监会核准文件后，按照全国股份转让系统公司的规定办理股票发行新增股份的挂牌手续。

4.3.4　按照《管理办法》豁免申请核准的股票发行，主办券商应履行持续督导职责并发表意见，挂牌公司在发行验资完毕后填报备案登记表，办理新增股份的登记及挂牌手续。

4.3.5　申请挂牌公司申请股票在全国股份转让系统挂牌的同时股票发行的，应在公开转让说明书中披露。

第四节　暂停与恢复转让

4.4.1　挂牌公司发生下列事项，应当向全国股份转让系统公司申请暂停转让，直至按规定披露或相关情形消除后恢复转让：

（一）预计应披露的重大信息在披露前已难以保密或已经泄漏，或公共媒体出现与公司有关传闻，可能或已经对股票转让价格产生较大影响的；

（二）涉及需要向有关部门进行政策咨询、方案论证的无先例或存在重大不确定性的重大事项，或挂牌公司有合理理由需要申请暂停股票转让的其他事项；

（三）向中国证监会申请公开发行股票并在证券交易所上市，或向证券交易所申请股票上市；

（四）向全国股份转让系统公司主动申请终止挂牌；

（五）未在规定期限内披露年度报告或者半年度报告；

（六）主办券商与挂牌公司解除持续督导协议；

（七）出现依《公司法》第一百八十一条规定解散的情形，或法院依法受理公司重整、和解或者破产清算申请。挂牌公司未按规定向全国股份转让系统公司申请暂停股票转让的，主办券商应当及时向全国股份转让系统公司报告并提出处理建议。

4.4.2　全国股份转让系统公司可以根据中国证监会的要求或者基于维护市场秩序的需要，决定挂牌公司股票的暂停与恢复转让事宜。

第五节　终止与重新挂牌

4.5.1　挂牌公司出现下列情形之一的，全国股份转让系统公司终止其股票挂牌：

（一）中国证监会核准其公开发行股票并在证券交易所上市，或证券交易所同意其股票上市；

（二）终止挂牌申请获得全国股份转让系统公司同意；

（三）未在规定期限内披露年度报告或者半年度报告的，自期满之日起两个月内仍未披露年度报告或半年度报告；

（四）主办券商与挂牌公司解除持续督导协议，挂牌公司未能在股票暂停转让之日起三个月内与其他主办券商签署持续督导协议的；

（五）挂牌公司经清算组或管理人清算并注销公司登记的；

（六）全国股份转让系统公司规定的其他情形。

4.5.2 全国股份转让系统公司在作出股票终止挂牌决定后发布公告，并报中国证监会备案。挂牌公司应当在收到全国股份转让系统公司的股票终止挂牌决定后及时披露股票终止挂牌公告。

4.5.3 对因本业务规则 4.5.1 条第（三）、（四）项情形终止挂牌的公司，全国股份转让系统公司可以为其提供股票非公开转让服务。

4.5.4 导致公司终止挂牌的情形消除后，经公司申请、主办券商推荐及全国股份转让系统公司同意，公司股票可以重新挂牌。

第五章 主办券商

5.1 主办券商是指在全国股份转让系统从事下列部分或全部业务的证券公司：

（一）推荐业务：推荐申请挂牌公司股票挂牌，持续督导挂牌公司，为挂牌公司股票发行、并购重组等提供相关服务；

（二）经纪业务：代理开立证券账户、代理买卖股票等业务；

（三）做市业务；

（四）全国股份转让系统公司规定的其他业务。

从事前款第一项业务的，应当具有证券承销与保荐业务资格；从事前款第二项业务的，应当具有证券经纪业务资格；从事前款第三项业务的，应当具有证券自营业务资格。

5.2 证券公司在全国股份转让系统开展相关业务前，应向全国股份转让系统公司申请备案。

全国股份转让系统公司同意备案的，与其签订协议，出具备案函并公告。

5.3 主办券商应在取得全国股份转让系统公司备案函后五个转让日内，在全国股份转让系统指定信息披露平台披露公司基本情况、主要业务人员情况及全国股份转让系统公司要求披露的其他信息。

主办券商在全国股份转让系统开展业务期间，应按全国股份转让系统公司要求报送并披露相关执业情况等信息。主办券商所披露信息内容发生变更的，应按规定及时报告全国股份转让系统公司并进行更新。

5.4 主办券商在全国股份转让系统开展业务，应当建立健全各项业务管理制度和业务操作流程，建立健全风险管理制度和合规管理制度，保障业务依法合规进行，严格防范和控制业务风险。

5.5 主办券商应当实现推荐业务、经纪业务、做市业务以及其他业务之间的有效隔离，防范内幕交易，避免利益冲突。

5.6 主办券商开展推荐业务，应勤勉尽责地进行尽职调查和内核，并承担相应责任。

5.7 主办券商应持续督导所推荐挂牌公司诚实守信、规范履行信息披露义务、完善公司治理机制。

主办券商与挂牌公司解除持续督导协议前，应当报告全国股份转让系统公司并说明理由。

5.8 主办券商应当建立健全投资者适当性管理工作制度和业务流程，严格执行全国股份转让系统投资者适当性管理各项要求。

5.9 主办券商发现投资者存在异常交易行为，应提醒投资者；对可能严重影响正常交易秩序的异常交易行为，应及时报告全国股份转让系统公司。

5.10 主办券商开展做市业务不得利用信息优势和资金优势，通过单独或者合谋，以串通报价或相互买卖操纵股票转让价格，损害投资者利益。

5.11 全国股份转让系统公司对主办券商及其从业人员的执业行为进行持续管理，开展现场检查和非现场检查，记录其执业情况、违规行为等信息。

第六章 监管措施与违规处分

6.1 全国股份转让系统公司可以对本业务规则1.4条规定的监管对象采取下列自律监管措施：

（一）要求申请挂牌公司、挂牌公司及其他信息披露义务人或者其董事（会）、监事（会）和高级管理人员、主办券商、证券服务机构及其相关人员对有关问题作出解释、说明和披露；

（二）要求申请挂牌公司、挂牌公司聘请中介机构对公司存在的问题进行核查并发表意见；

（三）约见谈话；

（四）要求提交书面承诺；

（五）出具警示函；

（六）责令改正；

（七）暂不受理相关主办券商、证券服务机构或其相关人员出具的文件；

（八）暂停解除挂牌公司控股股东、实际控制人的股票限售；

（九）限制证券账户交易；

（十）向中国证监会报告有关违法违规行为；

（十一）其他自律监管措施。监管对象应当积极配合全国股份转让系统公司的日常监管，在规定期限内回答问询，按照全国股份转让系统公司的要求提交说明，或者披露相应的更正或补充公告。

6.2 申请挂牌公司、挂牌公司、相关信息披露义务人违反本业务规则、全国股份转让系统公司其他相关业务规定的，全国股份转让系统公司视情节轻重给予以下处分，并记入证券期货市场诚信档案数据库（以下简称“诚信档案”）：

（一）通报批评；

（二）公开谴责。

6.3 申请挂牌公司、挂牌公司的董事、监事、高级管理人员违反本业务规则、全国股份转让系统公司其他相关业务规定的，全国股份转让系统公司视情节轻重给予以下处分，并记入诚信档案：

（一）通报批评；

（二）公开谴责；

（三）认定其不适合担任公司董事、监事、高级管理人员。

6.4 主办券商违反本业务规则、全国股份转让系统公司其他相关业务规定的，全国股份转让系统公司视情节轻重给予以下处分，并记入诚信档案：

（一）通报批评；

（二）公开谴责；

（三）限制、暂停直至终止其从事相关业务。

6.5 主办券商的相关业务人员违反本业务规则、全国股份转让系统公司其他相关业务规定的，全国股份转让系统公司视情节轻重给予以下处分，并记入诚信档案：

（一）通报批评；

（二）公开谴责。

6.6 会计师事务所、律师事务所、其他证券服务机构及其工作人员违反本业务规则、全国股份转让系统公司其他相关业务规定的，全国股份转让系统公司视情节轻重给予以下处分，记入诚信档案并向相关行业自律组织通报：

（一）通报批评；

（二）公开谴责。

6.7　全国股份转让系统公司设立纪律处分委员会对本业务规则规定的纪律处分事项进行审核，作出独立的专业判断并形成审核意见。全国股份转让系统公司根据纪律处分委员会的审核意见，作出是否给予纪律处分的决定。

监管对象不服全国股份转让系统公司作出的纪律处分决定的，可自收到处分通知之日起15个工作日内向全国股份转让系统公司申请复核，复核期间该处分决定不停止执行。

第七章　附则

7.1　原证券公司代办股份转让系统挂牌的STAQ、NET系统公司和退市公司的股票转让、信息披露等事项另行规定。

7.2　本业务规则所称“以上”“以内”含本数，“超过”不含本数。

7.3　本业务规则由全国股份转让系统公司负责解释。

7.4　本业务规则经中国证监会批准后生效，自发布之日起实施。

附件2

全国中小企业股份转让系统主办券商推荐业务规定（试行）

第一章 总则

第一条 为规范主办券商推荐业务，明确主办券商职责，根据《全国中小企业股份转让系统业务规则（试行）》（以下简称《业务规则》），制定本规定。

第二条 主办券商推荐股份公司股票进入全国中小企业股份转让系统（以下简称“全国股份转让系统”）挂牌，应与申请挂牌公司签订推荐挂牌并持续督导协议。

第三条 主办券商应对申请挂牌公司进行尽职调查和内核。同意推荐的，主办券商向全国中小企业股份转让系统有限责任公司（以下简称“全国股份转让系统公司”）提交推荐报告及其他有关文件（以下简称“推荐文件”）。

第四条 全国股份转让系统公司对主办券商推荐业务进行自律管理，审查推荐文件，履行审查程序。

第五条 主办券商及相关人员应勤勉尽责、诚实守信地开展推荐业务，履行保密义务，不得利用在推荐业务中获取的尚未公开信息谋取利益。

第二章　机构与人员

第一节　项目小组与人员

第六条　主办券商应针对每家申请挂牌公司设立专门项目小组，负责尽职调查，起草尽职调查报告，制作推荐文件等。

第七条　项目小组应由主办券商内部人员组成，其成员须取得证券执业资格，其中注册会计师、律师和行业分析师至少各一名。

行业分析师应具有申请挂牌公司所属行业的相关专业知识，并在最近一年内发表过有关该行业的研究报告。

第八条　主办券商应在项目小组中指定一名负责人，对项目负全面责任，项目小组负责人应具备下列条件之一：

（一）参与两个以上推荐挂牌项目，且负责财务会计事项、法律事项或相关行业事项的尽职调查工作；

（二）具有三年以上投资银行从业经历，且具有主持境内外首次公开发行股票或者上市公司发行新股、可转换公司债券的主承销项目经历。

第九条　存在以下情形之一的人员，不得成为项目小组成员：

（一）最近三年内受到中国证监会行政处罚或证券行业自律组织纪律处分；

（二）本人及其配偶直接或间接持有申请挂牌公司股份；

（三）在申请挂牌公司或其控股股东、实际控制人处任职；

（四）未按要求参加全国股份转让系统公司组织的业务培训；

（五）全国股份转让系统公司认定的其他情形。

第二节　内核机构与人员

第十条　主办券商应设立内核机构，负责推荐文件和挂牌申请文件的审核，并对下述事项发表审核意见：

（一）项目小组是否已按照尽职调查工作的要求对申请挂牌公司进行

了尽职调查；

（二）申请挂牌公司拟披露的信息是否符合全国股份转让系统公司有关信息披露的规定；

（三）申请挂牌公司是否符合挂牌条件；

（四）是否同意推荐申请挂牌公司股票挂牌。

第十一条　主办券商应制订内核机构工作制度，对内核机构的职责、人员构成、审核程序、表决办法、自律要求和回避制度等事项作出规定。

第十二条　内核机构应独立、客观、公正履行职责，内核机构成员中由推荐业务部门人员兼任的，不得超过内核机构总人数的三分之一。

第十三条　内核机构应由十名以上成员组成，可以外聘。最近三年内受到中国证监会行政处罚或证券行业自律组织纪律处分的人员，不得聘请为内核机构成员。

内核机构成员应具备下列条件之一：

（一）具有注册会计师或律师资格并在其专业领域或投资银行领域有三年以上从业经历；

（二）具有五年以上投资银行领域从业经历；

（三）具有相关行业高级职称的专家或从事行业研究五年以上的分析人员。

第十四条　主办券商应将内核机构工作制度、成员名单及简历在全国股份转让系统指定信息披露平台上披露。

内核机构工作制度或内核成员发生变动的，主办券商应及时报全国股份转让系统公司备案，并在五个工作日内更新披露。

第三章　尽职调查

第十五条　项目小组进行尽职调查前，主办券商应与申请挂牌公司签署保密协议。

第十六条　项目小组应遵循勤勉尽责、诚实守信的原则，通过实地考察、查阅、访谈等方法，对申请挂牌公司进行尽职调查，以有充分理由确信申请挂牌公司符合挂牌条件以及在挂牌申请文件中披露的信息真实、准确、完整。

第十七条　项目小组尽职调查应以形成有助于投资者做出投资决策的信息披露文件为目的，调查范围至少应包括公开转让说明书和推荐报告中所涉及的事项。

第十八条　项目小组中应指定注册会计师、律师、行业分析师各一名分别负责对申请挂牌公司的财务会计事项、法律事项、相关行业事项进行尽职调查，并承担相应责任。

第十九条　项目小组的尽职调查可以在注册会计师、律师等外部专业人士意见的基础上进行。

项目小组应判断专业人士发表意见所基于的工作是否充分，对专业人士意见有疑义、或认为专业人士发表的意见所基于的工作不够充分的，项目小组应进行独立调查。

第二十条　对推荐文件、挂牌申请文件中无证券服务机构及其签字人员专业意见支持的内容，项目小组应当获得充分的尽职调查证据，在对各种证据进行综合分析的基础上对申请挂牌公司提供的资料和披露的内容进行独立判断，并有充分理由确信所作的判断与挂牌申请文件、推荐文件的内容不存在实质性差异。

第二十一条　项目小组完成尽职调查工作后，应出具尽职调查报告，各成员应在尽职调查报告上签名，承诺已参加尽职调查工作并对其负责。

第二十二条　主办券商应当建立健全尽职调查工作底稿制度，要求项目小组真实、准确、完整地记录整个尽职调查过程。

第四章　内核

第二十三条　主办券商内核机构根据项目小组的申请召开内核会议。

每次会议须七名以上内核机构成员出席，其中律师、注册会计师和行业专家至少各一名。

第二十四条　主办券商内核机构应针对每个项目在内核会议成员中指定一名内核专员。内核专员除承担与其他内核会议成员相同的审核工作外，还应承担以下职责：

（一）整理内核意见；

（二）跟踪审核项目小组对内核意见的落实情况；

（三）审核推荐文件和挂牌申请文件的补充或修改意见；

（四）就该项目内核工作的有关事宜接受全国股份转让系统公司质询。

第二十五条　内核机构成员存在以下情形之一的，不得参与该项目的内核：

（一）担任该项目小组成员的；

（二）本人及其配偶直接或间接持有申请挂牌公司股份；

（三）在申请挂牌公司或其控股股东、实际控制人处任职的；

（四）其他可能影响公正履行职责的情形。

第二十六条　内核会议成员应独立、客观、公正地对推荐文件和挂牌申请文件进行审核，制作审核工作底稿并签名。

审核工作底稿应包括审核工作的起止日期、发现的问题、建议补充调查核实的事项以及对推荐挂牌的意见等内容。

第二十七条　内核会议应在成员中指定注册会计师、律师及行业专家各一名分别对项目小组中的财务会计事项调查人员、法律事项调查人员及行业分析师出具的调查意见进行审核，分别在其工作底稿中发表独立的审核意见，提交内核会议。

第二十八条　项目小组成员可以列席内核会议，向内核会议汇报尽职调查情况和需提请关注的事项，回答质询。

第二十九条　内核会议可采取现场会议、电话会议或视频会议的形式召开。内核机构成员应以个人身份出席内核会议，发表独立审核意见并行使表决权。因故不能出席的内核会议成员应委托他人出席并提交授权委托书及独立制作的审核工作底稿。每次会议委托他人出席的内核会议成员，不得超过应出席成员的三分之一。

第三十条　内核会议应对是否同意推荐申请挂牌公司股票挂牌进行表决。表决应采取记名投票方式，每人一票，三分之二以上赞成且指定注册会计师、律师和行业专家均为赞成票通过。

第三十一条　主办券商应对内核会议过程形成记录，在内核会议表决的基础上形成内核意见。内核意见应包括以下内容：审核意见、表决结果、出席会议的内核机构成员名单和投票记录。内核会议成员均应在内核意见上签名。

第三十二条　主办券商应根据内核意见，决定是否向全国股份转让系统公司推荐申请挂牌公司股票挂牌。决定推荐的，应出具推荐报告。

第五章　推荐挂牌规程

第三十三条　存在下列情形之一的，主办券商不得推荐申请挂牌公司股票挂牌：

（一）主办券商直接或间接合计持有申请挂牌公司百分之七以上的股份，或者是其前五名股东之一；

（二）申请挂牌公司直接或间接合计持有主办券商百分之七以上的股份，或者是其前五名股东之一；

（三）主办券商前十名股东中任何一名股东为申请挂牌公司前三名股东之一；

（四）主办券商与申请挂牌公司之间存在其他重大影响的关联关系。

主办券商以做市目的持有的申请挂牌公司股份，不受本条第一款限制。

第三十四条　主办券商应对申请挂牌公司进行风险评估，审慎推荐该公司股票挂牌。

第三十五条　主办券商推荐申请挂牌公司股票挂牌，应当向全国股份转让系统公司提交推荐报告及全国股份转让系统公司要求的其他文件，推荐报告应包括下列内容：

（一）尽职调查情况；

（二）逐项说明申请挂牌公司是否符合《业务规则》规定的挂牌条件；

（三）内核程序及内核意见；

（四）推荐意见；

（五）提醒投资者注意事项；

（六）全国股份转让系统公司要求的其他内容。

第三十六条　主办券商可以根据申请挂牌公司的委托，组织编制挂牌申请文件，并协调证券服务机构及其签字人员参与该公司股票挂牌的相关工作。

第三十七条　主办券商向全国股份转让系统公司报送推荐文件后，应当配合全国股份转让系统公司的审查，并承担下列工作：

（一）组织申请挂牌公司及证券服务机构对全国股份转让系统公司的意见进行答复；

（二）按照全国股份转让系统公司的要求对涉及本次挂牌的特定事项进行尽职调查或核查；

（三）指定项目小组成员与全国股份转让系统公司进行专业沟通；

（四）全国股份转让系统公司规定的其他工作。

第三十八条　主办券商应将尽职调查工作底稿、内核会议成员审核工作底稿、内核会议记录、内核意见等妥善保存，保存期限不少于十年。

第六章　持续督导

第三十九条　主办券商应与所推荐挂牌公司签订持续督导协议，持续督导挂牌公司诚实守信、规范履行信息披露义务、完善公司治理机制。

第四十条　主办券商应建立持续督导工作制度，明确持续督导工作职责、工作流程和内部控制机制。

第四十一条　主办券商应至少配备两名具有财务或法律专业知识的专职督导人员，履行督导职责。

主办券商在任免专职督导人员时，应将相关人员名单及简历及时报送全国股份转让系统公司备案。

第四十二条　主办券商与挂牌公司因特殊原因确需解除持续督导协议的，应当事前报告全国股份转让系统公司并说明合理理由。

解除持续督导协议后，挂牌公司应与承接督导事项的主办券商另行签订持续督导协议，报全国股份转让系统公司备案并公告。

第四十三条　承接督导事项的主办券商应当自持续督导协议签订之日起开展督导工作并承担相应的责任。原主办券商在履行督导职责期间未勤勉尽责的，其责任不因主办券商的更换而免除。

第七章　监管措施和违规处理

第四十四条　全国股份转让系统公司可以对主办券商及其相关人员从事推荐业务的情况进行现场和非现场检查，主办券商及其相关人员应当积极配合检查，如实提供有关资料，不得以任何理由拒绝或者拖延提供有关资料，不得提供虚假、误导性或者不完整的资料。

第四十五条　全国股份转让系统公司对主办券商及其从业人员从事推荐业务进行持续管理，记录其执业情况、违法违规行为、其他不良行为以及对其采取的监管措施等。

第四十六条　主办券商及其从业人员违反本规定，全国股份转让系统公司依据《业务规则》《全国中小企业股份转让系统主办券商管理细则（试行）》对其采取监管措施或进行自律处分。

第八章　附则

第四十七条　本规定所称“至少”“以上”含本数。

第四十八条　本规定由全国股份转让系统公司负责解释。

第四十九条　本规定自发布之日起施行。

附件 3

全国中小企业股份转让系统股票挂牌条件适用基本标准指引（试行）

全国中小企业股份转让系统有限责任公司按照“可把控、可举证、可识别”的原则，对《全国中小企业股份转让系统业务规则（试行）》规定的六项挂牌条件进行细化，形成基本标准如下：

一、依法设立且存续满两年

（一）依法设立，是指公司依据《公司法》等法律、法规及规章的规定向公司登记机关申请登记，并已取得《企业法人营业执照》。

1. 公司设立的主体、程序合法、合规。

（1）国有企业需提供相应的国有资产监督管理机构或国务院、地方政府授权的其他部门、机构关于国有股权设置的批复文件。

（2）外商投资企业须提供商务主管部门出具的设立批复文件。

（3）《公司法》修改（2006 年 1 月 1 日）前设立的股份公司，须取得国务院授权部门或者省级人民政府的批准文件。

2. 公司股东的出资合法、合规，出资方式及比例应符合《公司法》相关规定。

（1）以实物、知识产权、土地使用权等非货币财产出资的，应当评估作价，核实财产，明确权属，财产权转移手续办理完毕。

（2）以国有资产出资的，应遵守有关国有资产评估的规定。

（3）公司注册资本缴足，不存在出资不实情形。

（二）存续两年是指存续两个完整的会计年度。

（三）有限责任公司按原账面净资产值折股整体变更为股份有限公司

的，存续时间可以从有限责任公司成立之日起计算。整体变更不应改变历史成本计价原则，不应根据资产评估结果进行账务调整，应以改制基准日经审计的净资产额为依据折合为股份有限公司股本。申报财务报表最近一期截止日不得早于改制基准日。

二、业务明确，具有持续经营能力

（一）业务明确，是指公司能够明确、具体地阐述其经营的业务、产品或服务、用途及其商业模式等信息。

（二）公司可同时经营一种或多种业务，每种业务应具有相应的关键资源要素，该要素组成应具有投入、处理和产出能力，能够与商业合同、收入或成本费用等相匹配。

1. 公司业务如需主管部门审批，应取得相应的资质、许可或特许经营权等。

2. 公司业务须遵守法律、行政法规和规章的规定，符合国家产业政策以及环保、质量、安全等要求。

（三）持续经营能力，是指公司基于报告期内的生产经营状况，在可预见的将来，有能力按照既定目标持续经营下去。

1. 公司业务在报告期内应有持续的营运记录，不应仅存在偶发性交易或事项。营运记录包括现金流量、营业收入、交易客户、研发费用支出等。

2. 公司应按照《企业会计准则》的规定编制并披露报告期内的财务报表，公司不存在《中国注册会计师审计准则第 1324 号——持续经营》中列举的影响其持续经营能力的相关事项，并由具有证券期货相关业务资格的会计师事务所出具标准无保留意见的审计报告。

财务报表被出具带强调事项段的无保留审计意见的，应全文披露审计报告正文以及董事会、监事会和注册会计师对强调事项的详细说明，并披露董事会和监事会对审计报告涉及事项的处理情况，说明该事项对公司的影响是否重大、影响是否已经消除、违反公允性的事项是否已予纠正。

3. 公司不存在依据《公司法》第一百八十一条规定解散的情形，或法院依法受理重整、和解或者破产申请。

三、公司治理机制健全，合法规范经营

（一）公司治理机制健全，是指公司按规定建立股东大会、董事会、监事会和高级管理层（以下简称“三会一层”）组成的公司治理架构，制定相应的公司治理制度，并能证明有效运行，保护股东权益。

1. 公司依法建立“三会一层”，并按照《公司法》《非上市公众公司监督管理办法》及《非上市公众公司监管指引第 3 号——章程必备条款》等规定建立公司治理制度。

2. 公司“三会一层”应按照公司治理制度进行规范运作。在报告期内的有限公司阶段应遵守《公司法》的相关规定。

3. 公司董事会应对报告期内公司治理机制执行情况进行讨论、评估。

（二）合法合规经营，是指公司及其控股股东、实际控制人、董事、监事、高级管理人员须依法开展经营活动，经营行为合法、合规，不存在重大违法违规行为。

1. 公司的重大违法违规行为是指公司最近 24 个月内因违犯国家法律、行政法规、规章的行为，受到刑事处罚或适用重大违法违规情形的行政处罚。

（1）行政处罚是指经济管理部门对涉及公司经营活动的违法违规行为给予的行政处罚。

（2）重大违法违规情形是指，凡被行政处罚的实施机关给予没收违法所得、没收非法财物以上行政处罚的行为，属于重大违法违规情形，但处罚机关依法认定不属于的除外；被行政处罚的实施机关给予罚款的行为，除主办券商和律师能依法合理说明或处罚机关认定该行为不属于重大违法违规行为的外，都视为重大违法违规情形。

（3）公司最近24个月内不存在涉嫌犯罪被司法机关立案侦查，尚未有明确结论意见的情形。

2. 控股股东、实际控制人合法合规，最近24个月内不存在涉及以下情形的重大违法违规行为：

（1）控股股东、实际控制人受刑事处罚；

（2）受到与公司规范经营相关的行政处罚，且情节严重；情节严重的界定参照前述规定；

（3）涉嫌犯罪被司法机关立案侦查，尚未有明确结论意见。

3. 现任董事、监事和高级管理人员应具备和遵守《公司法》规定的任职资格和义务，不应存在最近24个月内受到中国证监会行政处罚或者被采取证券市场禁入措施的情形。

（三）公司报告期内不应存在股东包括控股股东、实际控制人及其关联方占用公司资金、资产或其他资源的情形。如有，应在申请挂牌前予以归还或规范。

（四）公司应设有独立财务部门进行独立的财务会计核算，相关会计政策能如实反映企业财务状况、经营成果和现金流量。

四、股权明晰，股票发行和转让行为合法合规

（一）股权明晰，是指公司的股权结构清晰，权属分明，真实确定，合法合规，股东特别是控股股东、实际控制人及其关联股东或实际支配的股东持有公司的股份不存在权属争议或潜在纠纷。

1. 公司的股东不存在国家法律、法规、规章及规范性文件规定不适宜担任股东的情形。

2. 申请挂牌前存在国有股权转让的情形，应遵守国资管理规定。

3. 申请挂牌前外商投资企业的股权转让应遵守商务部门的规定。

（二）股票发行和转让合法合规，是指公司的股票发行和转让依法履行必要内部决议、外部审批（如有）程序，股票转让须符合限售的规定。

1. 公司股票发行和转让行为合法合规，不存在下列情形：

（1）最近36个月内未经法定机关核准，擅自公开或者变相公开发行过证券；

（2）违法行为虽然发生在36个月前，目前仍处于持续状态，但《非上市公众公司监督管理办法》实施前形成的股东超200人的股份有限公司经中国证监会确认的除外。

2. 公司股票限售安排应符合《公司法》和《全国中小企业股份转让系统业务规则（试行）》的有关规定。

（三）在区域股权市场及其他交易市场进行权益转让的公司，申请股票在全国股份转让系统挂牌前的发行和转让等行为应合法合规。

（四）公司的控股子公司或纳入合并报表的其他企业的发行和转让行为需符合本指引的规定。

五、主办券商推荐并持续督导

（一）公司须经主办券商推荐，双方签署了《推荐挂牌并持续督导协议》。

（二）主办券商应完成尽职调查和内核程序，对公司是否符合挂牌条件发表独立意见，并出具推荐报告。

六、全国股份转让系统公司要求的其他条件。

附件4

全国中小企业股份转让系统非上市公众公司重大资产重组业务指引（试行）

第一章　总则

第一条　为规范股票在全国中小企业股份转让系统（以下简称全国股份转让系统）公开转让的公众公司（以下简称公司）重大资产重组的信息披露和相关业务办理流程，根据《非上市公众公司监督管理办法》《非上市公众公司重大资产重组管理办法》（以下简称《重组办法》）等部门规章以及全国中小企业股份转让系统有限责任公司（以下简称全国股份转让系统公司）相关业务规则，制定本指引。

第二条　本指引所称重大资产重组，是指公司及其控股或者控制的企业在日常经营活动之外购买、出售资产或者通过其他方式进行资产交易，导致公司业务、资产发生重大变化的资产交易行为。公司重大资产重组的判断标准，适用《重组办法》的有关规定。

公司进行重大资产重组，应当符合《重组办法》中关于公众公司重组的各项要求。

第三条　公司必须保证重大资产重组事项（以下简称重大重组事项）的真实性并及时进行信息披露，不得虚构重大重组事项向全国股份转让系统公司申请暂停转让或发布信息，损害投资者权益。

第四条　全国股份转让系统公司对公司重大资产重组信息披露文件的完备性进行审查。

为公司提供持续督导的主办券商未担任公司独立财务顾问的，应当遵守《全国中小企业股份转让系统业务规则（试行）》的规定，履行持续督导义务。

第二章　暂停转让与内幕知情人报备

第五条　公司与交易对方筹划重大重组事项时，应当做好保密工作和内幕信息知情人登记工作，密切关注媒体传闻、公司股票及其他证券品种（以下简称证券）的转让价格变动情况，并结合重大重组事项进展，及时申请公司证券暂停转让并报送材料。

在公司证券暂停转让前，全国股份转让系统公司不接受任何与该公司重大重组事项相关的业务咨询，也不接收任何与重大资产重组相关的材料。

第六条　公司出现下列情形之一时，应当立即向全国股份转让系统公司申请公司证券暂停转让：

（一）交易各方初步达成实质性意向；

（二）虽未达成实质意向，但在相关董事会决议公告前，相关信息已在媒体上传播或者预计该信息难以保密或者公司证券转让价格出现异常波动；

（三）本次重组需要向有关部门进行政策咨询、方案论证。

除挂牌公司申请证券暂停转让的情形外，全国股份转让系统有权在必要情况下对挂牌公司证券主动实施暂停转让。

第七条　公司因本指引第六条规定情形申请暂停转让的，应当按照《全国中小企业股份转让系统挂牌公司暂停与恢复转让业务指南（试行）》（以下简称《暂停与恢复转让业务指南》）的规定办理证券暂停转让与恢复转让的相关事宜。

第八条　在公司证券转让时段，全国股份转让系统公司不接受任何关于公司重大重组事项的暂停转让申请及材料报送。全国股份转让系统公司设立专门的纸质文件传真机（传真号010－63889872），在转让日收市后15

时30分至16时30分之间接收公司的暂停转让申请。公司通过其他方式、其他渠道提交的暂停转让申请不得早于通过前述专门用途传真机的提交时间。

全国股份转让系统公司对公司重大重组事项暂停转让申请实行统一登记、集中管理。公司必须在确认公司证券已暂停转让后才能开始与我司工作人员沟通重大重组事项相关业务。

第九条　公司须根据《暂停与恢复转让业务指南》发布公司证券暂停转让的公告，并在公告中明确恢复转让的最晚时点。证券暂停转让时间由公司自主确定，但原则上不应超过3个月，且恢复转让日与重大重组事项首次董事会召开的时间间隔不得少于9个转让日。

暂停转让时间确需超过3个月的，应当向全国股份转让系统公司说明理由，并在取得全国股份转让系统公司的同意后发布关于公司证券长期暂停转让的公告。

挂牌公司证券暂停转让后，应当每月披露一次重大资产重组进展情况报告，说明重大资产重组的谈判、批准、定价等事项进展情况和可能影响重组的不确定因素。

第十条　公司应当在证券暂停转让之日起5个转让日内，按照《全国中小企业股份转让系统重大资产重组业务指南第1号：非上市公众公司重大资产重组内幕信息知情人报备指南》的要求，向全国股份转让系统公司提交完整的内幕信息知情人及直系亲属名单、相关人员买卖公司证券的自查报告、公司重大资产重组交易进程备忘录及公司全体董事对内幕信息知情人报备文件真实性、准确性和完整性的承诺书。

公司预计证券暂停转让日距离重大资产重组首次董事会召开不足5个转让日的，应当在申请暂停转让的同时提交上述材料。

第十一条　全国股份转让系统公司在收到内幕信息知情人名单及自查报告后，将对内幕信息知情人在暂停转让申请日前六个月的公司证券转让情况进行核查。

发现异常转让情况，全国股份转让系统有权要求公司、独立财务顾问及其他相关主体对转让情况做出进一步核查；涉嫌利用公司重大资产重组信息从事内幕交易、操纵证券市场等违法活动的，全国股份转让系统有权采取自律管理措施，并向中国证监会报告。

第三章　信息披露与恢复转让

第十二条　公司应当在重大重组事项首次董事会召开后2个转让日内，按《重组办法》及相关规范性文件的要求制作并披露相关的信息披露文件。

第十三条　全国股份转让系统在公司信息披露后的5个转让日内对信息披露的完备性进行审查；全国股份转让系统对信息披露未提出异议的，公司应当在审查期满后向全国股份转让系统申请证券恢复转让。

发现信息披露存在完备性问题的，全国股份转让系统有权要求公司对存在问题的信息披露内容进行解释、说明和更正；公司预计在原定最晚恢复转让日仍无法恢复转让的，应当在接到全国股份转让系统关于信息披露异议的同时，申请延后最晚恢复转让日。

发现公司重大资产重组信息披露涉嫌虚假披露、误导性陈述、重大遗漏或存在程序不规范问题的，全国股份转让系统有权采取自律监管措施并向中国证监会报告，公司应当同时申请证券持续暂停转让。

第十四条　公司预计在最晚恢复转让日前7个转让日仍无法进行首次信息披露的，应当至少在最晚恢复转让日前9个转让日将相关情况书面告知全国股份转让系统公司，并同时申请延后最晚恢复转让日。

暂停转让延后申请获得全国股份转让系统公司批准后，公司应当在2个转让日内发布重大资产重组进展情况报告，说明延迟披露的原因、更改后的最晚恢复转让日以及重大资产重组的最新进展情况。此后，公司应当每5个转让日比照上述要求进行一次信息披露。

因全国股份转让系统公司对信息披露提出异议申请延后最晚恢复转让日的，公司须按上述要求履行相关的信息披露程序。

第十五条　公司聘请的独立财务顾问应当对公司是否可以及时披露信息进行判断，发现公司可能或确定无法及时披露信息的，应当督促公司主动书面告知全国股份转让系统并申请延后最晚恢复转让日。

公司根据本指引第十四条需要披露重大资产重组进展报告的，独立财务顾问应当同时披露风险揭示公告，就延后披露信息的原因及可能造成的风险向投资者进行解释说明。

第十六条　公司未向全国股份转让系统申请延后最晚恢复转让日，且在最晚恢复转让日前7个转让日仍未能进行首次信息披露的，全国股份转让系统有权要求独立财务顾问对相关情况进行核查，并根据核查结果采取自律管理措施。情节严重的，可以给予纪律处分、要求其暂停重大资产重组行为并报告中国证监会。

公司聘请的独立财务顾问应当在最晚恢复转让日后2个转让日内发布风险提示公告，就公司未能进行信息披露的原因及可能造成的风险向投资者进行解释说明。

第十七条　公司证券暂停转让期内，证监会对其作出终止重大资产重组决定的，全国股份转让系统公司有权强制恢复公司证券转让，并要求公司及其独立财务顾问履行相应的信息披露义务。

第十八条　因公司拟对交易对象、交易标的、交易价格等作出变更，构成原重组方案重大调整的，应当在董事会表决后重新提交股东大会审议，并重新履行申请暂停转让、内幕知情人报备、信息披露及申请恢复转让等程序。

支付手段发生变更的，应当视为重组方案的重大调整，并履行前款规定的相关程序。

第四章　发行股份购买资产

第十九条　公司发行股份购买资产构成重大资产重组且发行结束后股东人数不超过两百人的，应当向全国股份转让系统公司申请备案。

涉及重大资产重组的股票发行信息披露及具体操作流程，须遵守《重组办法》及本指引的要求，不再适用《全国中小企业股份转让系统股票发行业务细则（试行）》的有关规定。

涉及以发行股份和其他支付手段混合认购资产构成重大资产重组的，按照发行股份购买资产构成重大资产重组的规定办理。

第二十条　公司发行股份购买资产构成重大资产重组的，发行对象需满足中国证监会及全国股份转让系统公司关于投资者适当性的有关规定。

第二十一条　涉及以优先股、债券等其他支付手段购买资产构成重大资产重组的，应当适用《重组办法》的有关规定，并遵守中国证监会和全国股份转让系统公司的相关规范性文件。

第二十二条　公司涉及发行股份购买资产构成重大资产重组的，应当在验资完成后 10 个转让日内，根据《全国中小企业股份转让系统重大资产重组业务指南第 2 号：非上市公众公司发行股份购买资产构成重大资产重组文件报送指南》的要求，向全国股份转让系统公司报送股票发行备案或股票登记申请文件。

公司在取得全国股份转让系统出具的股份登记函后，应当及时办理新增股份登记。

第五章　退市公司补充规定

第二十三条　退市公司进行重大资产重组的，应当遵守《重组办法》及本指引的有关规定，并执行《重组办法》关于退市公司重大资产重组的特别规定。

第二十四条　退市公司在披露重大资产重组报告书时应当同时发布特别提示，对本次重大资产重组是否符合《重组办法》的要求以及公司在信息披露、公司治理方面的规范性进行说明。

第六章　附则

第二十五条　本指引由全国股份转让系统公司负责解释。

第二十六条　本指引自发布之日起实施。

附件 5

全国中小企业股份转让系统股票发行业务细则（试行）

第一章　总则

第一条　为了规范挂牌公司的股票发行行为，保护投资者合法权益，根据《非上市公众公司监督管理办法》（以下简称《管理办法》）《全国中小企业股份转让系统有限责任公司管理暂行办法》《全国中小企业股份转让系统业务规则（试行）》（以下简称《业务规则》）等有关规定，制定本细则。

第二条　本细则规定的股票发行，是指挂牌公司向符合规定的投资者发行股票，发行后股东人数累计不超过 200 人的行为。

实施本细则规定的股票发行，应当按照规定向全国中小企业股份转让系统有限责任公司（以下简称“全国股份转让系统公司”）履行备案程序。

第三条　挂牌公司股票发行，必须真实、准确、完整、及时、公平地披露信息，不得有虚假记载、误导性陈述或者重大遗漏。

挂牌公司的控股股东、实际控制人、股票发行对象及其他信息披露义务人，应当按照有关规定及时向公司提供信息，配合公司履行信息披露义务。

第四条　挂牌公司的董事、监事、高级管理人员、控股股东及实际控制人，主办券商、会计师事务所、律师事务所等证券服务机构及其相关人员，应当遵守有关法律法规、规章、规范性文件及业务规定，勤勉尽责，不得利用挂牌公司股票发行谋取不正当利益，禁止泄漏内幕信息和利用内幕信息进行股票转让或者操纵股票转让价格。

第五条　挂牌公司、主办券商选择发行对象、确定发行价格或者发行价格区间，应当遵循公平、公正原则，维护公司及其股东的合法权益。

第六条　发行股票导致挂牌公司的控股股东或者实际控制人发生变化的，相关规定另行制定。

发行股票购买资产导致重大资产重组，且发行后股东人数累计不超过200人的，相关规定另行制定。

第二章　发行要求与认购规定

第七条　挂牌公司股票发行应当满足《管理办法》规定的公司治理、信息披露及发行对象的要求。

第八条　挂牌公司股票发行以现金认购的，公司现有股东在同等条件下对发行的股票有权优先认购。每一股东可优先认购的股份数量上限为股权登记日其在公司的持股比例与本次发行股份数量上限的乘积。

公司章程对优先认购另有规定的，从其规定。

第九条　发行对象承诺对其认购股票进行转让限制的，应当遵守其承诺，并予以披露。

第十条　发行对象可用现金或者非现金资产认购发行股票。

第三章　董事会与股东大会决议

第十一条　挂牌公司董事会应当就股票发行有关事项作出决议。

第十二条　挂牌公司董事会作出股票发行决议，应当符合下列规定：

（一）董事会决议确定具体发行对象的，董事会决议应当明确具体发行对象（是否为关联方）及其认购价格、认购数量或数量上限、现有股东优先认购办法等事项。认购办法中应当明确现有股东放弃优先认购股票份额的认购安排。

已确定的发行对象（现有股东除外）与公司签署的附生效条件的股票认购合同应当经董事会批准。

（二）董事会决议未确定具体发行对象的，董事会决议应当明确发行对象的范围、发行价格区间、发行价格确定办法、发行数量上限、现有股东优先认购办法等事项。

（三）发行对象用非现金资产认购发行股票的，董事会决议应当明确交易对手（应当说明是否为关联方）、标的资产、作价原则及审计、评估等事项。

（四）董事会应当说明本次发行募集资金的用途。

第十三条　董事会决议确定具体发行对象的，挂牌公司应当与相关发行对象签订附生效条件的股票认购合同。

前款所述认购合同应当载明该发行对象拟认购股票的数量或数量区间、认购价格、限售期，同时约定本次发行经公司董事会、股东大会批准后，该合同即生效。

第十四条　挂牌公司股东大会应当就股票发行等事项作出决议。

第十五条　挂牌公司股东大会审议通过股票发行方案后，董事会决议作出重大调整的，公司应当重新召开股东大会并按照第十四条的规定进行审议。

第四章　发行与备案

第十六条　董事会决议确定具体发行对象的，挂牌公司应当按照本细则及有关要求，依据股票认购合同的约定发行股票；有优先认购安排的，应当办理现有股东优先认购手续。

第十七条　董事会决议未确定具体发行对象的，挂牌公司及主办券商可以向包括挂牌公司股东、主办券商经纪业务客户、机构投资者、集合信托计划、证券投资基金、证券公司资产管理计划以及其他个人投资者在内的询价对象进行询价，询价对象应当符合投资者适当性的规定。

第十八条　挂牌公司及主办券商应当在确定的询价对象范围内接收询价对象的申购报价；主办券商应根据询价对象的申购报价情况，按照价格优先的原则，并考虑认购数量或其他因素，与挂牌公司协商确定发行对象、发行价格和发行股数。

现有股东优先认购的，在相同认购价格下应优先满足现有股东的认购需求。

第十九条　依据第十八条规定确定发行价格后，挂牌公司应当与发行对象签订正式认购合同，发行对象应当按照合同约定缴款。

第二十条　挂牌公司应当在股票发行认购结束后及时办理验资手续，验资报告应当由具有证券、期货相关业务资格的会计师事务所出具。

第二十一条　主办券商和律师事务所应当在尽职调查基础上，分别对本次股票发行出具书面意见。

第二十二条　挂牌公司在验资完成后十个转让日内，按照规定向全国股份转让系统公司报送材料，履行备案程序。

第二十三条　全国股份转让系统公司对材料进行审查，并根据审查结果出具股份登记函，送达挂牌公司并送交中国证券登记结算有限责任公司（以下简称“中国结算”）和主办券商。

以非现金资产认购股票的情形，尚未完成相关资产权属过户或相关资产存在重大法律瑕疵的，全国股份转让系统公司不予出具股份登记函。

第二十四条　挂牌公司按照中国结算相关规定，向中国结算申请办理股份登记，并取得股份登记证明文件。

主办券商应当协助挂牌公司持股份登记函向中国结算办理股份登记手续。

挂牌公司完成股份登记的办理后，新增股票按照挂牌转让公告中安排的时间在全国中小企业股份转让系统挂牌转让。

第五章　信息披露

第二十五条　挂牌公司应当分别在董事会和股东大会通过股票发行决议之日起两个转让日内披露董事会、股东大会决议公告。

第二十六条　以非现金资产认购股票涉及资产审计、评估的，资产审计结果、评估结果应当最晚和召开股东大会的通知同时公告。

第二十七条　挂牌公司应当在披露董事会决议的同时，披露经董事会批准的股票发行方案。

第二十八条　挂牌公司应当在缴款期前披露股票发行认购公告，其中应当披露缴款的股权登记日、投资者参与询价、定价情况，股票配售的原则和方式及现有股东优先认购安排（如有），并明确现有股东及新增投资者的缴款安排。

第二十九条　挂牌公司应当按照要求披露股票发行情况报告书、股票发行法律意见书、主办券商关于股票发行合法合规性意见和股票挂牌转让公告。

第六章　监管措施和违规处分

第三十条　挂牌公司及其董事、监事、高级管理人员、股东、实际控制人及其他相关信息披露义务人，主办券商、会计师事务所、律师事务所及其他证券服务机构，违反本细则及有关规定的，全国股份转让系统公司依据《业务规则》等有关规定采取相应监管措施及纪律处分。

第七章　附则

第三十一条　申请挂牌同时股票发行，应当在《公开转让说明书》中披露董事会、股东大会决议等内容，并遵守全国股份转让系统公司相关业务规则。

第三十二条　经中国证监会核准的股票发行，公司应当在取得中国证监会的核准文件后，按照全国股份转让系统公司的规定办理股票挂牌手续。

第三十三条　挂牌公司发行优先股的具体业务规则由全国股份转让系统公司另行制定。

第三十四条　本细则由全国股份转让系统公司负责解释。

第三十五条　本细则自发布之日起施行。

附件 6

全国中小企业股份转让系统挂牌公司信息披露细则（试行）

第一章　总则

第一条　为规范挂牌公司及相关信息披露义务人的信息披露行为，保护投资者合法权益，根据《非上市公众公司监督管理办法》（证监会令第85号）、《非上市公众公司监管指引第1号》（证监会公告〔2013〕1号）、《全国中小企业股份转让系统业务规则（试行）》（以下简称《业务规则》）等规定，制定本细则。

第二条　在全国股份转让系统挂牌的股票、可转换公司债券及其他证券品种适用本细则。

全国中小企业股份转让系统有限责任公司（以下简称“全国股份转让系统公司”）对上述证券品种的信息披露、暂停及恢复转让、终止及重新挂牌以及挂牌公司并购重组等事宜另有规定的，从其规定。

第三条　挂牌公司信息披露包括挂牌前的信息披露及挂牌后持续信息披露，其中挂牌后持续信息披露包括定期报告和临时报告。

第四条　挂牌公司及相关信息披露义务人应当及时、公平地披露所有对公司股票及其他证券品种转让价格可能产生较大影响的信息（以下简称“重大信息”），并保证信息披露内容的真实、准确、完整，不存在虚假记载、误导性陈述或重大遗漏。

第五条　挂牌公司应当制定信息披露事务管理制度，经董事会审议后及时向全国股份转让系统公司报备并披露。

公司应当将董事会秘书或信息披露事务负责人的任职及职业经历向全国股份转让系统公司报备并披露，发生变更时亦同。上述人员离职无人接替或因故不能履行职责时，公司董事会应当及时指定一名高级管理人员负责信息披露事务并披露。

第六条　挂牌公司应当在挂牌时向全国股份转让系统公司报备董事、监事及高级管理人员的任职、职业经历及持有挂牌公司股票情况。

有新任董事、监事及高级管理人员或上述报备事项发生变化的，挂牌公司应当在两个转让日内将最新资料向全国股份转让系统公司报备。

第七条　董事、监事及高级管理人员应当在公司挂牌时签署遵守全国股份转让系统公司业务规则及监管要求的《董事（监事、高级管理人员）声明及承诺书》（以下简称“承诺书”），并向全国股份转让系统公司报备。

新任董事、监事应当在股东大会或者职工代表大会通过其任命后五个转让日内，新任高级管理人员应当在董事会通过其任命后五个转让日内签署上述承诺书并报备。

第八条　挂牌公司披露重大信息之前，应当经主办券商审查，公司不得披露未经主办券商审查的重大信息。

挂牌公司在其他媒体披露信息的时间不得早于指定披露平台的披露时间。

第九条　挂牌公司发生的或者与之有关的事件没有达到本细则规定的披露标准，或者本细则没有具体规定，但公司董事会认为该事件对股票价格可能产生较大影响的，公司应当及时披露。

第十条　主办券商应当指导和督促所推荐挂牌公司规范履行信息披露义务，对其信息披露文件进行事前审查。

发现拟披露的信息或已披露信息存在任何错误、遗漏或者误导的，或者发现存在应当披露而未披露事项的，主办券商应当要求挂牌公司进行更正或补充。挂牌公司拒不更正或补充的，主办券商应当在两个转让日内发布风险揭示公告并向全国股份转让系统公司报告。

第二章 定期报告

第十一条 挂牌公司应当披露的定期报告包括年度报告、半年度报告，可以披露季度报告。挂牌公司应当在本细则规定的期限内，按照全国股份转让系统公司有关规定编制并披露定期报告。

挂牌公司应当在每个会计年度结束之日起四个月内编制并披露年度报告，在每个会计年度的上半年结束之日起两个月内披露半年度报告；披露季度报告的，公司应当在每个会计年度前三个月、九个月结束后的一个月内披露季度报告。

披露季度报告的，第一季度报告的披露时间不得早于上一年的年度报告。

第十二条 挂牌公司应当与全国股份转让系统公司约定定期报告的披露时间，全国股份转让系统公司根据均衡原则统筹安排各挂牌公司定期报告披露顺序。

公司应当按照全国股份转让系统公司安排的时间披露定期报告，因故需要变更披露时间的，应当告知主办券商并向全国股份转让系统公司申请，全国股份转让系统公司视情况决定是否调整。

第十三条 挂牌公司年度报告中的财务报告必须经具有证券、期货相关业务资格的会计师事务所审计。

挂牌公司不得随意变更会计师事务所，如确需变更的，应当由董事会审议后提交股东大会审议。

第十四条 挂牌公司董事会应当确保公司定期报告按时披露。董事会因故无法对定期报告形成决议的，应当以董事会公告的方式披露，说明具体原因和存在的风险。公司不得以董事、高级管理人员对定期报告内容有异议为由不按时披露。

公司不得披露未经董事会审议通过的定期报告。

第十五条　挂牌公司应当在定期报告披露前及时向主办券商送达下列文件：

（一）定期报告全文、摘要（如有）；

（二）审计报告（如适用）；

（三）董事会、监事会决议及其公告文稿；

（四）公司董事、高级管理人员的书面确认意见及监事会的书面审核意见；

（五）按照全国股份转让系统公司要求制作的定期报告和财务数据的电子文件；

（六）主办券商及全国股份转让系统公司要求的其他文件。

第十六条　年度报告出现下列情形的，主办券商应当最迟在披露前一个转让日向全国股份转让系统公司报告：

（一）财务报告被出具否定意见或者无法表示意见的审计报告；

（二）经审计的期末净资产为负值。

第十七条　挂牌公司财务报告被注册会计师出具非标准审计意见的，公司在向主办券商送达定期报告的同时应当提交下列文件：

（一）董事会针对该审计意见涉及事项所做的专项说明，审议此专项说明的董事会决议以及决议所依据的材料；

（二）监事会对董事会有关说明的意见和相关决议；

（三）负责审计的会计师事务所及注册会计师出具的专项说明；

（四）主办券商及全国股份转让系统公司要求的其他文件。

第十八条　负责审计的会计师事务所和注册会计师按本细则第十七条出具的专项说明应当至少包括以下内容：

（一）出具非标准审计意见的依据和理由；

（二）非标准审计意见涉及事项对报告期公司财务状况和经营成果的

影响；

（三）非标准审计意见涉及事项是否违反企业会计准则及其相关信息披露规范性规定。

第十九条　本细则第十七条所述非标准审计意见涉及事项属于违反会计准则及其相关信息披露规范性规定的，主办券商应当督促挂牌公司对有关事项进行纠正。

第二十条　挂牌公司和主办券商应当对全国股份转让系统公司关于定期报告的事后审查意见及时回复，并按要求对定期报告有关内容作出解释和说明。

主办券商应当在公司对全国股份转让系统公司回复前对相关文件进行审查。如需更正、补充公告或修改定期报告并披露的，公司应当履行相应内部审议程序。

第三章　临时报告

第一节　临时报告的一般规定

第二十一条　临时报告是指挂牌公司按照法律法规和全国股份转让系统公司有关规定发布的除定期报告以外的公告。

临时报告应当加盖董事会公章并由公司董事会发布。

第二十二条　挂牌公司应当在临时报告所涉及的重大事件最先触及下列任一时点后及时履行首次披露义务：

（一）董事会或者监事会作出决议时；

（二）签署意向书或者协议（无论是否附加条件或者期限）时；

（三）公司（含任一董事、监事或者高级管理人员）知悉或者理应知悉重大事件发生时。

第二十三条　对挂牌公司股票转让价格可能产生较大影响的重大事件正处于筹划阶段，虽然尚未触及本细则第二十二条规定的时点，但出现下列情形之一的，公司亦应履行首次披露义务：

（一）该事件难以保密；

（二）该事件已经泄漏或者市场出现有关该事件的传闻；

（三）公司股票及其衍生品种交易已发生异常波动。

第二十四条　挂牌公司履行首次披露义务时，应当按照本细则规定的披露要求和全国股份转让系统公司制定的临时公告格式指引予以披露。

在编制公告时若相关事实尚未发生的，公司应当客观公告既有事实，待相关事实发生后，应当按照相关格式指引的要求披露事项进展或变化情况。

第二十五条　挂牌公司控股子公司发生的对挂牌公司股票转让价格可能产生较大影响的信息，视同挂牌公司的重大信息，挂牌公司应当披露。

第二节　董事会、监事会和股东大会决议

第二十六条　挂牌公司召开董事会会议，应当在会议结束后及时将经与会董事签字确认的决议（包括所有提案均被否决的董事会决议）向主办券商报备。

董事会决议涉及本细则规定的应当披露的重大信息，公司应当以临时公告的形式及时披露；决议涉及根据公司章程规定应当提交经股东大会审议的收购与出售资产、对外投资（含委托理财、委托贷款、对子公司投资等）的，公司应当在决议后及时以临时公告的形式披露。

第二十七条　挂牌公司召开监事会会议，应当在会议结束后及时将经与会监事签字的决议向主办券商报备。

涉及本细则规定的应当披露的重大信息，公司应当以临时公告的形式及时披露。

第二十八条　挂牌公司应当在年度股东大会召开二十日前或者临时股东大会召开十五日前，以临时公告方式向股东发出股东大会通知。

挂牌公司在股东大会上不得披露、泄漏未公开重大信息。

第二十九条　挂牌公司召开股东大会，应当在会议结束后两个转让日内将相关决议公告披露。年度股东大会公告中应当包括律师见证意见。

第三十条　主办券商及全国股份转让系统公司要求提供董事会、监事会及股东大会会议记录的，挂牌公司应当按要求提供。

第三节　关联交易

第三十一条　挂牌公司的关联交易，是指挂牌公司与关联方之间发生的转移资源或者义务的事项。

第三十二条　挂牌公司的关联方及关联关系包括《企业会计准则第36号——关联方披露》规定的情形，以及挂牌公司、主办券商或全国股份转让系统公司根据实质重于形式原则认定的情形。

第三十三条　挂牌公司董事会、股东大会审议关联交易事项时，应当执行公司章程规定的表决权回避制度。

第三十四条　对于每年发生的日常性关联交易，挂牌公司应当在披露上一年度报告之前，对本年度将发生的关联交易总金额进行合理预计，提交股东大会审议并披露。对于预计范围内的关联交易，公司应当在年度报告和半年度报告中予以分类，列表披露执行情况。

如果在实际执行中预计关联交易金额超过本年度关联交易预计总金额的，公司应当就超出金额所涉及事项依据公司章程提交董事会或者股东大会审议并披露。

第三十五条　除日常性关联交易之外的其他关联交易，挂牌公司应当经过股东大会审议并以临时公告的形式披露。

第三十六条　挂牌公司与关联方进行下列交易，可以免予按照关联交易的方式进行审议和披露：

（一）一方以现金认购另一方发行的股票、公司债券或企业债券、可转换公司债券或者其他证券品种；

（二）一方作为承销团成员承销另一方公开发行的股票、公司债券或企业债券、可转换公司债券或者其他证券品种；

（三）一方依据另一方股东大会决议领取股息、红利或者报酬。

（四）挂牌公司与其合并报表范围内的控股子公司发生的或者上述控股子公司之间发生的关联交易。

第四节　其他重大事件

第三十七条　挂牌公司对涉案金额占公司最近一期经审计净资产绝对值10%以上的重大诉讼、仲裁事项应当及时披露。

未达到前款标准或者没有具体涉案金额的诉讼、仲裁事项，董事会认为可能对公司股票及其他证券品种转让价格产生较大影响的，或者主办券商、全国股份转让系统公司认为有必要的，以及涉及股东大会、董事会决议被申请撤销或者宣告无效的诉讼，公司也应当及时披露。

第三十八条　挂牌公司应当在董事会审议通过利润分配或资本公积转增股本方案后，及时披露方案具体内容，并于实施方案的股权登记日前披露方案实施公告。

第三十九条　股票转让被全国股份转让系统公司认定为异常波动的，挂牌公司应当于次一股份转让日披露异常波动公告。如果次一转让日无法披露，公司应当向全国股份转让系统公司申请股票暂停转让直至披露后恢复转让。

第四十条　公共媒体传播的消息（以下简称“传闻”）可能或者已经对公司股票转让价格产生较大影响的，挂牌公司应当及时向主办券商提供有助于甄别传闻的相关资料，并决定是否发布澄清公告。

第四十一条　实行股权激励计划的挂牌公司，应当严格遵守全国股份转让系统公司的相关规定，并履行披露义务。

第四十二条　限售股份在解除转让限制前，挂牌公司应当按照全国股份转让系统公司有关规定披露相关公告或履行相关手续。

第四十三条　在挂牌公司中拥有权益的股份达到该公司总股本5%的

股东及其实际控制人，其拥有权益的股份变动达到全国股份转让系统公司规定标准的，应当按照要求及时通知挂牌公司并披露权益变动公告。

第四十四条　挂牌公司和相关信息披露义务人披露承诺事项的，应当严格遵守其披露的承诺事项。

公司未履行承诺的，应当及时披露原因及相关当事人可能承担的法律责任；相关信息披露义务人未履行承诺的，公司应当主动询问，并及时披露原因，以及董事会拟采取的措施。

第四十五条　全国股份转让系统公司对挂牌公司实行风险警示或作出股票终止挂牌决定后，公司应当及时披露。

第四十六条　挂牌公司出现以下情形之一的，应当自事实发生之日起两个转让日内披露：

（一）控股股东或实际控制人发生变更；

（二）控股股东、实际控制人或者其关联方占用资金；

（三）法院裁定禁止有控制权的大股东转让其所持公司股份；

（四）任一股东所持公司5%以上股份被质押、冻结、司法拍卖、托管、设定信托或者被依法限制表决权；

（五）公司董事、监事、高级管理人员发生变动；董事长或者总经理无法履行职责；

（六）公司减资、合并、分立、解散及申请破产的决定；或者依法进入破产程序、被责令关闭；

（七）董事会就并购重组、股利分派、回购股份、定向发行股票或者其他证券融资方案、股权激励方案形成决议；

（八）变更会计师事务所、会计政策、会计估计；

（九）对外提供担保（挂牌公司对控股子公司担保除外）；

（十）公司及其董事、监事、高级管理人员、公司控股股东、实际控制人在报告期内存在受有权机关调查、司法纪检部门采取强制措施、被移送司法机关或追究刑事责任、中国证监会稽查、中国证监会行政处罚、证券市场禁入、认定为不适当人选，或收到对公司生产经营有重大影响的其他行政管理部门处罚；

（十一）因前期已披露的信息存在差错、未按规定披露或者虚假记载，被有关机构责令改正或者经董事会决定进行更正；

（十二）主办券商或全国股份转让系统公司认定的其他情形。

发生违规对外担保、控股股东或者其关联方占用资金的公司应当至少每月发布一次提示性公告，披露违规对外担保或资金占用的解决进展情况。

第四章　监管措施和违规处分

第四十七条　挂牌公司及其董事、监事、高级管理人员、股东、实际控制人、收购人及其他相关信息披露义务人、律师、主办券商和其他证券服务机构违反本细则的，全国股份转让系统公司依据《业务规则》采取相应监管措施及纪律处分。

第五章　释义

第四十八条　本细则下列用语具有如下含义：

（一）披露：指挂牌公司或者相关信息披露义务人按法律、行政法规、部门规章、规范性文件、本细则和全国股份转让系统公司其他有关规定在全国股份转让系统公司网站上公告信息。

（二）重大事件：指对挂牌公司股票转让价格可能产生较大影响的事项。

（三）及时：指自起算日起或者触及本细则规定的披露时点的两个转让日内，另有规定的除外。

（四）高级管理人员：指公司经理、副经理、董事会秘书（如有）、财务负责人及公司章程规定的其他人员。

（五）控股股东：指其持有的股份占公司股本总额50%以上的股东；或者持有股份的比例虽然不足50%，但依其持有的股份所享有的表决权已足以对股东大会的决议产生重大影响的股东。

（六）实际控制人：指通过投资关系、协议或者其他安排，能够支配、实际支配公司行为的自然人、法人或者其他组织。

（七）控制：指有权决定一个公司的财务和经营政策，并能据以从该公司的经营活动中获取利益。有下列情形之一的，为拥有挂牌公司控制权：

1. 为挂牌公司持股50%以上的控股股东；

2. 可以实际支配挂牌公司股份表决权超过30%；

3. 通过实际支配挂牌公司股份表决权能够决定公司董事会半数以上成员选任；

4. 依其可实际支配的挂牌公司股份表决权足以对公司股东大会的决议产生重大影响；

5. 中国证监会或全国股份转让系统公司认定的其他情形。

（八）挂牌公司控股子公司：指挂牌公司持有其50%以上股份，或者能够决定其董事会半数以上成员组成，或者通过协议或其他安排能够实际控制的公司。

（九）承诺：指挂牌公司及相关信息披露义务人就重要事项向公众或者监管部门所作的保证和相关解决措施。

（十）违规对外担保：是指挂牌公司及其控股子公司未经其内部审议程序而实施的担保事项。

（十一）净资产：指挂牌公司资产负债表列报的所有者权益；挂牌公司编制合并财务报表的为合并资产负债表列报的归属于母公司所有者权益，不包括少数股东权益。

（十二）日常性关联交易及偶发性关联交易：日常性关联交易指挂牌公司和关联方之间发生的购买原材料、燃料、动力，销售产品、商品，提供或者接受劳务，委托或者受托销售，投资（含共同投资、委托理财、委托贷款），财务资助（挂牌公司接受的）等的交易行为；公司章程中约定适用于本公司的日常性关联交易类型。

除了日常性关联交易之外的为偶发性关联交易。

（十三）控股股东、实际控制人或其关联方占用资金：指挂牌公司为控股股东、实际控制人及其附属企业垫付的工资、福利、保险、广告等费用和其他支出；代控股股东、实际控制人及其附属企业偿还债务而支付的资金；有偿或者无偿、直接或者间接拆借给控股股东、实际控制人及其附属企业的资金；为控股股东、实际控制人及其附属企业承担担保责任而形成的债权；其他在没有商品和劳务对价情况下提供给控股股东、实际控制人及其附属企业使用的资金或者全国股份转让系统公司认定的其他形式的占用资金情形。

（十四）以上：本规则中“以上”均含本数，“超过”不含本数。

第六章　附则

第四十九条　本细则由全国股份转让系统公司负责解释。

第五十条　本细则自发布之日起施行。

附件 7

非上市公众公司监督管理办法

第一章　总则

第一条　为了规范非上市公众公司股票转让和发行行为，保护投资者合法权益，维护社会公共利益，根据《证券法》《公司法》及相关法律法规的规定，制定本办法。

第二条　本办法所称非上市公众公司（以下简称公众公司）是指有下列情形之一且其股票未在证券交易所上市交易的股份有限公司：

（一）股票向特定对象发行或者转让导致股东累计超过 200 人；

（二）股票以公开方式向社会公众公开转让。

第三条　公众公司应当按照法律、行政法规、本办法和公司章程的规定，做到股权明晰，合法规范经营，公司治理机制健全，履行信息披露义务。

第四条　公众公司股票应当在中国证券登记结算公司集中登记存管，公开转让应当在依法设立的证券交易场所进行。

第五条　为公司出具专项文件的证券公司、律师事务所、会计师事务所及其他证券服务机构，应当勤勉尽责、诚实守信，认真履行审慎核查义务，按照依法制定的业务规则、行业执业规范和职业道德准则发表专业意见，保证所出具文件的真实性、准确性和完整性，并接受中国证券监督管理委员会（以下简称中国证监会）的监管。

第二章　公司治理

第六条　公众公司应当依法制定公司章程。

中国证监会依法对公众公司章程必备条款作出具体规定，规范公司章程的制定和修改。

第七条　公众公司应当建立兼顾公司特点和公司治理机制基本要求的股东大会、董事会、监事会制度，明晰职责和议事规则。

第八条　公众公司的治理结构应当确保所有股东，特别是中小股东充分行使法律、行政法规和公司章程规定的合法权利。

股东对法律、行政法规和公司章程规定的公司重大事项，享有知情权和参与权。

公众公司应当建立健全投资者关系管理，保护投资者的合法权益。

第九条　公众公司股东大会、董事会、监事会的召集、提案审议、通知时间、召开程序、授权委托、表决和决议等应当符合法律、行政法规和公司章程的规定；会议记录应当完整并安全保存。

股东大会的提案审议应当符合程序，保障股东的知情权、参与权、质询权和表决权；董事会应当在职权范围和股东大会授权范围内对审议事项作出决议，不得代替股东大会对超出董事会职权范围和授权范围的事项进行决议。

第十条　公众公司董事会应当对公司的治理机制是否给所有的股东提供合适的保护和平等权利等情况进行充分讨论、评估。

第十一条　公众公司应当强化内部管理，按照相关规定建立会计核算体系、财务管理和风险控制等制度，确保公司财务报告真实可靠及行为合法合规。

第十二条　公众公司进行关联交易应当遵循平等、自愿、等价、有偿的原则，保证交易公平、公允，维护公司的合法权益，根据法律、行政法规、中国证监会的规定和公司章程，履行相应的审议程序。

第十三条　公众公司应当采取有效措施防止股东及其关联方以各种形式占用或者转移公司的资金、资产及其他资源。

第十四条　公众公司实施并购重组行为，应当按照法律、行政法规、中国证监会的规定和公司章程，履行相应的决策程序并聘请证券公司和相关证券服务机构出具专业意见。

任何单位和个人不得利用并购重组损害公众公司及其股东的合法权益。

第十五条　进行公众公司收购，收购人或者其实际控制人应当具有健全的公司治理机制和良好的诚信记录。收购人不得以任何形式从被收购公司获得财务资助，不得利用收购活动损害被收购公司及其股东的合法权益。

在公众公司收购中，收购人持有的被收购公司的股份，在收购完成后12个月内不得转让。

第十六条　公众公司实施重大资产重组，重组的相关资产应当权属清晰、定价公允，重组后的公众公司治理机制健全，不得损害公众公司和股东的合法权益。

第十七条　公众公司应当按照法律的规定，同时结合公司的实际情况在章程中约定建立表决权回避制度。

第十八条　公众公司应当在章程中约定纠纷解决机制。股东有权按照法律、行政法规和公司章程的规定，通过仲裁、民事诉讼或者其他法律手段保护其合法权益。

第三章　信息披露

第十九条　公司及其他信息披露义务人应当按照法律、行政法规和中国证监会的规定，真实、准确、完整、及时地披露信息，不得有虚假记载、误导性陈述或者重大遗漏。公司及其他信息披露义务人应当向所有投资者同时公开披露信息。

公司的董事、监事、高级管理人员应当忠实、勤勉地履行职责，保证公司披露信息的真实、准确、完整、及时。

第二十条　信息披露文件主要包括公开转让说明书、定向转让说明书、定向发行说明书、发行情况报告书、定期报告和临时报告等。具体的内容与格式、编制规则及披露要求，由中国证监会另行制定。

第二十一条　公开转让与定向发行的公众公司应当在每一会计年度的上半年结束之日起2个月内披露记载中国证监会规定内容的半年度报告，在每一会计年度结束之日起4个月内披露记载中国证监会规定内容的年度报告。年度报告中的财务会计报告应当经具有证券期货相关业务资格的会计师事务所审计。

股票向特定对象转让导致股东累计超过200人的公众公司，应当在每一会计年度结束之日起4个月内披露记载中国证监会规定内容的年度报告。年度报告中的财务会计报告应当经会计师事务所审计。

第二十二条　公众公司董事、高级管理人员应当对定期报告签署书面确认意见；对报告内容有异议的，应当单独陈述理由，并与定期报告同时披露。公众公司不得以董事、高级管理人员对定期报告内容有异议为由不按时披露定期报告。

公众公司监事会应当对董事会编制的定期报告进行审核并提出书面审核意见，说明董事会对定期报告的编制和审核程序是否符合法律、行政法规、中国证监会的规定和公司章程，报告的内容是否能够真实、准确、完整地反映公司实际情况。

第二十三条　证券公司、律师事务所、会计师事务所及其他证券服务机构出具的文件和其他有关的重要文件应当作为备查文件，予以披露。

第二十四条　发生可能对股票价格产生较大影响的重大事件，投资者尚未得知时，公众公司应当立即将有关该重大事件的情况报送临时报告，并予以公告，说明事件的起因、目前的状态和可能产生的后果。

第二十五条　公众公司实施并购重组的，相关信息披露义务人应当依法严格履行公告义务，并及时准确地向公众公司通报有关信息，配合公众公司及时、准确、完整地进行披露。

参与并购重组的相关单位和人员，在并购重组的信息依法披露前负有保密义务，禁止利用该信息进行内幕交易。

第二十六条　公众公司应当制定信息披露事务管理制度并指定具有相关专业知识的人员负责信息披露事务。

第二十七条　除监事会公告外，公众公司披露的信息应当以董事会公告的形式发布。董事、监事、高级管理人员非经董事会书面授权，不得对外发布未披露的信息。

第二十八条　公司及其他信息披露义务人依法披露的信息，应当在中国证监会指定的信息披露平台公布。公司及其他信息披露义务人可在公司网站或者其他公众媒体上刊登依本办法必须披露的信息，但披露的内容应当完全一致，且不得早于在中国证监会指定的信息披露平台披露的时间。

股票向特定对象转让导致股东累计超过200人的公众公司可以在公司章程中约定其他信息披露方式；在中国证监会指定的信息披露平台披露相关信息的，应当符合本条第一款的要求。

第二十九条　公司及其他信息披露义务人应当将信息披露公告文稿和相关备查文件置备于公司住所供社会公众查阅。

第三十条　公司应当配合为其提供服务的证券公司及律师事务所、会计师事务所等证券服务机构的工作，按要求提供所需资料，不得要求证券公司、证券服务机构出具与客观事实不符的文件或者阻碍其工作。

第四章　股票转让

第三十一条　股票向特定对象转让导致股东累计超过200人的股份有限公司，应当自上述行为发生之日起3个月内，按照中国证监会有关规定制作申请文件，申请文件应当包括但不限于：定向转让说明书、律师事务所出具的法律意见书、会计师事务所出具的审计报告。股份有限公司持申请文件向中国证监会申请核准。在提交申请文件前，股份有限公司应当将相关情况通知所有股东。

在3个月内股东人数降至200人以内的，可以不提出申请。

股票向特定对象转让应当以非公开方式协议转让。申请股票向社会公众公开转让的，按照本办法第三十二条、第三十三条的规定办理。

第三十二条　公司申请其股票向社会公众公开转让的，董事会应当依法就股票公开转让的具体方案作出决议，并提请股东大会批准，股东大会决议必须经出席会议的股东所持表决权的2/3以上通过。

董事会和股东大会决议中还应当包括以下内容：

（一）按照中国证监会的相关规定修改公司章程；

（二）按照法律、行政法规和公司章程的规定建立健全公司治理机制；

（三）履行信息披露义务，按照相关规定披露公开转让说明书、年度报告、半年度报告及其他信息披露内容。

第三十三条　申请其股票向社会公众公开转让的公司，应当按照中国证监会有关规定制作公开转让的申请文件，申请文件应当包括但不限于：公开转让说明书、律师事务所出具的法律意见书、具有证券期货相关业务资格的会计师事务所出具的审计报告、证券公司出具的推荐文件、证券交易场所的审查意见。公司持申请文件向中国证监会申请核准。

公开转让说明书应当在公开转让前披露。

第三十四条　中国证监会受理申请文件后，依法对公司治理和信息披露进行审核，作出是否核准的决定，并出具相关文件。

第三十五条　公司及其董事、监事、高级管理人员，应当对公开转让说明书、定向转让说明书签署书面确认意见，保证所披露的信息真实、准确、完整。

第五章 定向发行

第三十六条 本办法所称定向发行包括向特定对象发行股票导致股东累计超过200人，以及股东人数超过200人的公众公司向特定对象发行股票两种情形。

前款所称特定对象的范围包括下列机构或者自然人：

（一）公司股东；

（二）公司的董事、监事、高级管理人员、核心员工；

（三）符合投资者适当性管理规定的自然人投资者、法人投资者及其他经济组织。

公司确定发行对象时，符合本条第二款第（二）项、第（三）项规定的投资者合计不得超过35名。

核心员工的认定，应当由公司董事会提名，并向全体员工公示和征求意见，由监事会发表明确意见后，经股东大会审议批准。

投资者适当性管理规定由中国证监会另行制定。

第三十七条 公司应当对发行对象的身份进行确认，有充分理由确信发行对象符合本办法和公司的相关规定。

公司应当与发行对象签订包含风险揭示条款的认购协议。

第三十八条 公司董事会应当依法就本次股票发行的具体方案作出决议，并提请股东大会批准，股东大会决议必须经出席会议的股东所持表决权的2/3以上通过。

申请向特定对象发行股票导致股东累计超过200人的股份有限公司，董事会和股东大会决议中还应当包括以下内容：

（一）按照中国证监会的相关规定修改公司章程；

（二）按照法律、行政法规和公司章程的规定建立健全公司治理机制；

（三）履行信息披露义务，按照相关规定披露定向发行说明书、发行情况报告书、年度报告、半年度报告及其他信息披露内容。

第三十九条　公司应当按照中国证监会有关规定制作定向发行的申请文件，申请文件应当包括但不限于：定向发行说明书、律师事务所出具的法律意见书、具有证券期货相关业务资格的会计师事务所出具的审计报告、证券公司出具的推荐文件。公司持申请文件向中国证监会申请核准。

第四十条　中国证监会受理申请文件后，依法对公司治理和信息披露以及发行对象情况进行审核，作出是否核准的决定，并出具相关文件。

第四十一条　公司申请定向发行股票，可申请一次核准，分期发行。自中国证监会予以核准之日起，公司应当在3个月内首期发行，剩余数量应当在12个月内发行完毕。超过核准文件限定的有效期未发行的，须重新经中国证监会核准后方可发行。首期发行数量应当不少于总发行数量的50%，剩余各期发行的数量由公司自行确定，每期发行后5个工作日内将发行情况报中国证监会备案。

第四十二条　公众公司向特定对象发行股票后股东累计不超过200人的，或者公众公司在12个月内发行股票累计融资额低于公司净资产的20%的，豁免向中国证监会申请核准，但发行对象应当符合本办法第三十六条的规定，并在每次发行后5个工作日内将发行情况报中国证监会备案。

第四十三条　股票发行结束后，公众公司应当按照中国证监会的有关要求编制并披露发行情况报告书。申请分期发行的公众公司应在每期发行后按照中国证监会的有关要求进行披露，并在全部发行结束或者超过核准文件有效期后按照中国证监会的有关要求编制并披露发行情况报告书。

豁免向中国证监会申请核准定向发行的公众公司，应当在发行结束后按照中国证监会的有关要求编制并披露发行情况报告书。

第四十四条　公司及其董事、监事、高级管理人员，应当对定向发行说明书、发行情况报告书签署书面确认意见，保证所披露的信息真实、准确、完整。

第四十五条　公众公司定向发行股份购买资产的，按照本章有关规定办理。

第六章　监督管理

第四十六条　中国证监会会同国务院有关部门、地方人民政府，依照法律法规和国务院有关规定，各司其职，分工协作，对公众公司进行持续监管，防范风险，维护证券市场秩序。

第四十七条　中国证监会依法履行对公司股票转让、定向发行、信息披露的监管职责，有权对公司、证券公司、证券服务机构采取《证券法》第一百八十条规定的措施。

第四十八条　中国证券业协会应当发挥自律管理作用，对从事公司股票转让和定向发行业务的证券公司进行监督，督促其勤勉尽责地履行尽职调查和督导职责。发现证券公司有违反法律、行政法规和中国证监会相关规定的行为，应当向中国证监会报告，并采取自律管理措施。

第四十九条　中国证监会可以要求公司及其他信息披露义务人或者其董事、监事、高级管理人员对有关信息披露问题作出解释、说明或者提供相关资料，并要求公司提供证券公司或者证券服务机构的专业意见。

中国证监会对证券公司和证券服务机构出具文件的真实性、准确性、完整性有疑义的，可以要求相关机构作出解释、补充，并调阅其工作底稿。

第五十条　证券公司在从事股票转让、定向发行等业务活动中，应当按照中国证监会的有关规定勤勉尽责地进行尽职调查，规范履行内核程序，认真编制相关文件，并持续督导所推荐公司及时履行信息披露义务、完善公司治理。

第五十一条　证券服务机构为公司的股票转让、定向发行等活动出具审计报告、资产评估报告或者法律意见书等文件的，应当严格履行法定职责，遵循勤勉尽责和诚实信用原则，对公司的主体资格、股本情况、规范运作、财务状况、公司治理、信息披露等内容的真实性、准确性、完整性进行充分的核查和验证，并保证其出具的文件不存在虚假记载、误导性陈述或者重大遗漏。

第五十二条　中国证监会依法对公司进行监督检查或者调查，公司有义务提供相关文件资料。对于发现问题的公司，中国证监会可以采取责令改正、监管谈话、责令公开说明、出具警示函等监管措施，并记入诚信档案；涉嫌违法、犯罪的，应当立案调查或者移送司法机关。

第七章　法律责任

第五十三条　公司以欺骗手段骗取核准的，公司报送的报告有虚假记载、误导性陈述或者重大遗漏的，除依照《证券法》有关规定进行处罚外，中国证监会可以采取终止审查并自确认之日起在36个月内不受理公司的股票转让和定向发行申请的监管措施。

第五十四条　公司未按照本办法第三十一条、第三十三条、第三十九条规定，擅自转让或者发行股票的，按照《证券法》第一百八十八条的规定进行处罚。

第五十五条　证券公司、证券服务机构出具的文件有虚假记载、误导性陈述或者重大遗漏的，除依照《证券法》及相关法律法规的规定处罚外，中国证监会可视情节轻重，自确认之日起采取3个月至12个月内不接受该机构出具的相关专项文件，36个月内不接受相关签字人员出具的专项文件的监管措施。

第五十六条　公司及其他信息披露义务人未按照规定披露信息，或者所披露的信息有虚假记载、误导性陈述或者重大遗漏的，依照《证券法》第一百九十三条的规定进行处罚。

第五十七条　公司向不符合本办法规定条件的投资者发行股票的，中国证监会可以责令改正，并可以自确认之日起在36个月内不受理其申请。

第五十八条　信息披露义务人及其董事、监事、高级管理人员，公司控股股东、实际控制人，为信息披露义务人出具专项文件的证券公司、证券服务机构及其工作人员，违反《证券法》、行政法规和中国证监会相关规定的，中国证监会可以采取责令改正、监管谈话、出具警示函、认定为不适当人选等监管措施，并记入诚信档案；情节严重的，中国证监会可以对有关责任人员采取证券市场禁入的措施。

第五十九条　公众公司内幕信息知情人或非法获取内幕信息的人，在对公众公司股票价格有重大影响的信息公开前，泄漏该信息、买卖或者建议他人买卖该股票的，依照《证券法》第二百零二条的规定进行处罚。

第八章　附则

第六十条　公众公司向不特定对象公开发行股票的，应当遵守《证券法》和中国证监会的相关规定。

公众公司申请在证券交易所上市的，应当遵守中国证监会和证券交易所的相关规定。

第六十一条　本办法施行前股东人数超过200人的股份有限公司，依照有关法律法规进行规范，并经中国证监会确认后，可以按照本办法的相关规定申请核准。

第六十二条　本办法所称股份有限公司是指首次申请股票转让或定向发行的股份有限公司；所称公司包括非上市公众公司和首次申请股票转让或定向发行的股份有限公司。

第六十三条　本办法自2013年1月1日起施行。

附件 8

全国中小企业股份转让系统
股票转让细则（试行）

第一章　总则

第一条　为规范全国中小企业股份转让系统（以下简称全国股份转让系统）股票转让行为，维护证券市场运行秩序，保护投资者合法权益，根据《中华人民共和国证券法》《全国中小企业股份转让系统有限责任公司管理暂行办法》等法律、行政法规、部门规章、其他规范性文件及《全国中小企业股份转让系统业务规则（试行）》（以下简称《业务规则》）等相关规定，制定本细则。

第二条　在全国股份转让系统挂牌股票的转让，适用本细则。本细则未作规定的，适用全国股份转让系统其他有关规定。

第三条　股票转让及相关活动实行公开、公平、公正的原则，禁止证券欺诈、内幕交易、操纵市场等违法违规行为。

第四条　主办券商、投资者等市场参与人应当遵守法律、行政法规、部门规章、其他规范性文件及全国股份转让系统有关业务规则，遵循自愿、有偿、诚实信用原则。

第五条　全国中小企业股份转让系统有限责任公司（以下简称全国股份转让系统公司）为股票转让活动提供服务，并依法对相关股票转让活动进行自律管理。

第六条　股票转让采用无纸化的公开转让形式，或经中国证券监督管理委员会（以下简称中国证监会）批准的其他转让形式。

第二章　转让市场

第一节　转让设施与转让参与人

第七条　全国股份转让系统为股票转让提供相关设施，包括交易主机、交易单元、报盘系统及相关通讯系统等。

第八条　主办券商进入全国股份转让系统进行股票转让，应当向全国股份转让系统公司申请取得转让权限，成为转让参与人。

第九条　转让参与人应当通过在全国股份转让系统申请开设的交易单元进行股票转让。

第十条　交易单元是转让参与人向全国股份转让系统公司申请设立的、参与全国股份转让系统证券转让，并接受全国股份转让系统公司服务及监管的基本业务单位。

第十一条　主办券商在全国股份转让系统开展证券经纪、证券自营和做市业务，应当分别开立交易单元。

第十二条　交易单元和转让权限的具体规定，由全国股份转让系统公司另行制定。

第二节　转让方式

第十三条　股票可以采取做市转让方式、协议转让方式、竞价转让方式之一进行转让。

第十四条　股票采取做市转让方式的，应当有 2 家以上做市商为其提供做市报价服务。

申请挂牌公司股票拟采取做市转让方式的，其中一家做市商应为推荐其股票挂牌的主办券商或该主办券商的母（子）公司。

第十五条　股票采取竞价转让方式的，应当符合全国股份转让系统公司规定的条件。具体条件由全国股份转让系统公司另行制定。

第十六条　挂牌公司提出申请并经全国股份转让系统公司同意，可以变更股票转让方式。

第十七条　采取做市转让方式的股票，拟变更为协议或竞价转让方式的，挂牌公司应事前征得该股票所有做市商同意。

第十八条　采取做市转让方式的股票，为其做市的做市商不足 2 家，且未在 30 个转让日内恢复为 2 家以上做市商的，如挂牌公司未按规定提出股票转让方式变更申请，其转让方式将强制变更为协议转让方式。

第三节　转让时间

第十九条　股票转让时间为每周一至周五 9：15 至 11：30，13：00 至 15：00。转让时间内因故停市，转让时间不作顺延。

遇法定节假日和全国股份转让系统公司公告的休市日，全国股份转让系统休市。

第二十条　经中国证监会批准，全国股份转让系统公司可以调整转让时间。

第三章　股票转让一般规定

第二十一条　投资者买卖股票，应当以实名方式开立证券账户和资金账户，与主办券商签订证券买卖委托代理协议，并签署相关风险揭示书。投资者开立证券账户，应当按照中国证券登记结算有限责任公司（以下简称中国结算）的规定办理。

第二十二条　投资者可以通过书面委托方式或电话、自助终端、互联网等自助委托方式委托主办券商买卖股票。投资者进行自助委托的，应按相关规定操作，主办券商应当记录投资者委托的电话号码、网卡地址、IP 地址等信息。

第二十三条　主办券商接受投资者的买卖委托后，应当确认投资者具备相应股票或资金，并按照委托的内容向全国股份转让系统申报，承担相应的交易、交收责任。主办券商接受投资者买卖委托达成交易的，投资者应当向主办券商交付其委托主办券商卖出的股票或其委托主办券商买入股票的款项，主办券商应当向投资者交付卖出股票所得款项或买入的股票。

第二十四条　投资者可以撤销委托的未成交部分。

被撤销或失效的委托，主办券商应当在确认后及时向投资者返还相应的资金或股票。

第二十五条　主办券商应按照接受投资者委托的时间先后顺序及时向全国股份转让系统申报。

第二十六条　申报指令应当按全国股份转让系统公司规定的格式传送。全国股份转让系统公司可以根据市场需要，调整申报的内容及方式。

第二十七条　主办券商应当按有关规定妥善保管委托和申报记录。

第二十八条　买卖股票的申报数量应当为1000股或其整数倍。卖出股票时，余额不足1000股部分，应当一次性申报卖出。

第二十九条　股票转让的计价单位为“每股价格”。股票转让的申报价格最小变动单位为0.01元人民币。

按成交原则达成的价格不在最小价格变动单位范围内的，按照四舍五入原则取至相应的最小价格变动单位。

第三十条　股票转让单笔申报最大数量不得超过100万股。

第三十一条　全国股份转让系统公司可以根据市场需要，调整股票单笔申报数量、申报价格的最小变动单位和单笔申报最大数量。

第三十二条　申报当日有效。

买卖申报和撤销申报经全国股份转让系统交易主机确认后方为有效。

第三十三条　主办券商通过报盘系统向全国股份转让系统交易主机发送买卖申报指令。买卖申报经交易主机撮合成交后，转让即告成立。按本细则各项规定达成的交易于成立时生效，交易记录由全国股份转让系统公司发送至主办券商。

因不可抗力、意外事件、交易系统被非法侵入等原因造成严重后果的转让，全国股份转让系统公司可以采取适当措施或认定无效。

对显失公平的转让，经全国股份转让系统公司认定，可以采取适当措施。

第三十四条　违反本细则，严重破坏证券市场正常运行的转让，全国股份转让系统公司有权宣布取消转让。由此造成的损失由违规转让者承担。

第三十五条　依照本细则达成的交易，其成交结果以交易主机记录的成交数据为准。

第三十六条　全国股份转让系统对股票转让不设涨跌幅限制。全国股份转让系统公司另有规定的除外。

第三十七条　投资者买入的股票，买入当日不得卖出；做市商买入的股票，买入当日可以卖出。全国股份转让系统公司另有规定的除外。

第三十八条　按照本细则达成的交易，买卖双方必须承认交易结果，履行清算交收义务。

股票买卖的清算交收业务，应当按照中国结算的规定办理。

第三十九条　全国股份转让系统公司每个转让日发布股票转让即时行情、股票转让公开信息等转让信息，及时编制反映市场转让情况的各类报表，并通过全国股份转让系统指定信息披露平台或其他媒体予以公布。

第四十条　全国股份转让系统对采取做市、协议和竞价转让方式的股票即时行情实行分类揭示。

第四十一条　全国股份转让系统公司负责全国股份转让系统信息的统一管理和发布。未经全国股份转让系统公司许可，任何机构和个人不得发布、使用和传播转让信息。经全国股份转让系统公司许可使用转让信息的机构和个人，未经同意不得将转让信息提供给其他机构和个人使用或予以传播。

第四十二条　全国股份转让系统公司可以根据市场需要，调整即时行情和股票转让公开信息发布的内容和方式。

第四十三条 全国股份转让系统公司可以根据市场发展需要，编制综合指数、成份指数、分类指数等股票指数，随即时行情发布。

股票指数的设置和编制方法，由全国股份转让系统公司另行规定。

第四章 做市转让方式

第一节 委托与申报

第四十四条 做市商应在全国股份转让系统持续发布买卖双向报价，并在其报价数量范围内按其报价履行与投资者的成交义务。做市转让方式下，投资者之间不能成交。全国股份转让系统公司另有规定的除外。

第四十五条 投资者可以采用限价委托方式委托主办券商买卖股票。

限价委托是指投资者委托主办券商按其限定的价格买卖股票的指令，主办券商必须按限定的价格或低于限定的价格申报买入股票；按限定的价格或高于限定的价格申报卖出股票。

限价委托应包括证券账户号码、证券代码、买卖方向、委托数量、委托价格等内容。

第四十六条 全国股份转让系统接受主办券商的限价申报、做市商的做市申报。全国股份转让系统公司另有规定的除外。

限价申报应包括证券账户号码、证券代码、交易单元代码、证券营业部识别码、买卖方向、申报数量、申报价格等内容。

做市申报是指做市商为履行做市义务，向全国股份转让系统发送的，按其指定价格买卖不超过其指定数量股票的指令。做市申报应包括证券账户号码、证券代码、交易单元代码、买卖申报数量和价格等内容。

第四十七条 全国股份转让系统接受限价申报、做市申报的时间为每个转让日的9：15至11：30、13：00至15：00。全国股份转让系统公司可以调整接受申报的时间。

第四十八条　做市商应最迟于每个转让日的9：30开始发布买卖双向报价，履行做市报价义务。

第四十九条　做市商每次提交做市申报应当同时包含买入价格与卖出价格，且相对买卖价差不得超过5%。相对买卖价差计算公式为：

相对买卖价差 =（卖出价格 − 买入价格）÷卖出价格 ×100%

卖出价格与买入价格之差等于最小价格变动单位的，不受前款限制。

第五十条　做市商提交新的做市申报后，前次做市申报的未成交部分自动撤销。

第五十一条　做市商前次做市申报撤销或其申报数量经成交后不足1000股的，做市商应于5分钟内重新报价。

第五十二条　做市商持有库存股票不足1000股时，可以免于履行卖出报价义务。

出现前款所述情形，做市商应及时向全国股份转让系统公司报告并调节库存股票数量，并最迟于该情形发生后第3个转让日恢复正常双向报价。

第五十三条　单个做市商持有库存股票达到挂牌公司总股本20%时，可以免于履行买入报价义务。出现前款所述情形，做市商应及时向全国股份转让系统公司报告，并最迟于该情形发生后第3个转让日恢复正常双向报价。

第二节　成交

第五十四条　每个转让日的9：30至11：30、13：00至15：00为做市转让撮合时间。

做市商每个转让日提供双向报价的时间应不少于做市转让撮合时间的75%。

第五十五条　全国股份转让系统对到价的限价申报即时与做市申报进行成交；如有2笔以上做市申报到价的，按照价格优先、时间优先原则成交。成交价以做市申报价格为准。

做市商更改报价使限价申报到价的，全国股份转让系统按照价格优先、时间优先原则将到价限价申报依次与该做市申报进行成交。成交价以做市申报价格为准。

到价是指限价申报买入价格等于或高于做市申报卖出价格，或限价申报卖出价格等于或低于做市申报买入价格。

限价申报之间、做市申报之间不能成交。

第三节　做市商管理

第五十六条　证券公司在全国股份转让系统开展做市业务前，应向全国股份转让系统公司申请备案。

第五十七条　做市商开展做市业务，应通过专用证券账户进行。做市专用证券账户应向中国结算和全国股份转让系统公司报备。

做市商不再为挂牌公司股票提供做市报价服务的，应将库存股票转出做市专用证券账户。

第五十八条　做市商证券自营账户不得持有其做市股票或参与做市股票的买卖。

第五十九条　挂牌时采取做市转让方式的股票，初始做市商应当取得合计不低于挂牌公司总股本5%或100万股（以孰低为准），且每家做市商不低于10万股的做市库存股票。

除前款所述情形外，做市商在做市前应当取得不低于10万股的做市库存股票。

第六十条　做市商的做市库存股票可通过以下方式取得：

（一）股东在挂牌前转让；

（二）股票发行；

（三）在全国股份转让系统买入；

（四）其他合法方式。

第六十一条　挂牌时采取做市转让方式的股票，后续加入的做市商须在该股票挂牌满3个月后方可为其提供做市报价服务。

采取做市转让方式的股票，后续加入的做市商应当向全国股份转让系统公司提出申请。

第六十二条　挂牌时采取做市转让方式的股票和由其他转让方式变更为做市转让方式的股票，其初始做市商为股票做市不满6个月的，不得退出为该股票做市。后续加入的做市商为股票做市不满3个月的，不得退出为该股票做市。

做市商退出做市的，应当事前提出申请并经全国股份转让系统公司同意。做市商退出做市后，1个月内不得申请再次为该股票做市。

第六十三条　出现下列情形时，做市商自动终止为相关股票做市：

（一）该股票摘牌；

（二）该股票因其他做市商退出导致做市商不足2家而变更转让方式；

（三）做市商被暂停、终止从事做市业务或被禁止为该股票做市；

（四）全国股份转让系统公司认定的其他情形。

第四节　做市商间转让

第六十四条　做市商间为调节库存股等进行股票转让的，可以通过互报成交确认申报方式进行。

第六十五条　做市商的成交确认申报是指做市商之间按指定价格和数量与指定对手方确认成交的指令。

做市商的成交确认申报应包括证券账户号码、证券代码、交易单元代码、买卖方向、申报数量、申报价格、对手方交易单元、对手方证券账户号码以及成交约定号等内容。

第六十六条　全国股份转让系统接受做市商成交确认申报和对做市商成交确认申报进行成交确认的时间为每个转让日的15：00至15：30。

第六十七条　全国股份转让系统对证券代码、申报价格和申报数量相同，买卖方向相反，指定对手方交易单元、证券账户号码相符及成交约定号一致的做市商成交确认申报进行确认成交。

做市商间转让股票，其成交价格应在该股票当日最高、最低成交价之间；当日无成交的，其成交价格不得高于前收盘价的110%且不低于前收盘价的90%。

第六十八条　做市商当日从其他做市商处买入的股票，买入当日不得卖出。

第六十九条　做市商间转让不纳入即时行情和指数的计算，成交量在每个转让日做市商间转让结束后计入该股票成交总量。

第七十条　每个转让日做市商间转让结束后，全国股份转让系统公司逐笔公布做市商间转让信息，包括证券名称、成交量、成交价以及买卖双方做市商名称等。

第五节　其他规定

第七十一条　采取做市转让方式的股票，开盘价为该股票当日第一笔成交价。

第七十二条　采取做市转让方式的股票，收盘价为该股票当日最后一笔成交价。

当日无成交的，以前收盘价为当日收盘价。

第七十三条　全国股份转让系统为做市商提供其做市股票实时最高10个价位的买入限价申报价格和数量、最低10个价位的卖出限价申报价格和数量等信息，以及为该股票提供做市报价服务做市商的实时最优10笔买入和卖出做市申报价格和数量等信息。

第七十四条　采取做市转让方式的股票，全国股份转让系统每个转让日9：30开始发布即时行情，其内容主要包括证券代码、证券简称、前收盘价、最近成交价、当日最高价、当日最低价、当日累计成交数量、当日累计成交金额、做市商实时最高3个价位买入申报价格和数量、做市商实时最低3个价位卖出申报价格和数量等。

第五章　协议转让方式

第一节　委托与申报

第七十五条　投资者委托分为意向委托、定价委托和成交确认委托。

意向委托是指投资者委托主办券商按其确定价格和数量买卖股票的意向指令，意向委托不具有成交功能。意向委托应包括证券账户号码、证券代码、买卖方向、委托数量、委托价格、联系人、联系方式等内容。

定价委托是指投资者委托主办券商按其指定的价格买卖不超过其指定数量股票的指令。定价委托应包括证券账户号码、证券代码、买卖方向、委托数量、委托价格等内容。

成交确认委托是指投资者买卖双方达成成交协议，或投资者拟与定价委托成交，委托主办券商以指定价格和数量与指定对手方确认成交的指令。成交确认委托应包括：证券账户号码、证券代码、买卖方向、委托数量、委托价格、成交约定号等内容；拟与对手方通过互报成交确认委托方式成交的，还应注明对手方交易单元代码和对手方证券账户号码。

第七十六条　全国股份转让系统接受主办券商的意向申报、定价申报和成交确认申报。

意向申报应包括证券账户号码、证券代码、交易单元代码、证券营业部识别码、买卖方向、申报数量、申报价格、联系人、联系方式等内容。

定价申报应包括证券账户号码、证券代码、交易单元代码、证券营业部识别码、买卖方向、申报数量、申报价格等内容。

成交确认申报应包括：证券账户号码、证券代码、交易单元代码、证券营业部识别码、买卖方向、申报数量、申报价格、成交约定号等内容；若投资者成交确认委托中包括对手方交易单元代码和对手方证券账户号码，其对应成交确认申报指令也应包括相关内容。

第七十七条　交易主机接受申报的时间为每个转让日的9：15至

11：30、13：00 至 15：00。

全国股份转让系统公司可以调整接受申报的时间。

第七十八条　全国股份转让系统收到拟与定价申报成交的成交确认申报后，如系统中无对应的定价申报，该成交确认申报以撤单处理。

第二节　成交

第七十九条　每个转让日的 9：30 至 11：30、13：00 至 15：00 为协议转让的成交确认时间。

第八十条　全国股份转让系统按照时间优先原则，将成交确认申报和与该成交确认申报证券代码、申报价格相同，买卖方向相反及成交约定号一致的定价申报进行确认成交。

成交确认申报与定价申报可以部分成交。成交确认申报股票数量小于定价申报的，以成交确认申报的股票数量为成交股票数量；成交确认申报股票数量大于定价申报的，以定价申报的股票数量为成交股票数量。成交确认申报未成交部分以撤单处理。

第八十一条　全国股份转让系统对证券代码、申报价格和申报数量相同，买卖方向相反，指定对手方交易单元、证券账户号码相符及成交约定号一致的成交确认申报进行确认成交。

第八十二条　每个转让日 15：00，全国股份转让系统按照时间优先原则，将证券代码和申报价格相同、买卖方向相反的未成交定价申报进行匹配成交。

第三节　其他规定

第八十三条　采取协议转让方式的股票，开盘价为当日该股票的第一笔成交价。

第八十四条　采取协议转让方式的股票，以当日最后 30 分钟转让时间的成交量加权平均价为当日收盘价。最后 30 分钟转让时间无成交的，以当日成交量加权平均价为当日收盘价。当日无成交的，以前收盘价为当日收盘价。

第八十五条　采取协议转让方式的股票，每个转让日的即时行情内容主要包括前收盘价、最近成交价、当日最高成交价、当日最低成交价、当日累计成交数量以及定价申报的价格、数量、成交约定号等。

第八十六条　采取协议转让方式的股票，全国股份转让系统公司公布当日每笔成交信息，内容包括证券代码、证券简称、成交价格、成交数量、买卖双方主办券商证券营业部或交易单元的名称等。

股票转让公开信息涉及机构专用交易单元的，公布名称为“机构专用”。

第六章　竞价转让方式

第一节　委托与申报

第八十七条　股票竞价转让采用集合竞价和连续竞价两种方式。集合竞价，是指对一段时间内接受的买卖申报一次性集中撮合的竞价方式。连续竞价，是指对买卖申报逐笔连续撮合的竞价方式。

第八十八条　股票采取竞价转让方式的，每个转让日的9：15至9：25为开盘集合竞价时间，9：30至11：30、13：00至14：55为连续竞价时间，14：55至15：00为收盘集合竞价时间。

第八十九条　投资者可以采用限价委托方式委托主办券商买卖股票。

限价委托是指投资者委托主办券商按其限定的价格买卖股票的指令，主办券商必须按限定的价格或低于限定的价格申报买入股票；按限定的价格或高于限定的价格申报卖出股票。

限价委托应包括证券账户号码、证券代码、买卖方向、委托数量、委托价格等内容。

第九十条　全国股份转让系统接受主办券商的限价申报。限价申报应包括证券账户号码、证券代码、交易单元代码、证券营业部识别码、买卖方向、申报数量、申报价格等内容。

第九十一条　全国股份转让系统接受主办券商限价申报的时间为每个转让日 9：15 至 11：30、13：00 至 15：00。

每个转让日 9：20 至 9：25、14：55 至 15：00，交易主机不接受撤销申报；在其他接受申报的时间内，未成交申报可以撤销。

每个转让日 9：25 至 9：30，交易主机只接受申报，但不对买卖申报或撤销申报作处理。

全国股份转让系统公司可以调整接受申报的时间。

第九十二条　全国股份转让系统对申报设置有效价格区间。

开盘集合竞价的申报有效价格区间为前收盘价的上下 20% 以内。连续竞价、收盘集合竞价的申报有效价格区间为最近成交价的上下 20% 以内；当日无成交的，申报有效价格区间为前收盘价的上下 20% 以内。

不在有效价格区间范围内的申报不参与竞价，暂存于交易主机；当成交价波动使其进入有效价格区间时，交易主机自动取出申报，参加竞价。

挂牌后无成交的股票，对申报不设置有效价格区间。

第二节　成交

第九十三条　股票竞价转让按价格优先、时间优先的原则撮合成交。

第九十四条　集合竞价时，成交价的确定原则为：

（一）可实现最大成交量；

（二）高于该价格的买入申报与低于该价格的卖出申报全部成交；

（三）与该价格相同的买方或卖方至少有一方全部成交。

两个以上价格符合上述条件的，取在该价格以上的买入申报累计数量与在该价格以下的卖出申报累计数量之差最小的价格为成交价；若买卖申报累计数量之差仍存在相等情况的，按如下方式确定成交价：

（一）开盘集合竞价时取最接近前收盘价的价格为成交价；无前收盘价的，取其平均价为成交价；

（二）收盘集合竞价时取最接近最近成交价的价格为成交价；当日无成交的，收盘集合竞价时取最接近前收盘价的价格为成交价；无前收盘价的，取其平均价为成交价。

集合竞价的所有转让以同一价格成交。

第九十五条　连续竞价时，成交价的确定原则为：

（一）最高买入申报与最低卖出申报价格相同，以该价格为成交价；

（二）买入申报价格高于集中申报簿当时最低卖出申报价格时，以集中申报簿当时的最低卖出申报价格为成交价；

（三）卖出申报价格低于集中申报簿当时最高买入申报价格时，以集中申报簿当时的最高买入申报价格为成交价。

第三节　其他规定

第九十六条　采取竞价转让方式的股票，开盘价为当日该股票的第一笔成交价。

开盘价通过集合竞价方式产生，不能通过集合竞价产生的，以连续竞价方式产生。

第九十七条　采取竞价转让方式的股票，收盘价通过集合竞价的方式产生。收盘集合竞价不能产生收盘价或未进行收盘集合竞价的，以该转让日最后一笔成交价为收盘价。当日无成交的，以前收盘价为当日收盘价。

第九十八条　集合竞价期间，即时行情内容包括证券代码、证券简称、前收盘价、集合竞价参考价、匹配量和未匹配量等。

连续竞价期间，即时行情内容包括证券代码、证券简称、前收盘价、最近成交价、当日最高成交价、当日最低成交价、当日累计成交数量、当日累计成交金额、实时最高 5 个价位买入申报价格和数量、实时最低 5 个价位卖出申报价格和数量等。

第九十九条　采取竞价转让方式的股票出现下列情形之一的，全国股份转让系统公司分别公布相关股票当日买入、卖出金额最大 5 家主办券商证券营业部或交易单元的名称及其各自的买入、卖出金额：

（一）当日价格振幅达到30%的前5只股票

价格振幅的计算公式为：价格振幅＝（当日最高价－当日最低价）/当日最低价×100%

（二）当日换手率达到10%的前5只股票

换手率的计算公式为：换手率＝成交股数/无限售条件股份总数×100%

价格振幅或换手率相同的，依次按成交金额和成交量选取。

股票转让公开信息涉及机构专用交易单元的，公布名称为“机构专用”。

第七章　其他转让事项

第一节　转托管

第一百条　投资者可以以同一证券账户在单个或多个主办券商的不同证券营业部买入股票。

第一百零一条　投资者买入的股票可以通过原买入股票的交易单元委托卖出，也可以向原买入股票的交易单元发出转托管指令，转托管完成后，在转入的交易单元委托卖出。

转托管的具体规定，由中国结算制定。

第二节　挂牌、摘牌、暂停与恢复转让

第一百零二条　全国股份转让系统对股票实行挂牌转让。

第一百零三条　股票依法不再具备挂牌条件的，全国股份转让系统公司终止其挂牌转让，予以摘牌。

第一百零四条　全国股份转让系统公司可以对出现异常转让情况的股票采取盘中临时停止转让措施并予以公告。

具体暂停与恢复转让时间，以相关公告为准。

第一百零五条　挂牌公司股票暂停转让时，全国股份转让系统公司发

布的行情中包括该股票的信息；股票摘牌后，行情中无该股票的信息。

第一百零六条　股票的挂牌、摘牌、暂停与恢复转让，由全国股份转让系统公司予以公告。相关信息披露义务人应当按照全国股份转让系统公司的要求及时公告。

第一百零七条　股票挂牌、摘牌、暂停与恢复转让的其他规定，按照全国股份转让系统公司其他有关规定执行。

第三节　除权与除息

第一百零八条　股票发生权益分派、公积金转增股本等情况，全国股份转让系统在权益登记日的次一转让日对该股票作除权除息处理。全国股份转让系统公司另有规定的除外。

第一百零九条　除权（息）参考价计算公式为：

除权（息）参考价 =（前收盘价 - 现金红利）÷（1 + 股份变动比例）

挂牌公司认为有必要调整上述计算公式时，可以向全国股份转让系统公司提出调整申请并说明理由。经全国股份转让系统公司同意的，挂牌公司应当向市场公布该次除权（息）适用的除权（息）参考价计算公式。

第一百一十条　除权（息）日股票买卖，按除权（息）参考价作为计算涨跌幅度和有效申报价格区间的基准，全国股份转让系统公司另有规定的除外。

第一百一十一条　在除权（息）日，挂牌公司应变更股票简称，在简称前冠以“XR”“XD”“DR”等字样。

“XR”代表除权；“XD”代表除息；“DR”代表除权并除息。

第八章　转让行为自律监管

第一百一十二条　全国股份转让系统公司对股票转让过程中出现的下列事项，予以重点监控：

（一）涉嫌内幕交易、操纵市场等违法违规行为；

（二）可能影响股票转让价格或者股票成交量的异常转让行为；

（三）股票转让价格或者股票成交量明显异常的情形；

（四）买卖股票的范围、时间、数量、方式等受到法律、行政法规、部门规章、其他规范性文件、《业务规则》及全国股份转让系统其他规定限制的行为；

（五）全国股份转让系统公司认为需要重点监控的其他事项。

第一百一十三条　可能影响股票转让价格或者股票成交量的异常转让行为包括：

（一）可能对股票转让价格产生重大影响的信息披露前，大量或持续买入或卖出相关股票；

（二）单个证券账户，或两个以上固定的或涉嫌关联的证券账户之间，大量或频繁进行反向交易；

（三）单个证券账户，或两个以上固定的或涉嫌关联的证券账户，大笔申报、连续申报、密集申报或申报价格明显偏离该证券行情揭示的最近成交价；

（四）频繁申报或撤销申报，或大额申报后撤销申报，以影响股票转让价格或误导其他投资者；

（五）集合竞价期间以明显高于前收盘价的价格申报买入后又撤销申报，随后申报卖出该证券，或以明显低于前收盘价的价格申报卖出后又撤销申报，随后申报买入该证券；

（六）对单一股票在一段时期内进行大量且连续交易；

（七）大量或者频繁进行高买低卖交易；

（八）单独或者合谋，在公开发布投资分析、预测或建议前买入或卖出相关股票，或进行与自身公开发布的投资分析、预测或建议相背离的股票转让；

（九）申报或成交行为造成市场价格异常或秩序混乱；

（十）涉嫌编造并传播交易虚假信息，诱骗其他投资者买卖股票；

（十一）全国股份转让系统公司认为需要重点监控的其他异常转让。

主办券商发现客户存在上述异常转让行为，应提醒客户；对可能严重影响交易秩序的异常转让行为，应及时报告全国股份转让系统公司。

第一百一十四条　股票转让价格或者股票成交量明显异常的情形包括：

（一）同一证券营业部或同一地区的证券营业部集中买入或卖出同一股票且数量较大；

（二）股票转让价格连续大幅上涨或下跌，且挂牌公司无重大事项公告；

（三）全国股份转让系统公司认为需要重点监控的其他异常转让情形。

第一百一十五条　全国股份转让系统公司对做市商的以下行为进行重点监控：

（一）不履行或不规范履行报价义务；

（二）频繁触发豁免报价条件；

（三）涉嫌以不正当方式影响其他做市商做市；

（四）库存股数量异常变动；

（五）报价异常变动，或通过频繁更改报价涉嫌扰乱市场秩序；

（六）做市商之间涉嫌串通报价或私下交换交易策略、做市库存股票数量等信息以谋取不正当利益；

（七）做市商与特定投资者在一段时间内对特定股票进行大量且连续交易；

（八）其他涉嫌违法违规行为。

第一百一十六条　全国股份转让系统公司可根据监管需要，对主办券商相关业务活动中的风险管理、技术系统运行、做市义务履行等情况进行监督检查。

第一百一十七条　全国股份转让系统公司可以单独或联合其他有关单位，对异常转让行为等情形进行现场或非现场调查。相关主办券商和投资者应当予以配合。

第一百一十八条　全国股份转让系统公司在现场或非现场调查中，可以根据需要要求主办券商及其证券营业部、投资者及时、准确、完整地提供下列文件和资料：

（一）投资者的开户资料、授权委托书、资金账户情况和相关账户的转让情况等；

（二）相关证券账户或资金账户的实际控制人、操作人和受益人情况、资金来源以及相关账户间是否存在关联的说明等；

（三）对股票转让中重点监控事项的解释；

（四）其他与全国股份转让系统公司重点监控事项有关的资料。

第一百一十九条　对第一百一十二条、第一百一十三条、第一百一十四条、第一百一十五条所述重点监控事项中情节严重的行为，全国股份转让系统公司可以视情况采取以下措施：

（一）约见谈话；

（二）要求提交书面承诺；

（三）出具警示函；

（四）限制证券账户转让；

（五）向中国证监会报告有关违法违规行为；

（六）其他自律监管措施。

第一百二十条　转让参与人及相关业务人员违反本细则的，全国股份转让系统公司可根据《业务规则》及全国股份转让系统其他相关业务规定，对其进行纪律处分，并记入诚信档案。

第九章　转让异常情况处理

第一百二十一条　发生下列转让异常情况之一，导致部分或全部转让不能正常进行的，全国股份转让系统公司可以决定单独或同时采取暂缓进入清算交收程序、技术性停牌或临时停市等措施：

（一）不可抗力；

（二）意外事件；

（三）技术故障；

（四）全国股份转让系统公司认定的其他异常情况。

第一百二十二条　出现无法申报或行情传输中断情况的，主办券商应及时向全国股份转让系统公司报告。无法申报或行情传输中断的证券营业部数量超过全部主办券商所属证券营业部总数 10% 以上的，属于转让异常情况，全国股份转让系统公司可以实行临时停市。

第一百二十三条　全国股份转让系统公司认为可能发生第一百二十一条、第一百二十二条规定的转让异常情况，并严重影响转让正常进行的，可以决定技术性停牌或临时停市。

第一百二十四条　全国股份转让系统公司对暂缓进入清算交收程序、技术性停牌或临时停市决定予以公告。技术性停牌或临时停市原因消除后，全国股份转让系统公司可以决定恢复转让，并予以公告。

因转让异常情况及全国股份转让系统公司采取的必要措施造成损失的，全国股份转让系统公司不承担责任。

第一百二十五条　转让异常情况处理的具体规定，由全国股份转让系统公司另行制定，并报中国证监会批准。

第十章　转让纠纷

第一百二十六条　主办券商之间、主办券商和客户之间发生转让纠纷，相关主办券商应当记录有关情况，以备全国股份转让系统公司查阅。转让纠纷影响正常转让的，主办券商应当及时向全国股份转让系统公司报告。

第一百二十七条　主办券商之间、主办券商和客户之间发生转让纠纷，全国股份转让系统公司可以按有关规定，提供必要的交易数据。

第一百二十八条　客户对转让有疑义的，主办券商有义务协调处理。

第十一章　转让费用

第一百二十九条　投资者买卖股票成交的，应当按规定向代理股票买卖的主办券商交纳佣金。

第一百三十条　主办券商应当按规定向全国股份转让系统交纳转让经手费及其他费用。

第一百三十一条　股票转让的收费项目、收费标准和收费方式等按有关规定执行。

第十二章　附则

第一百三十二条　原 STAQ、NET 系统公司和退市公司挂牌股票转让相关事项另行规定。

第一百三十三条　本细则所述时间，以全国股份转让系统交易主机的时间为准。

第一百三十四条　本细则下列用语具有如下含义：

（一）“做市商”是指经全国股份转让系统公司同意，在全国股份转让系统持续发布买卖双向报价，并在其报价数量范围内按其报价履行与投资者成交义务的证券公司。

（二）“委托”是指投资者向主办券商进行具体授权买卖股票的行为。

（三）“申报”是指转让参与人向全国股份转让系统交易主机发送股票

买卖指令的行为。

（四）“集中申报簿”是指交易主机某一时点按买卖方向以及价格优先、时间优先顺序排列的所有未成交申报队列。

（五）“集合竞价参考价”是指截至揭示时集中申报簿中所有申报按照集合竞价规则形成的虚拟集合竞价成交价。

（六）“匹配量”是指截至揭示时集中申报簿中所有申报按照集合竞价规则形成的虚拟成交数量。

（七）“未匹配量”是指截至揭示时集中申报簿中在集合竞价参考价位上的不能按照集合竞价参考价虚拟成交的买方或卖方申报剩余量。

第一百三十五条　本细则所述价格优先的原则是指较高价格买入申报优先于较低价格买入申报，较低价格卖出申报优先于较高价格卖出申报；时间优先的原则是指买卖方向、价格相同的，先申报者优先于后申报者，先后顺序按交易主机接受申报的时间确定。

第一百三十六条　本细则所称“超过”“低于”“高于”“不足”“大于”不含本数，“以内”“达到”“以上”“以下”含本数。

第一百三十七条　本细则由全国股份转让系统公司负责解释。

附件9

全国中小企业股份转让系统做市商做市业务管理规定（试行）

第一条　为加强对做市商做市业务的监督管理，规范做市商行为，保护投资者合法权益，根据《全国中小企业股份转让系统业务规则（试行）》（以下简称《业务规则》）《全国中小企业股份转让系统股票转让细则（试行）》（以下简称《转让细则》）《全国中小企业股份转让系统主办券商管理细则》（以下简称《管理细则》）等相关规定，制定本规定。

第二条　本规定所称做市商是指经全国中小企业股份转让系统有限责任公司（以下简称全国股份转让系统公司）同意，在全国中小企业股份转让系统（以下简称全国股份转让系统）发布买卖双向报价，并在其报价数量范围内按其报价履行与投资者成交义务的证券公司或其他机构。

第三条　做市商及其做市业务人员应当遵守法律法规和全国股份转让系统相关规定，勤勉尽责、诚实守信，接受全国股份转让系统公司的自律管理。

第四条　证券公司在全国股份转让系统开展做市业务前，应当向全国股份转让系统公司申请备案。其他机构在全国股份转让系统开展做市业务的具体规定，由全国股份转让系统公司另行制定。

第五条　证券公司申请在全国股份转让系统开展做市业务，应当具备下列条件：

（一）具备证券自营业务资格；

（二）设立做市业务专门部门，配备开展做市业务必要人员；

（三）建立做市业务管理制度；

（四）具备做市业务专用技术系统；

（五）全国股份转让系统公司规定的其他条件。

第六条　证券公司在全国股份转让系统开展做市业务申请备案，应向全国股份转让系统公司提交下列文件：

（一）申请书；

（二）证券公司基本情况申报表；

（三）《经营证券业务许可证》（副本）复印件；

（四）做市业务实施方案，包括做市业务部门设置、人员配备与分工情况、做市业务管理制度、做市业务专用技术系统准备情况说明、做市业务实施方案的合规审查意见等；

（五）最近一年度经审计的财务报告、净资本计算表、风险控制指标监管报表、风险资本准备计算表；

（六）全国股份转让系统公司要求提交的其他文件。

第七条　证券公司申请文件齐备的，全国股份转让系统公司予以受理。全国股份转让系统公司自受理之日起十个转让日内向证券公司出具是否同意从事做市业务的备案函，并予以公告。

第八条　全国股份转让系统公司根据审慎原则，可对做市商做市业务专用技术系统、业务实施情况等进行现场检查。

第九条　做市商做市业务人员应当具备下列条件：

（一）已取得证券从业资格；

（二）具备证券投资、投资顾问、投资银行、研究或类似从业经验；

（三）熟悉相关法律、行政法规、部门规章以及做市业务规则；

（四）具备良好的诚信纪录和职业操守，最近二十四个月内未受到过中国证监会行政处罚，最近十二个月内未受到过全国股份转让系统公司、证券交易所、证券业协会、基金业协会等自律组织处分；

（五）全国股份转让系统公司规定的其他条件。

做市业务人员应当签署《做市业务人员自律承诺书》，并向全国股份转让系统公司报备。

第十条　做市商做市专用技术系统应当满足以下要求：

（一）符合《全国中小企业股份转让系统交易支持平台数据接口规范》；

（二）具备开展做市业务所需的委托、报价、成交、行情揭示、数据汇总、统计和查询等必要功能；

（三）系统操作全程留痕；

（四）全国股份转让系统公司规定的其他条件。

做市商应当制定做市专用技术系统安全运行管理制度，并设置必要的数据接口，便于监管部门及时了解和检查做市业务相关情况。

第十一条　做市商应当建立健全下列做市业务内部管理制度：

（一）做市股票报价管理制度，包括做市股票报价的决策与执行程序、报价调整和报价监控机制等；

（二）做市库存股票管理制度，包括做市股票论证、获取、处置的决策程序和库存股票动态调节机制等；

（三）做市资金管理制度，包括做市资金审批、调拨和使用流程等；

（四）业务隔离制度，确保做市业务与推荐业务、证券投资咨询、证券自营、证券经纪、证券资产管理等业务在机构、人员、信息、账户、资金上严格分离；

（五）风险控制与合规管理制度，包括做市业务风险识别、评估和控制机制、做市业务的合规检查与评估机制等；

（六）异常情况处理制度，包括突发事件处理预案、异常情况处理机制等；

（七）内部报告与留痕制度，包括业务运作、风险监控、合规管理及其他相关信息的报告路径及反馈机制、强制留痕制度等；

（八）全国股份转让系统公司规定的其他制度。

第十二条　做市商应当对做市业务进行集中统一管理，建立做市业务相关决策、授权与执行体系。明确做市业务决策机构与决策机制，合理确定做市业务规模和可承受的风险限额。

第十三条　做市商应设立做市业务部门，专职负责做市业务的具体管理和运作。做市业务部门应制定规范的做市业务操作规程，明确部门内部岗位设置及职责分工。

第十四条　做市商及其做市业务人员应依法、合规开展做市业务，不得从事下列行为：

（一）不履行或不规范履行报价义务；

（二）利用内幕信息进行投资决策和交易；

（三）利用信息优势和资金优势，单独或者通过合谋，制造异常价格波动；

（四）以不正当方式影响其他做市商做市；

（五）与其他做市商通过串通报价或私下交换做市策略、做市库存股票数量等信息谋取不正当利益；

（六）与所做市的挂牌公司及其股东就股权回购、现金补偿等作出约定；

（七）做市业务人员通过做市向自身或利益相关者进行利益输送；

（八）全国股份转让系统公司规定的其他行为。

第十五条　做市商应当于每月的前五个转让日内向全国股份转让系统公司报送上月做市业务情况报告，包括但不限于合规情况、履行做市义务情况、做市股票库存、做市业务盈亏及相关风险控制指标等信息。

第十六条　做市商应当积极配合全国股份转让系统公司的自律管理，按照全国股份转让系统公司要求及时说明情况，提供相关文件、资料，不得拒绝或者拖延提供有关资料，不得提供虚假、误导性或者不完整的资料。

第十七条　全国股份转让系统公司对做市商及其做市业务人员执业情况进行持续记录，建立做市业务评价体系，并可将相关信息予以公开。

第十八条　做市商主动终止从事做市业务的，应当向全国股份转让系统公司提出申请。全国股份转让系统公司同意其终止从事做市业务的，自受理之日起 10 个转让日内书面通知该做市商并公告。

做市商因违反本规定或其他全国股份转让系统相关规定被终止从事做市业务的，全国股份转让系统公司书面通知该做市商并公告。

第十九条　做市商终止从事做市业务，应当制定业务处置方案，做好业务终止后续处置工作，包括做市库存股票处理、做市专用证券账户注销等，并将处置方案、处置情况及时报告全国股份转让系统公司。

第二十条　做市商违反本规定的，全国股份转让系统公司可以视情况采取以下措施，并记入诚信档案：

（一）约见谈话；

（二）要求提交书面承诺；

（三）出具警示函；

（四）责令改正；

（五）通报批评；

（六）公开谴责；

（七）暂停、限制直至终止其从事做市业务；

（八）向中国证监会报告有关违法违规行为。

第二十一条　做市业务人员违反本规定的，全国股份转让系统公司可以视情况采取以下措施，并记入诚信档案：

（一）约见谈话；

（二）责令参加培训；

（三）责令所在机构给予处分；

（四）通报批评；

（五）公开谴责；

（六）向中国证监会报告有关违法违规行为。

第二十二条　本规定由全国股份转让系统公司负责解释。

第二十三条　本规定自发布之日起施行。

附件 10

全国中小企业股份转让系统主办券商管理细则（试行）

第一章　总则

第一条　为规范证券公司在全国中小企业股份转让系统（以下简称“全国股份转让系统”）从事相关业务，维护市场正常秩序，保护投资者合法权益，根据《全国中小企业股份转让系统业务规则（试行）》（以下简称“业务规则”）等相关规定，制定本细则。

第二条　证券公司在全国股份转让系统开展相关业务前，应当向全国中小企业股份转让系统有限责任公司（以下简称“全国股份转让系统公司”）申请备案，成为主办券商。

未经备案的证券公司不得在全国股份转让系统开展相关业务。

第三条　主办券商及其董事、监事、高级管理人员和相关业务人员，应当遵守法律法规和全国股份转让系统相关规定，勤勉尽责、诚实守信，接受全国股份转让系统公司的自律管理。

第二章　业务申请

第四条　主办券商可在全国股份转让系统从事以下部分或全部业务：推荐业务、经纪业务、做市业务，以及全国股份转让系统公司规定的其他业务。

第五条　证券公司申请在全国股份转让系统从事推荐业务应具备下列条件：

（一）具备证券承销与保荐业务资格；

（二）设立推荐业务专门部门，配备合格专业人员；

（三）建立尽职调查制度、工作底稿制度、内核工作制度、持续督导制度及其他推荐业务管理制度；

（四）全国股份转让系统公司规定的其他条件。证券公司的子公司具备证券承销与保荐业务资格的，证券公司可以申请从事推荐业务，但不得与子公司同时在全国股份转让系统从事推荐业务。

第六条　证券公司申请在全国股份转让系统从事经纪业务应具备下列条件：

（一）具备证券经纪业务资格；

（二）配备开展经纪业务必要人员；

（三）建立投资者适当性管理工作制度、交易结算管理制度及其他经纪业务管理制度；

（四）具备符合全国股份转让系统公司要求的交易技术系统；

（五）全国股份转让系统公司规定的其他条件。

第七条　证券公司申请在全国股份转让系统从事做市业务应具备下列条件：

（一）具备证券自营业务资格；

（二）设立做市业务专门部门，配备开展做市业务必要人员；

（三）建立做市股票报价管理制度、库存股管理制度、做市风险监控制度及其他做市业务管理制度；

（四）具备符合全国股份转让系统公司要求的做市交易技术系统；

（五）全国股份转让系统公司规定的其他条件。

第八条　证券公司在全国股份转让系统开展业务前，应向全国股份转让系统公司申请备案，提交下列文件：

（一）申请书；

（二）公司设立的批准文件；

（三）公司基本情况申报表；

（四）《经营证券业务许可证》（副本）复印件；

（五）《企业法人营业执照》（副本）复印件；

（六）申请从事的业务及业务实施方案，包括：部门设置、人员配备与分工情况说明，内部控制体系说明，主要业务管理制度，技术系统说明等；

（七）最近年度经审计财务报表和净资本计算表；

（八）公司章程；

（九）全国股份转让系统公司要求提交的其他文件。

证券公司应当按照全国股份转让系统公司规定的方式和要求，提交上述文件。

第九条　证券公司申请文件齐备的，全国股份转让系统公司予以受理。全国股份转让系统公司同意备案的，自受理之日起十个转让日内与证券公司签订《证券公司参与全国中小企业股份转让系统业务协议书》（以下简称《协议书》），向其出具主办券商业务备案函（以下简称“业务备案函”），并予以公告。公告后，主办券商可在公告业务范围内开展业务。

第十条　主办券商应在取得业务备案函后五个转让日内，在全国股份转让系统指定信息披露平台（www. neeq. com. cn 或 www. neeq. cc）披露公司基本情况、主要业务人员情况及全国股份转让系统公司要求披露的其他信息。

主办券商所披露信息内容发生变更的，应自变更之日起五个转让日内报告全国股份转让系统公司并进行更新。

第十一条　主办券商名称发生变更的，应当办理名称变更备案，向全国股份转让系统公司提交下列文件：

（一）申请书；

（二）机构名称变更的批准文件；

（三）变更后的《经营证券业务许可证》（副本）复印件和《企业法人营业执照》（副本）复印件；

（四）变更后的公司章程；

（五）原业务备案函；

（六）全国股份转让系统公司要求提交的其他文件。

第十二条　主办券商名称变更备案文件齐备的，全国股份转让系统公司自收到变更备案申请之日起五个转让日内与主办券商重新签订《协议书》，换发业务备案函，并予以公告。

第十三条　主办券商申请新增业务的，应当向全国股份转让系统公司提交第八条所列（一）、（四）、（六）项文件及全国股份转让系统公司要求的其他文件。

第十四条　全国股份转让系统公司同意主办券商新增业务备案的，自受理申请文件之日起十个转让日内与申请主办券商签订补充协议，出具业务备案函，并予以公告。

第十五条　主办券商申请终止从事全国股份转让系统相关业务或不再具备相关业务备案条件的，全国股份转让系统公司终止其从事全国股份转让系统相关业务，书面通知该主办券商并公告。

主办券商终止从事全国股份转让系统相关业务的，应制定业务处置方案，做好业务终止后续处置工作，并将处置方案、处置情况及时报告全国股份转让系统公司。

第十六条　主办券商被中国证监会依法指定托管、接管的，托管方或者其他相关机构对所托管的主办券商业务行使经营管理权时，应当确保其遵守全国股份转让系统规定，承担相关义务。

第三章　业务管理

第一节　一般规定

第十七条　主办券商开展全国股份转让系统相关业务，应当建立健全合规管理、内部风险控制与管理机制，严格防范和控制风险。

第十八条　主办券商及其业务人员应当对开展全国股份转让系统业务中获取的非公开信息履行保密义务，不得利用该信息谋取不正当利益。

第十九条　主办券商应当加强业务人员的职业道德和诚信教育，强化业务人员的勤勉尽责意识、合规操作意识、风险控制意识和保密意识。

第二十条　主办券商应按全国股份转让系统公司要求在全国股份转让系统指定信息披露平台披露其执业情况、接受全国股份转让系统公司处分等信息。

第二十一条　主办券商应当根据全国股份转让系统公司要求，调查或协助调查指定事项，并将调查结果及时报告全国股份转让系统公司。

第二十二条　主办券商应按要求组织相关人员参加全国股份转让系统公司举办的业务和技术培训。未按规定参加培训的，全国股份转让系统公司可暂不受理主办券商及其相关人员出具的文件。主办券商首次推荐公司挂牌前，应接受全国股份转让系统公司的业务培训。

第二十三条　主办券商应当按照全国股份转让系统公司要求建立开展相关业务所需的技术系统，包括交易系统、做市报价系统、行情系统和通讯系统及其备份系统等，并制定相应的安全运行管理制度。

第二十四条　主办券商应遵守全国股份转让系统公司有关转让信息管理的规定，按要求使用全国股份转让系统转让信息。

未经全国股份转让系统公司许可，主办券商不得将转让信息提供给客户从事自身股票转让以外的其他活动，不得将转让信息提供给客户以外的其他机构和个人，不得在营业场所外使用转让信息。

第二节　推荐业务

第二十五条　主办券商推荐股份公司股票挂牌，应与申请挂牌公司签订推荐挂牌并持续督导协议，约定双方权利和义务，并对申请挂牌公司董事、监事、高级管理人员及其他信息披露义务人进行培训，使其了解相关法律、法规、规则、协议所规定的权利和义务。

第二十六条　主办券商应对申请挂牌公司进行尽职调查，并在全面、真实、客观、准确调查的基础上出具尽职调查报告。

第二十七条　主办券商应设立内核机构，负责审核股份公司股票挂牌申请，并在审核基础上出具内核意见。

第二十八条　主办券商应根据内核意见决定是否推荐股份公司股票挂牌。同意推荐的，出具推荐报告。主办券商可以根据申请挂牌公司委托，组织编制申请文件。

第二十九条　主办券商应持续督导所推荐挂牌公司诚实守信、规范履行信息披露义务、完善公司治理机制。主办券商应配备合格专业人员，建立健全持续督导工作制度，勤勉履行审查挂牌公司拟披露的信息披露文件、对挂牌公司进行现场检查、发布风险警示公告等督导职责。

第三节　经纪业务

第三十条　主办券商代理投资者买卖挂牌公司股票，应当与投资者签订证券买卖委托代理协议，并按照全国股份转让系统的股票转让制度要求接受投资者的买卖委托。

第三十一条　主办券商应当按照全国股份转让系统公司要求，建立健全投资者适当性管理制度。主办券商代理投资者买卖挂牌公司股票前，应当充分了解投资者的身份、财务状况、证券投资经验等情况，评估投资者的风险承受能力和风险识别能力。

主办券商不得为不符合投资者适当性要求的投资者提供代理买卖服务，全国股份转让系统公司另有规定的除外。

第三十二条　主办券商在与投资者签订证券买卖委托代理协议前，应着重向投资者说明投资风险自担的原则，详细讲解风险揭示书的内容，要求投资者认真阅读并签署风险揭示书。

第三十三条　主办券商应利用各种方式告知投资者全国股份转让系统业务规则及相关信息，持续揭示投资风险。

第三十四条　主办券商不得欺骗和误导投资者，不得利用自身的技术、设备及人员等业务优势侵害投资者合法权益。

第三十五条　主办券商接受客户股票买卖委托时，应当查验客户股票和资金是否足额，法律、行政法规、部门规章另有规定的除外。

第三十六条　主办券商应设立交易监控系统，对自身及客户转让行为进行有效监督，防范违规转让行为。

第三十七条　主办券商对客户的资金、股票以及委托、成交数据应当有完整、准确、详实的记录或者凭证，按户分账管理，并向客户提供对账与查询服务。主办券商应当采取有效措施，妥善保存上述文件资料，保存期限不得少于二十年。

第三十八条　主办券商应当加强证券账户管理，不得为他人违法违规使用证券账户进行股票转让提供便利。

第三十九条　主办券商应当在营业场所及时准确地公布转让信息，供从事股票转让的客户使用。主办券商应当告知客户不得将转让信息用于自身股票转让以外的其他活动，并对客户使用转让信息的行为进行有效管理。

第四节　做市业务

第四十条　主办券商开展做市业务，应通过专用证券账户、专用交易单元进行。做市业务专用证券账户应向中国证券登记结算有限责任公司和全国股份转让系统公司报备。

第四十一条　主办券商应建立做市资金的管理制度，明确做市资金的审批、调拨、使用流程，确保做市资金安全。

第四十二条　主办券商应建立做市股票的管理制度，明确做市股票获取、处置的决策程序，以及库存股票头寸管理制度。

第四十三条　主办券商应当建立以净资本为核心的做市业务规模监控和调整机制，根据自身财务状况和中国证监会关于证券公司风险监控指标规定等要求，合理确定做市业务规模。

第四十四条　主办券商应建立做市业务内部报告制度，明确业务运作、风险监控、业务稽核及其他有关信息的报告路径和反馈机制。

第四十五条　主办券商应当建立健全做市业务动态风险监控机制，监控做市业务风险的动态变化，提高动态监控效率。

第四十六条　主办券商开展做市业务，不得利用信息优势和资金优势，单独或者通过合谋，以串通报价或相互买卖等方式制造异常价格波动，损害投资者利益。

第四十七条　主办券商开展做市业务，不得干预挂牌公司日常经营，其业务人员不得在挂牌公司兼职。

第四十八条　主办券商开展做市业务，对报价和成交数据等应有完整、准确、详实的记录或者凭证，并采取有效措施妥善保存，保存期限不得少于二十年。

第四十九条　主办券商应按全国股份转让系统公司要求报告其做市股票库存、做市业务盈亏及相关风险监控指标等信息。

第四章　日常管理

第一节　业务联络

第五十条　主办券商应指定一名公司高级管理人员（以下简称“指定高管）负责组织、协调主办券商与全国股份转让系统公司的各项业务往来，并指定业务联络人协助履行相应职责。

指定高管及业务联络人的任职、变更应及时报告全国股份转让系统公司。

第五十一条　指定高管和业务联络人应履行下列职责：

（一）负责报送全国股份转让系统公司要求的文件；

（二）组织相关业务人员按时参加全国股份转让系统公司举办的培训；

（三）协调主办券商与全国股份转让系统公司相关技术系统的改造、测试等；

（四）及时接收全国股份转让系统公司发送的业务文件，并予以协调落实；

（五）及时更新全国股份转让系统指定信息披露平台上主办券商相关信息；

（六）督促主办券商及时履行报告与公告义务；

（七）督促主办券商及时缴纳各项费用；

（八）全国股份转让系统公司要求履行的其他职责。

第五十二条　指定高管与业务联络人出现下列情形之一的，主办券商应当自该情形发生之日起五个转让日内予以更换并报告全国股份转让系统公司：

（一）指定高管不再分管全国股份转让系统相关业务或不再担任高级管理人员职务；

（二）连续三个月不能履行职责；

（三）在履行职责时出现重大错误，产生严重后果的；

（四）全国股份转让系统公司认为不适宜继续担任指定高管或业务联络人的其他情形。

第五十三条　指定高管空缺期间，主办券商法定代表人应当履行指定高管的职责，直至主办券商向全国股份转让系统公司报备新的指定高管。

第二节　报告与公告

第五十四条　主办券商向全国股份转让系统公司报送的信息和资料应当真实、准确、完整。

第五十五条　主办券商应向全国股份转让系统公司履行下列定期报告义务：

（一）每年四月三十日前报送上年度经审计财务报表和从事全国股份转让系统相关业务情况报告；

（二）全国股份转让系统公司规定的其他定期报告义务。

全国股份转让系统公司可根据需要调整上述报告的报送时间及内容要求。

第五十六条　有下列情形之一的，主办券商应当自该情形发生之日起五个转让日内向全国股份转让系统公司报告：

（一）根据本规则第八条提交的相关文件所涉事项发生变更的；

（二）公司总部、分支机构发生证券法第一百二十九条规定情形的；

（三）净资本等风险控制指标不符合中国证监会规定标准的；

（四）全国股份转让系统公司规定的其他事项。

第五十七条　主办券商发生下列情形的，应当立即向全国股份转让系统公司报告，并持续报告进展情况：

（一）重大业务风险；

（二）进入风险处置；

（三）重大技术故障；

（四）不可抗力或者意外事件可能影响客户正常转让的；

（五）其他影响公司正常经营的重大事件。

主办券商发生前款第（三）、（四）项异常情况的，应当立即在其营业场所予以公告。

第五十八条　主办券商出现证券法第一百五十条至第一百五十四条规

定情形的，应当向全国股份转让系统公司报告事件产生的原因、中国证监会采取的措施、主办券商整改结果等情况。

第五十九条　全国股份转让系统公司可以根据审慎监管原则，要求主办券商对从事全国股份转让系统相关业务情况进行自查，并提交专项自查报告。

第六十条　主办券商被依法托管或接管的，托管方或接管方应当自中国证监会批准托管或接管方案之日起二个转让日内将托管或接管方案等文件报送全国股份转让系统公司。

第三节　收费

第六十一条　主办券商应按照规定的收费项目、收费标准与收费方式，按时缴纳相关费用。

第六十二条　主办券商欠缴全国股份转让系统公司相关费用的，全国股份转让系统公司可视情况暂停受理或者办理其相关业务。

第六十三条　主办券商被中国证监会依法指定托管、接管的，主办券商应当按照全国股份转让系统公司要求缴纳相关费用，如不能按时缴纳的，全国股份转让系统公司可视情况采取相应措施。

第四节　纠纷解决

第六十四条　主办券商应当指定部门受理客户投诉，并按要求将相关业务投诉及处理情况向全国股份转让系统公司报告。

第六十五条　主办券商之间、主办券商与挂牌公司之间、主办券商与客户之间发生的业务纠纷可能影响市场正常秩序的，相关主办券商应当自该情形出现之日起二个转让日内向全国股份转让系统公司报告。

第五章　自律监管

第六十六条　全国股份转让系统公司可根据监管需要，对主办券商业务活动中的风险管理、技术系统运行、做市义务履行、推荐挂牌及持续督导等情况进行监督检查。

第六十七条　主办券商应当积极配合全国股份转让系统公司监管，按照全国股份转让系统公司要求及时说明情况，提供相关文件、资料，不得拒绝或者拖延提供有关资料，不得提供虚假、误导性或者不完整的资料。

第六十八条　全国股份转让系统公司对主办券商及从业人员执业情况进行持续记录，并可将记录信息予以公开。

第六十九条　主办券商及相关业务人员违反本细则的，全国股份转让系统公司可依据《业务规则》采取相应的监管措施或纪律处分。主办券商因违反本细则被终止从事相关业务的，全国股份转让系统公司将在终止其从事相关业务之日起 12 个月内不再受理其申请。

第六章　附则

第七十条　本细则由全国股份转让系统公司负责解释。

第七十一条　本细则自发布之日起施行。

附件 11

全国中小企业股份转让系统投资者适当性管理细则（试行）

（2013 年 2 月 8 日发布，2013 年 12 月 30 日修改）

第一条　为促进全国中小企业股份转让系统（以下简称全国股份转让系统）平稳、有序发展，提示市场风险，引导投资者理性参与挂牌公司股票公开转让等相关业务，保护投资者合法权益，根据中国证券监督管理委员会（以下简称中国证监会）有关规定及《全国中小企业股份转让系统业务规则（试行）》（以下简称《业务规则》），制定本细则。

第二条　投资者参与挂牌公司股票公开转让等相关业务，应当熟悉全国股份转让系统相关规定，了解挂牌公司股票风险特征，结合自身风险偏好确定投资目标，客观评估自身的心理和生理承受能力、风险识别能力及风险控制能力，审慎决定是否参与挂牌公司股票公开转让等业务。

第三条　下列机构投资者可以申请参与挂牌公司股票公开转让：

（一）注册资本 500 万元人民币以上的法人机构；

（二）实缴出资总额 500 万元人民币以上的合伙企业。

第四条　集合信托计划、证券投资基金、银行理财产品、证券公司资产管理计划，以及由金融机构或者相关监管部门认可的其他机构管理的金融产品或资产，可以申请参与挂牌公司股票公开转让。

第五条　同时符合下列条件的自然人投资者可以申请参与挂牌公司股票公开转让：

（一）投资者本人名下前一交易日日终证券类资产市值 500 万元人民币以上。证券类资产包括客户交易结算资金、在沪深交易所和全国股份转让系统挂牌的股票、基金、债券、券商集合理财产品等，信用证券账户资产除外。

（二）具有两年以上证券投资经验，或具有会计、金融、投资、财经等相关专业背景或培训经历。

投资经验的起算时间点为投资者本人名下账户在全国股份转让系统、上海证券交易所或深圳证券交易所发生首笔股票交易之日。

第六条　下列投资者可以参与挂牌公司股票定向发行：

（一）《非上市公众公司监督管理办法》第三十九条规定的投资者；

（二）符合参与挂牌公司股票公开转让条件的投资者。

第七条　公司挂牌前的股东、通过定向发行持有公司股份的股东等，如不符合参与挂牌公司股票公开转让条件，只能买卖其持有或曾持有的挂牌公司股票。

已经参与挂牌公司股票买卖的投资者保持原有交易权限不变。

第八条　主办券商应当根据中国证监会有关规定及本细则要求，制定投资者适当性管理实施方案，建立健全工作制度，完善内部分工和业务流程，并报全国中小企业股份转让系统有限责任公司（以下简称全国股份转让系统公司）备案。

第九条　主办券商应当切实履行投资者适当性管理职责，了解投资者的身份、财务状况、证券投资经验等相关信息，评估投资者的风险承受能力和风险识别能力，有针对性地开展风险揭示、投资者知识普及、投资者服务等工作，引导投资者审慎参与挂牌公司股票公开转让等相关业务。

第十条　主办券商应当认真审核投资者提交的相关材料，并与投资者书面签署《买卖挂牌公司股票委托代理协议》和《挂牌公司股票公开转让特别风险揭示书》。

投资者应抄录《挂牌公司股票公开转让特别风险揭示书》中的特别声明。

第十一条　投资者应当配合主办券商投资者适当性管理工作，如实提供申报材料。投资者不予配合或提供虚假信息的，主办券商可以拒绝为其办理挂牌公司股票公开转让相关业务。

第十二条　主办券商应当妥善保管投资者的档案资料，除依法配合调查和检查外，应当为投资者保密。

第十三条　主办券商应当结合所了解的投资者信息和投资者参与挂牌公司股票转让的情况，定期开展对投资者风险承受能力的持续评估工作，并留存评估结果备查。

第十四条　主办券商应当针对不同类别的投资者制订服务方案和管理流程，根据客户的不同特点，讲解全国股份转让系统业务规则和风险特点，提示参与挂牌公司股票公开转让可能面临的风险。

第十五条　主办券商应当妥善保存业务办理、投资者服务过程中风险揭示的语音或影像留痕。

第十六条　主办券商发现客户存在异常交易行为或者违法违规行为时，应当根据全国股份转让系统公司相关规定及时提醒客户，并向全国股份转让系统公司报告。

第十七条　全国股份转让系统公司对存在异常交易行为的投资者采取口头或书面警示等监管措施的，主办券商应当及时与投资者取得联系，告知其有关监管要求和采取的监管措施。

对出现异常交易行为的投资者，全国股份转让系统公司可以限制其交易，主办券商应当予以配合。

第十八条　主办券商应当为投资者提供合理的投诉渠道，指定专门部门受理投诉，妥善处理与投资者的矛盾和纠纷，并认真做好记录工作。

第十九条　主办券商应当配合全国股份转让系统公司对其投资者适当性管理执行情况进行检查，如实提供投资者开户资料、资金账户情况等信息，不得隐瞒、阻碍和拒绝。

第二十条　主办券商及其相关业务人员违反本细则规定，全国股份转让系统公司可依据《业务规则》等有关规定采取相应的监管措施或纪律处分。

第二十一条　本细则所称“以上”含本数。

第二十二条　本细则由全国股份转让系统公司负责解释。

第二十三条　本细则自发布之日起施行。

后　记

本书结稿的时间恰逢我的生日，算是送给自己一份特殊的生日礼物吧。

写作此书的最初动因，是想给我的企业家学员们写一本通俗易懂的新三板读物，好让他们对这个新兴资本市场有一个初步了解，以帮助他们做出明智的资本运作策略。但在写作的过程中，我就情不自禁地想表达对自己这个新兴资本市场的诸多看法。虽然其观点可能与这一领域大多数专业人士的看法不尽相同，甚至相去甚远，但我还是想说出自己对此的一些浅见。

中国的资本市场建设已经走过了二十多个年头，但真正的市场化步伐是最近两三年才开始的。如果从资源要素的市场化程度来看中国经济的市场化改革的话，中国的市场经济才刚刚开始。一个发达的市场经济需要有一个发达的资本市场与之相适应。构建多层次资本市场体系是资本市场建设中的题中应有之义。但以往由于诸多原因，中国的证券场外市场一直处于市场的边缘，没有得到应有的发展，致使大量具有创新能力的中小型企业得不到资本的支持。这样做的后果有三：一、导致大量科技成果不能实现产业化，从而创新经济不能得到快速发展；二、导致地下金融或民间金融有着庞大的市场，高利贷市场盛行；三、导致高储蓄率，老百姓的钱不能迅速有效地转化为投资。

新三板作为全国统一的证券场外市场，专门为创新创业型企业提供资本市场服务，弥补了中国多层次资本市场体系的不足，为实现创新经济要素市场资源配置的优化奠定了基础。如果从经济结构转型所需的资本市场来看新三板，新三板代表了中国创新经济和资本市场未来的发展方向，是中国经济结构转型的金融市场基础。如果从资本市场制度演进的方向和路径来看，新三板是中国资本市场制度创新的典范。如果从中国国家创新战略的高度来看，新三板必将成为中国国家创新战略的金融市场支撑。

作为这个新兴资本市场的推动者，作为中国私募股权资本市场的实践者，新三板的推出，让我们看到了中国创新经济的未来，也让我们等到了中国市场经济的春天。机会，千载难逢！行动，果敢前行！

由于本人主要从事风险投资实践，并不常年进行相关理论研究，思考问题更多的是从市场角度出发，书中的观点和看法可能失之偏颇，欢迎理论研究者、市场实践者、政策制定者和企业家等各路同仁与我共同探讨，为这个市场长期、持续、健康发展贡献我们的一分力量。

最后，真挚感谢在本书写作过程中帮助过我的所有朋友们。公司同仁们给我提供了很多案例，此书中财务和法律实务部分的资料是由他们提供的，对他们的感激之情溢于言表。和我一起熬过了漫漫长夜，终于等到中国风险投资业春天的创业伙伴，他们对我的信任、帮助和鼓励增加了我战胜任何困难的勇气。能与他们同行，是我此生的荣幸。借此机会，我也深深地感谢我的妻子冯艳艳女士，她不仅承担了所有的家务，给我一个事业的空间，而且培养了一个优秀的女儿。家人对我的宽容、理解、支持与爱是我一生前行的动力。